**Gebrauchsanweisung
für China**

Wenn sie lächeln sollen fürs Foto, sagen Chinesen nicht auf Englisch »Käse«, sondern auf Chinesisch »Aubergine«. Sie »essen« ihre Suppe nicht, sondern »trinken« sie, und sie tun das nie vor, sondern stets nach dem Essen. Dafür stellen sie den Nachnamen vor den Vornamen. Im Herzen sitzt bei ihnen die Vernunft, und weiß ist die Farbe ihrer Trauergewänder. Lernen Sie mit Kai Strittmatter das Land verstehen, in dem sogar Pandas für die Regierung schuften und Kommunisten selbst die frechste Fälschung sind. Erfahren Sie, wie Sie sich für Zufallsbegegnungen im Zugabteil oder auf dem Plumpsklo wappnen. Weshalb Chinesen uns die Milch wegtrinken. Und wie Propaganda und Zensur heute funktionieren.

Kai Strittmatter, Jahrgang 1965, studierte Sinologie in München, Xi'an (Volksrepublik China) und Taipei (Taiwan). Für die *Süddeutsche Zeitung* wurde er 1997 Korrespondent in China. Nach einem Zwischenaufenthalt in der Türkei (2005–2012) arbeitet er seit 2012 wieder für die *SZ* in Peking. Neben dem vorliegenden erfolgreichen China-Band veröffentlichte er auch die »Gebrauchsanweisung für Istanbul«. Er gilt als einer der besten China-Kenner Deutschlands.

Kai Strittmatter

Gebrauchsanweisung
für China

PIPER

www.cpibooks.de/klimaneutral

Mehr über unsere Autoren und Bücher:
www.piper.de

Aktualisierte Neuausgabe 2018/Sonderausgabe 2018
ISBN 978-3-492-05977-0
© Piper Verlag GmbH, München 2004, 2008 und 2018
Karte: cartomedia, Karlsruhe
Umschlaggestaltung: Birgit Kohlhaas
Umschlagmotive: Dieter Braun
Satz: CPI books GmbH, Leck
Bezug: Baronesse von peyer graphic gmbh
Druck und Bindung: CPI books GmbH, Leck
Printed in Germany

Inhalt

始 Shi
11 Der Anfang...

指南针 Zhi nan zhen
12 Kompass. Oder: Am Ende trifft man sich doch

中文 Zhong wen
14 Chinesisch. Oder: Fremde Zeichen

黄 Huang
20 Gelb

矛盾 Mao dun
22 Speer und Schild. Oder: Land der Gegensätze

差不多 Cha bu duo
28 Passt scho

家 Jia
30 Die Familie. Oder: Herr Li, Frau Wang, Fräulein Zhang

名片 Ming pian
38 Visitenkarte

中国 Zhong guo

40 Das Reich der Mitte. Oder: Sich selbst genug sein

麻将 Ma jiang

47 Mahjongg

热闹 Re nao

49 Hitze und Lärm. Oder: Enger geht's nicht

运动 Yun dong

54 1. Sport 2. Kampagne

閒 Xian
Muße. Oder:

56 Entspannen beim Rückwärtsgehen

忍 Ren

64 Erdulden, aushalten

吃 Chi

66 Essen. Oder: Satt, gesund und glücklich

筷子 Kuai zi

79 Stäbchen

阴阳 Yin yang

82 Yin und Yang. Oder: Das Dao der Küche

茶 Cha

88 Tee

干杯 Gan bei

90 Prost! Oder: Ex!

牛奶 Niu nai

96 Milch

饮食男女 Yin shi nan nü
Trinken, Essen, Mann und Frau. Oder:

98 Die Kraft aus der gemeinsamen Schüssel

地沟油 Di gou you

104 Gulli-Öl

野味 Ye wei
Der Geschmack der Wildnis. Oder:
106 Der begossene Esel

熊猫 Xiong mao
112 Der Pandabär

四害 Si hai
Die vier Übel. Oder:
114 Von Ratten, Spatzen, Mücken und Fliegen

红塔山 Hong ta shan
121 Der Berg der Roten Pagode

过节 Guo jie
123 Feiern. Oder: Der essbare Mond

京骂 Jing ma
130 Der Peking-Fluch

素质 Su zhi
132 Qualität und Klasse. Oder: Einwohnerveredelung

乱 Luan
144 Chaos

公德 Gong de
Gemeinschaftssinn. Oder: Das Volk der
146 Gruppenegoisten

孔子 Kong zi
153 Konfuzius

有事 You shi
155 Etwas zu erledigen haben

宣传 Xuan chuan
157 Propaganda. Oder: Wein, der kein Wein ist

金盾 Jin Dun
Goldenes Schild.
169 Oder: The Great Firewall of China

老城 Lao cheng
173 Altstadt

假 Jia
175 Alles gefälscht. Oder: Die Schwindlerrepublik

人权 Ren quan
187 Menschenrecht

没有 Mei you
189 Hamwer nich'

劳模 Lao mo
191 Helden der Arbeit. Oder: Dem Volke dienen

共产主义 Gong chan zhu yi
198 Kommunismus

同志 Tong zhi
199 Genosse Geliebter

中山装 Zhong shan zhuang
201 Mao-Anzug

美 Mei
208 Schönheit. Oder: Weiße Haut, große Augen

小资 Xiao zi
213 Kleinbürgertum

十三亿 Shi san yi
215 1 300 000 000. Oder: Aufsteigen aus der Masse

二奶 Er nai
221 Mätresse

自由 Zi you
223 Freiheit. Oder: Der Vormarsch des Privaten

中国梦 Zhong guo meng
230 Der chinesische Traum

黄祸 Huang huo
231 Gelbe Gefahr

老外 Lao wai

234 Der Ausländer. Oder: Wenn Völker sich verständigen

成语 Cheng yu

251 Sprichwörter

253 小贴士 Tipps zum Schluss

终 Zhong

270 The end

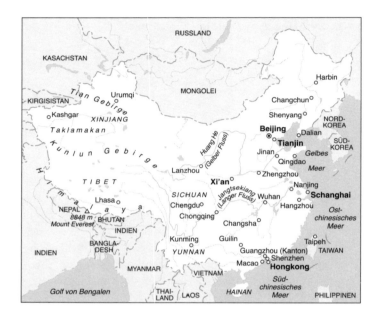

始 *Shi*

Der Anfang...

...ist in diesem Buch da, wo in chinesischen Büchern traditionell das Ende ist. Seit Tausenden von Jahren lesen Chinesen von rechts nach links, also von hinten nach vorn. Was auch wieder Blödsinn ist, weil: Unser Hinten ist ihr Vorn. Wenn sie lächeln sollen für ein Foto, sagen Chinesen nicht auf Englisch »Käse«, sondern auf Chinesisch »Aubergine«. Sie »essen« ihre Suppe nicht, sondern »trinken« sie, und sie tun das nie vor, sondern stets nach dem Essen. Dafür stellen sie den Nachnamen vor den Vornamen. Im Herzen sitzt bei ihnen die Vernunft, und weiß ist die Farbe ihrer Trauergewänder. Amerika nennen sie das »Land der Schönheit« und Deutschland das »Land der Tugend«.

Höchste Zeit für einen Kompass.

指南针 *Zhi nan zhen*

Kompass.
Oder: Am Ende trifft man sich doch

Chinesische Erfindung wie auch Fußball, Buchdruck oder Papier (alles Altertum) und Obstsalat mit rosa Mayonnaise (Peking, Anfang des 21. Jahrhunderts). Wurde wie alle chinesischen Spielereien vom Abendland schamlos geklaut und nachgebaut, bekam jedoch von seinen Erfindern einen genialen Kopierschutz verpasst, den der Westen bis heute nicht knacken konnte – weil er ihn noch nicht einmal bemerkt hat. An dieser Stelle sei das Geheimnis verraten:

Der Kompass zeigt nach Süden.

Zhi nan zhen ist die »Nadel, die nach Süden zeigt«, und seit Jahrhunderten kichern sich Chinesen in den Bart, wenn sie Europäer mit dem Kompass in der Hand nach Norden laufen sehen. Die Nadel mag die gleiche sein, in ihrer Deutung gehen Ost und West diametral auseinander. Ähnliches lässt sich beobachten, wenn die beiden sich unterhalten: Man verwendet die gleichen Begriffe und denkt doch in entgegengesetzte Richtungen. *Kommunismus* ist eines dieser trügerischen Worte, manchmal auch *Liebe*.

Können sie also je zusammenkommen, China und der Westen? Warum nicht: Letztlich haben sie das gleiche Ziel, die nach Norden und die nach Süden rennen – solange die Welt nur rund bleibt.

中文 *Zhong wen*

Chinesisch.
Oder: Fremde Zeichen

Einmal hatte ich im Zug von München ins Allgäu eine Begegnung mit einem jungen Burschen, der sich besoffen auf seinen Sitz warf, hernach das amerikanische Pärchen auf der anderen Seite des Ganges anpöbelte und ihnen zum Abschied neben den Rucksack kotzte, kurz: jemand, den wir in meiner Heimat ein »Mords-Rindviech« heißen, und es ist mir die Vorstellung doch unangenehm, der Amerikaner wäre zufällig Reiseschriftsteller gewesen und jener Betrunkene tauchte später in einem Buch über die Deutschen als Vertreter der bayerischen Lebensart auf.

Obwohl.

Es begibt sich aufs glatte Eis, wer die Chuzpe besitzt, aus zufälligen Erfahrungen und Begegnungen allgemeine Schlüsse zu ziehen. Gerade darum möchte ich beginnen mit sieben Widerreden gegen hartnäckige China-Gemeinplätze. Völkerverständigung ist ja nicht nur deshalb etwas Schönes, weil man im Zuge derselben viele hübsche fremde Frauen und Männer kennenlernen kann, die in einem solchen Falle stets das Prädikat »exotisch« tragen, sondern vor allem, weil sie hilft, »Vorurteile abzubauen«.

Der Leser leiste mir also Gesellschaft bei diesem löblichen Brauch – und sehe es als eine Art vorbeugenden Ablasshandel gegen all die Sünden, deren ich mich in den folgenden Kapiteln schuldig mache. Folgendes, lieber Leser, sind Klischees und Märchen, die Sie bitte umgehend aus der »Ich sag jetzt einfach mal«-Windung Ihres Gehirnes streichen möchten:

1. »*Chinesen essen immer Reis.*« – Das letzte Mal, als ich in meinem Lieblings-Nudelladen war, hörte ich bei einem Dutzend Sorten handgemachter Pasta auf zu zählen. Es waren mittelalterliche italienische Raubkopierer, die Nudel und Nudelverwandtes nach Europa entführt haben.

2. »*In China gibt es zwei Geschmacksrichtungen: Süß und sauer.*« – Auf ihrem Rückweg ging den Italienern der Rest der chinesischen Küche leider verloren, weshalb Chinarestaurants in Europa auch heute noch ein Hort abgrundtiefer Tristesse sind.

3. »*Chinesen sind verschlossen, leise, höflich, bescheiden und zurückhaltend.*« – Diesem Irrtum liegt eine Verwechslung zugrunde: Das sind die Japaner. Wenn Sie in Zukunft einer Gruppe Asiaten begegnen, die für sich als fröhlicher Rummelplatz durchgehen könnte, dann dürfen Sie davon ausgehen, dass Sie es mit Chinesen zu tun haben.

4. »*Chinesen können kein ›R‹ aussprechen und sagen stattdessen immer ›L‹.*« – Ich habe Chinesen getroffen, die rollen ein R, dass man in Deckung geht, weil man ein Gewitter im Anmarsch vermutet. Wahr ist allerdings, dass sie in ihrer eigenen Sprache auf den rauen ›R‹-Laut verzichten.

5. »*Alle Chinesen sehen gleich aus.*« – Und das denken Chinesen: »Alle Europäer sehen gleich aus.«

6. »*In China herrscht der Kommunismus.*« Falsch.

7. »*In China herrscht der Kapitalismus.*« Genauso falsch.

Was herrscht denn dann in China?

Gemach, ein zu widerlegendes Vorurteil habe ich noch: »*Chinesisch ist eine schwere Sprache.*« Das ist ein gern gepflegter Mythos auch von Chinesisch-Sprechenden, die sich damit der Bewunderung ihrer Zuhörer versichern. Es ist außerdem Blödsinn. In China selbst ist es immerhin 1,3 Milliarden Menschen unterschiedlichster Intelligenz gelungen, das Chinesische zu erlernen, und zwar recht fließend. Ich möchte sogar behaupten: Chinesisch ist eine der einfachsten Sprachen der Erde. Ich rede jetzt vom gesprochenen Chinesisch, dem es auf wundersame und vorbildliche Weise gelingt, praktisch ohne Grammatik auszukommen, zumindest ohne all die stacheligen Konjugationen und garstigen Deklinationen, ohne die Fälle, ja sogar ohne die Tempi, die einen in Europa beim grenzüberschreitenden Flirten, Fluchen und Feilschen so plagen. Geht nicht? Geht doch: Wenn Sie auf Chinesisch ausdrücken wollen, dass etwas gestern passiert ist, dann sagen Sie halt »Gestern«, das arme Verb können Sie getrost in Frieden lassen.

Mit schuld am Ruf der Unerlernbarkeit ist die Tatsache, dass jedes Wort im Hochchinesischen in vier Tonhöhen ausgesprochen werden kann (im Kantonesischen sind es sogar sechs) – und dass es jedes Mal etwas anderes bedeutet. Vor staunenden Laien werden gerne Zungenbrecher hervorgekramt wie jene viel bemühte Sentenz »*Ma ma ma ma ma?*«, die, vorausgesetzt man trifft die richtigen Töne, bedeutet: »Schimpft die pockennarbige Mutter das Pferd?« Lassen Sie sich davon nicht einschüchtern: Auch die Sache mit den Tönen ist nur halb so schlimm, und selbst Pferdebesitzer unter den Anfängern können der Verlegenheit leicht aus dem Wege gehen, indem sie ihren Rappen höchstens dann bei der Mutter von nebenan in Pflege geben, wenn sie sich vergewissert haben, dass die Frau noch nicht die Blattern hatte.

Richtig ist allerdings, dass auch unter Chinesen die Vermutung weit verbreitet ist, die Beherrschung ihrer Sprache sei ihnen in die Gene gestrickt und Menschen mit weißer Haut und grünblauen Augen gewissermaßen qua Geburt verwehrt. Vor allem in den Provinzen gerät der Fremde so in Situationen, in denen er in der Landessprache nach dem Weg fragt und vom Angesprochenen lediglich einen verständnislosen Blick erntet, weil es ja unmöglich Chinesisch gewesen sein kann, was da aus dem Mund des Ausländers purzelte. Mir wurden auch schon wiederholte Nachfragen beantwortet mit einem lakonischen »Entschuldigung, wir sprechen kein Englisch«. Das mag aber auch ein höflicher Kommentar zur Qualität meines Mandarin gewesen sein.

Es ist dies psychologisch ein interessanter Vorgang, der auch umgekehrt funktioniert. John Steinbeck erzählt in »Jenseits von Eden« vom chinesischen Farmarbeiter Lee, der sein Leben lang das gebrochene Pidginenglisch der Einwanderer plappert – bis Farmer Samuel eines Tages durch Zufall entdeckt, dass der in Kalifornien geborene Lee des feinsten Englisch mächtig ist. Der verblüffte Samuel stellt Lee zur Rede und fragt ihn, warum in aller Welt er zu den Leuten im Dorf nicht in normalem Englisch spreche, woraufhin Lee ihm erklärt, er habe dies früher wohl versucht, sei dann aber grundsätzlich ignoriert oder nicht verstanden worden: weil die Leute von einem Chinaman wie ihm einfach kein Englisch erwarteten. »Du siehst, was ist«, lobt Lee seinen Boss Samuel. »Die meisten Menschen aber sehen nur, was sie erwarten.«

Um mich dem zu nähern, »was ist«, habe ich die Form des Wörterbuches gewählt. China soll sich in diesem Buch über seine Begriffe und sein Verhältnis zu diesen zu erkennen geben. Ein zweites Motiv war der Zauber der Schriftzeichen selbst: ihre Schönheit, ihre schicksalhafte Bedeutung für das Land. Stärker als bei uns war Schreiben in China Kulturtechnik, die weit mehr vermochte, als bloß Information zu vermitteln: Die Schrift hielt China zusammen. Das galt spätestens, seit der erste Kaiser im Jahr 221 vor Christus alle im Reich umherzigeunernden Zeichen ins Einheitsquadrat pferchte. Die Schrift war Klammer: für all die Provinzen dieses Landes, das eigentlich ein Kontinent ist und in dessen Ecken und Enden noch immer Dutzende von Dialekten gesprochen werden, die miteinander so viel oder so wenig zu tun haben wie das Deutsche mit dem Englischen. Und sie war die Klammer für die Jahrtausende: Die den Chinesen eigene Intimität mit ihrer Geschichte hat auch mit den Schriftzeichen zu tun, die sich über Jahrtausende hinweg kaum geändert haben. Ein durchschnittlich gebildeter Chinese, der vor einer Tempelinschrift aus dem zwölften oder einer Stele aus dem achten Jahrhundert steht, wird die hineingeschnitzten und -gemeißelten Zeichen sofort erkennen und mit etwas Glück den Text lesen können – was eine Vertrautheit mit dem eigenen Altertum ermöglicht, die uns unvorstellbar ist.

Leider verdankt China dies ausgerechnet jener Eigenart seiner Schrift, die ihre Studenten gern zur Verzweiflung treibt: Anders als bei uns hat ein chinesisches Zeichen mit der Aussprache des Wortes, das es darstellt, nichts zu tun. Die autonome Existenz der Schriftzeichen im Reich der Bilder hat wie beschrieben den Vorzug, dass dieselben Zeichen verschiedenen Dialekten zur Verfügung stehen können und dass die Schrift über die Jahrhunderte hinweg nicht dem Wandel des gesprochenen Chinesisch nachhecheln musste: Es haftet ihr also der Hauch des Ewigen an. Gleichzeitig ist es ein Kreuz. Wenn ich aus den mir im Deutschen zur Verfügung stehenden 26 Buchstaben das Ihnen bislang unbekannte Wort »Pflumpf« kreiere, dann wissen Sie sofort, wie Sie es auszusprechen haben; begegnet hingegen ein Chinese einem Zeichen, das er noch nie gesehen hat, steht er erst einmal sprachlos davor. Im Chinesischen muss man jedes Wort doppelt pauken: Aussprache und Schreibweise. Um einigermaßen Zeitung lesen zu können, braucht einer einen Wortschatz von 3000 bis 3500 Zeichen. (Das bekannte Lexikon des Kaisers Kangxi verzeichnet zwar mehr als 47000 Zeichen, aber die kann kein Mensch. Das Erziehungsministerium hat nachgezählt: Presse und Romane des modernen China verwenden 99,48 Prozent ihrer Druckerschwärze auf die 3500 häufigsten Zeichen.) Während das gesprochene Chinesisch also himmlisch unkompliziert ist, sind Schreiben- und Lesenlernen eine üble Büffelei – und nicht wenige Pädagogen in China haben sich gefragt, ob die Tatsache, dass es chinesischen Schülern zwar nicht an Fleiß und Intelligenz gebricht, wohl aber an Phantasie und Kreativität, auf die jahrelange sture Auswendiglernerei zurückzuführen ist, die dem ganzen Schulsystem ihren Stempel aufdrückt.

Diese Schrift, die das Lernen zum Drill macht, erhebt gleichzeitig das Schreiben in den Stand einer Kunst. In die mit Pinsel und Tusche stürmisch hingeworfenen oder beherrscht geführten Zeichen legt der Gelehrte seine Bildung, seine Emotion, sein sittliches Empfinden. Eine Kalligrafie adelt ein Blatt Papier ebenso sehr wie eine Malerei; sie lässt sich lesen als Visitenkarte desjenigen, der den Pinsel führte. Chinas Zeichen erzählen mehr, als das Lexikon ihnen an Wortsinn zugesteht.

Es soll dies keine Enzyklopädie werden, mehr ein Taschenwörterbuch. So ernst und so komisch, so absurd und so traurig, so fröhlich und so hintersinnig, wie China sich dem zeigt, der mehr als einmal hinguckt. Manches drängte sich mir über die Jahre auf, anderes fiel mir eines Morgens vor die Füße, wieder anderes bereitete mir einfach diebische Freude. Es sind Schlaglichter, Mosaiksteinchen, kleine Skizzen, die jeder nach eigenem Gutdünken zu einem größeren Bild zusammensetzen kann.

Und keine Angst: Chinesisch müssen Sie für die Lektüre dieses Buches nicht können.[1]

黄 *Huang*

Gelb

Wollte man China auf eine Farbe reduzieren, es wäre diese.
Mao Zedong mochte die »rote Sonne« sein, sein Volk blieb
gelb: Gelb ist seine Haut, die Ufer des Gelben Flusses sind
seine Wiege, der Gelbe Kaiser war sein Urahn. Für andere
Völker am Beginn der Zeit war Gelb die Farbe der gleißenden
Sonne, nicht für die Chinesen: Gelb ist die Farbe ihrer Erde;
die Farbe des Staubes aus der Wüste im Norden. Der Wind in
Zentralchina trug diesen Staub zu Lössebenen zusammen, aus
denen der Gelbe Fluss schließlich sein Ocker spült. So wurde
es die Farbe der Fruchtbarkeit. Die später dem Kaiser vorbehalten blieb, dem potentesten aller Chinesen. Seinen Kleidern, den Ziegeln seiner Palastdächer. Eine stolze, eine vornehme Farbe. Daran änderten auch die Intellektuellen nur
wenig, die im Vorgriff auf die Demokratiebewegung von 1989
zum selbstkritischen Angriff auf die »Gelbe Kultur« ausholten:
Sie stehe für Selbstisolierung und Konservativismus, fanden
sie und drängten ihr Volk, die »Blaue Kultur« des Westens
willkommen zu heißen – frische, weite Wasser statt staubiger
Erde. Thesen, die heute in Chinas Medien keine Chance
mehr hätten: Patriotismus ist Pflicht, die – eben noch rote –

KP lackiert sich eifrig um. Aber nicht nur Patrioten, auch Pornos tragen in China gelb: Werke der Damen Uhse und Orlowski würde man beim gut sortierten Pekinger Straßenhändler unter dem Stichwort »Gelber Film« wiederfinden. Dem Prestige der Farbe hat bislang weder das eine noch das andere geschadet: Ein Internetportal versuchte, mit der Erfindung einer »Generation Yellow« bei Chinas Yuppies zu punkten; wer in Schanghai cool sein will, färbt sich den rabenschwarzen Schopf kanariengelb. Was unbedingt eine Annäherung an die Moderne ist, aber nicht notwendigerweise eine an den Westen – uns Europäer nannten die alten Chinesen »Rothaar-Barbaren«, nachdem ihnen ein paar sommersprossige Holländer über den Weg gelaufen waren. Wir revanchierten uns dafür später mit der »Gelben Gefahr« – ein schönes Beispiel für frühe → *Interkulturelle Kommunikation.*

矛盾 *Mao dun*

Speer und Schild.
Oder: Land der Gegensätze

Ein Mann verkaufte Schilder und Speere auf dem Markt. »Meine Schilder sind die stärksten!«, brüstete er sich, »kein Speer kann sie spalten.« Später hielt er einen Speer hoch. »Meine Speere sind so scharf, denen hält kein Hindernis stand«, rief er über den Platz.

»Und was machst du, wenn einer deinen Speer nimmt und damit dein Schild angreift?«, fragte ein Kunde. Da verstummte der Händler. Und das chinesische Wort für Widersprüche heißt seither: »Speer und Schild«, *mao dun*.

Längst haben die Nachfahren jenes Marktschreiers ihre Sprache wiedergefunden. »Ich glaube an Karl Marx«, sagt der junge Schanghaier Unternehmensberater treuherzig: »Deshalb möchte ich meinem Land so viele Privatunternehmer wie möglich schenken.« China ist eine Weltraumnation, jubelt der Staatspräsident; es hungern hier noch 30 Millionen Menschen, meldet sein Premier. China ist cool, sagt die junge Skandalautorin aus Kanton; China bricht mir das Herz, sagt der Rechtsanwalt aus Shaanxi.

Die einen fahren BMW. Die anderen sind froh, wenn sie einmal im Jahr ein Stück Fleisch in die Schüssel bekommen.

Bei der Zahl der Dollar-Milliardäre überholte China im Jahr 2015 dem »Hurun-Report« zufolge erstmals die USA: 568 waren es da. Noch schneller aber wuchs die Zahl der Bauern, die von angeheuerten Schlägern verprügelt wurden, weil sie sich gegen die Enteignung ihrer Ländereien wehrten. Das sich »kommunistisch« nennende China hat mittlerweile ein größeres Wohlstandsgefälle als Indien. Sagt die Chinesische Akademie für Sozialwissenschaften. China ist heute eines der ungleichsten Länder der Erde.

China verwirrt. Darauf sollten Sie sich gefasst machen. Es gibt nicht *ein* China, es gibt viele Chinas: China ist der Name für ein Universum, das Myriaden von Parallelwelten beherbergt. Manche scheinen nie in Kontakt miteinander zu kommen, andere berühren und überschneiden einander, wieder andere schwirren mit Vollgas aufeinander zu: Schild und Speer. In China kann einer Erste Welt und Dritte Welt finden, gestern und morgen, kommunistische Ödnis und kapitalistischen Glanz, sexuelle Revolution und brutale Diktatur, Bauernarmut und Millionärsvöllerei, genialen Pragmatismus und deprimierendes Dogma, Blüte und Fäulnis, Korruption und Heldentum. Wenn man nur die Augen offen hält. Und wer wollte entscheiden, welches das *eigentliche* China ist?

Es ist nicht einfach, aus China schlau zu werden. Aber vielleicht ist das wiederum etwas typisch Deutsches: das Schlauwerdenwollen. Während unsere Denker sich mühten, die störrische Welt in ihre Gedankengebäude zu pressen, haben es die alten Chinesen meist so gehalten: huldigten vor dem Frühstück den Ahnen, opferten des Mittags dem Buddha und beteten des Nachts im daoistischen Tempel. Wenn's hilft. Es scherte sich nicht viel um Jenseits und Metaphysik, um Dogma und Prinzip, dieses Volk, sondern nährte sich lieber vom Mark des Praktischen, gönnte der Welt ihren Lauf und ließ sich darin treiben. Die Daoisten haben solche Naturergebenheit gepredigt, sie waren es, die das Yin und das Yang zum Höchsten Äußeren, zum Taiji, verschmolzen. Sie lehrten ihr

Volk, dass das Dunkle nicht ohne das Helle, das Kühle nicht ohne das Warme, das Weibliche nicht ohne das Männliche und auch das Gute nicht ohne das Böse auskäme, dass beide sich vielmehr gegenseitig durchdrängen. Vielleicht rührt daher die Gelassenheit der Chinesen im Umgang mit Widersprüchen: Es wird sich schon aufs Richtige ausbalancieren. Und wenn nicht – China war über große Strecken seiner Geschichte verheerend aus dem Lot –, dann hat man wenigstens seine Energie nicht verschwendet auf Dinge, die ein Einzelner ohnehin nicht beeinflussen könnte.

»Gerade weil China ein Rätsel ist, ist es so liebenswert«, schrieb einmal der Schriftsteller Zhang Xianliang: Die Tatsache, dass er das schrieb, nachdem er 20 Jahre in Maos Arbeitslagern gesessen und darüber fast verreckt wäre; dass er ferner *nach* seinem Martyrium Mitglied der Kommunistischen Partei wurde und dies bis heute ist; dass ihn weiterhin sein Parteibuch nicht daran hinderte, der erfolgreichste Privatunternehmer der Provinz Ningxia zu werden und in Aufsätzen die »Rehabilitierung des Kapitalismus« zu fordern; und schließlich dass kaum ein Chinese sich über eine solche Karriere wundern wird – all das mag die schier grenzenlose Bereitschaft dieses Volkes zur Versöhnung des Unversöhnlichen illustrieren.

Mein Rat: Misstrauen Sie jedem, ob Ausländer oder Chinese, der eine einfache Erklärung für China hat. Es gibt keine Erklärung für China, es gibt allerdings meist eine für die Erklärung: Denkfaulheit. Aus irgendeinem Grund scheint der Mensch, zumal der im Westen groß gewordene, so beschaffen zu sein, dass er Widersprüche nicht gut aushält: Sperrt man ihn in ein Zimmer, in dem Tohuwabohu herrscht, so wird er bei Verlassen des Zimmers – vorgeblich der Logik halber, in Wirklichkeit aber der Bequemlichkeit oder des eigenen Seelenfriedens zuliebe – den Zwang verspüren, das Gesehene auf einen Nenner zu bringen: China ist die Zukunft der Welt! oder: China ist eine finstere Diktatur! Für beide Aussagen wird man wunderbare Belege finden können, beide aber geben die Wirklichkeit so treffend wieder wie jener Blinde den Elefanten, den er am Schwänzlein zu fassen kriegte. So also sehe ein Elefant aus, rief der Blinde: Rund und lang wie eine Schlange!

Sollten Sie Chinas Schwänzlein zu fassen bekommen, so zögern Sie nicht, sich noch weiter vorzutasten. Sie werden sich wundern, wie viel es zu entdecken gibt. Das ist überhaupt das Schöne an diesem Land: Egal, ob man seine Geografie durchstreift, sich in seiner Geschichte verliert oder aber von seinem turbulenten Jetzt umherschleudern lässt: Einmal um die Ecke geblinzelt, schon versinkt man in neuen Märchenlandschaften. Und hier glänzt Gold, und dort tropft Blut.

China. Ein Kontinent: von der Tundra im Norden zur Tropeninsel im Süden, von der Wüste Taklamakan im Westen bis zur Wirtschaftswunderküste im Osten. Sie können den Himalaja besteigen, mit Kamelen wandern, an tropischen Stränden baden und sich in Wolkenkratzern spiegeln. Und alles nennt sich China. Sie werden smarte Schanghaier von zierlichem Körperbau treffen und hochgewachsene, erdige Pekinger. Die einen werden Ihnen erzählen, die Pekinger seien Bauerntrottel und Bürokratenhintern, die in einem staubigen Wüstenkaff hockten; die anderen werden sich mokieren über verzärtelte Schanghaier Männer und raffinierte, stets ihren Vorteil errechnende Schanghaier Frauen. Beide zusammen werden sie alsdann den Wagemut des Wenzhouer Unternehmerhirns preisen, die Standfestigkeit der Harbiner Leber sowie das Feingefühl des kantonesischen Gaumens – und Sie anschließend warnen vor den Menschen der Provinz Henan, welche nichts als Schwindler und Diebe hervorbringe, und die Henaner werden zu Recht beleidigt aufheulen. Und alle nennen sich Chinesen.

Sowenig es die eine Chinaformel gibt, so sehr ist das Geraune Quatsch, welches das Land zum undurchdringlichen, exoti-

25

schen Mysterium erklärt, an welchem alle abendländische Wissbegier abperle wie Sommerregen an der Wasserbüffelhaut. Wie für jede Kultur, so gilt auch für die chinesische, dass der aufmerksame Beobachter von außen manche Dinge schärfer sieht als der in sie Verstrickte. Selten habe ich herzlichere, gastfreundlichere und gesprächigere Menschen getroffen als in China, und wenn etwas dem Erkenntnisgewinn im Wege steht, dann vor allem der Wirbelwind des Umbruchs, der in China wütet: Niemand ist im Moment verwirrter als die Chinesen selbst.

Sich an andere Völker heranzumachen lohnt sich selten so sehr wie im Falle Chinas. Schon deshalb, weil zur Belohnung kulinarische Erweckungserlebnisse winken, die dem Sucher der Glückseligkeit den Umweg über Buddhas achtfachen Pfad ersparen.

Und es ist gar nicht so schwer. Könnten die Deutschen so gut Chinesisch wie Autos bauen, dann würden sie bald feststellen, dass unsere Völker außer der Freude am Pkw und der Teilnahme am Boxerkrieg noch weitere Gemeinsamkeiten haben. Zum Beispiel die Liebe zu Schweinshaxen, Bier und »Sissi« beziehungsweise »*Xixi*«, so heißt die junge Romy Schneider nämlich auf Chinesisch. Tatsächlich findet man unter all den raubkopierten Filmen in Pekings Gaunertaschen auch allerlei deutsche. Immer dabei: die »Sissi«-Trilogie. Wie das kommt, müsste mal einer untersuchen. Wahrscheinlich, weil die meisten Chinesen auch kein Deutsch können.

Die Chinesen sind im Übrigen mindestens so fußballverrückt wie die Deutschen, nein, eigentlich sind sie noch verrückter, denn bei ihnen ist es eine Leidenschaft von bitterer und tragischer Größe. Sie steht nämlich in keiner Relation zum Spiel ihrer Nationalmannschaft, welche seit vielen Jahrzehnten ein masochistisches Verhältnis zum Erfolg pflegt (der Chinese und das Tor: Man geht sich aus dem Weg). Fußball teilt sich in China mit dem Buddhismus die höchste aller Wahrheiten, wonach alles Leben Leiden sei.

Manchmal glaubt man, Begegnungen der dritten Art zu haben, etwa wenn man auf junge Chinesen trifft, die einem Heintjes »Kleine Kinder, kleine Sorgen« vorträllern. Heintjes Einfall in die chinesischen Gehörgänge war nicht die einzige unglückliche Nebenwirkung einer den Pfennig dreimal umdrehenden Filmimportpolitik des chinesischen Fernsehens – sie sorgte dafür, dass über lange Jahre das Deutschlandbild der Chinesen um durchschnittlich zwei Jahrzehnte hinter der Aktualität herhinkte. Man brauchte sich vor noch gar nicht langer Zeit nicht zu wundern, wenn einem ein am »Tatort« geschulter chinesischer Krimifan mit misstrauisch hochgezogenen Augenbrauen begegnete: Aha, du willst also Deutscher sein? Und wo sind deine Koteletten? Und deine Schlaghosen? Spätestens aber, wenn sie ungläubig beobachten, wie nach einem gemeinsamen Abendessen ein jeder von uns sein Portemonnaie herauszieht, um für sich selbst zu zahlen, glauben sie einem, dass man aus Deutschland kommt.

Nach vollzogener Völkerverständigung werden Sie vielleicht feststellen – Sissi hin, Heintje her –, dass chinesische und deutsche Psyche höfliche Distanz halten. Verwunderlicher jedoch ist etwas anderes: die bisher noch wenig beschriebene Seelenverwandtschaft der Chinesen mit den Italienern. Sie springt einem mitunter so ins Gesicht, dass man gerne Gerhard Polt sein möchte, um einmal ungestraft ausrufen zu können: Sie! Der Chines' is' ja praktisch der Italiener Asiens! Das geht los beim erotischen Verhältnis zu Nahrungsaufnahme und Mobiltelefonen und hört bei der Vergötterung der eigenen Familie, namentlich der Kinder, noch längst nicht auf. Und was den Chinesen an Leidenschaft und Spontaneität fehlt, das machen sie mit ihrer Hingabe an Spektakel jeder Art wieder wett. Ich hatte eine Bekannte aus Rom, die während zweier Jahre im doch nicht unschönen Hamburg beinahe eingegangen wäre vor Heimweh und Depression – und die im chaotischen, schmutzigen, aufregenden Peking aufblühte wie eine Lotusblüte im Moor.

差不多 *Cha bu duo*

Passt scho

Lässige Herangehensweise an die Dinge, die hierzulande am ehesten im Bayerischen ihr Pendant findet. Wörtlich heißt *cha bu duo* »fehlt nicht viel« – eine Feststellung, die in Deutschland für gewöhnlich als Ansporn zum Endspurt empfunden wird und ein letztes In-die-Hände-Spucken zur Folge hat. In China hingegen erfolgt sie meist als Ausruf von Zufriedenheit, als Schlusspunkt hinter aller Anstrengung. Philosophisch bereiteten dem Hang der Chinesen zum Fünfe-grade-sein-Lassen die entspannt im Weltenstrom treibenden Daoisten den Boden. Sie vermieden tunlichst alles, was der Natur ihren Stempel hätte aufdrücken können, und zeichneten sich durch eine Abneigung gegen Perfektionismus wie überhaupt gegen Extreme aller Art aus. »Was zum Äußersten getrieben wird, kehrt sich in sein Gegenteil um; was zur höchsten Blüte kommt, muss verfallen«, lehrt ein alter Spruch. Das Leben nach dem *Chabuduo*-Prinzip ist zum einen ein sympathischer Zug. Zum andern trägt es eine Mitschuld daran, dass in China auch Wände in neuen Häusern Risse haben und sich mancher Ausländer den Gang zum Zahnarzt hier zweimal überlegt. Aber wenn wir den Daoisten glauben, dann werkelt der deutsche Perfektionismus ja fleißig an seinem Niedergang. Während das chinesische Volk weiter blinzelnd durch die Weltgeschichte treiben wird wie seit Jahrtausenden und seine Blüte erst noch vor sich hat. Das bayerische natürlich auch.

家 *Jia*

Die Familie. Oder: Herr Li, Frau Wang, Fräulein Zhang

In der Chinesischen Akademie für Wissenschaften haben sie ausgerechnet, dass China ungefähr 700 Millionen Menschen ausreichend Platz und Ressourcen bietet. Weder Chinas Führer noch seine Menschen jedoch haben sich je groß um ihre Wissenschaftler geschert, und so gibt es heute mehr als 1,3 Milliarden Chinesen. Sollte Ihnen einmal der Sinn nach Gesellschaft stehen, dann stellen Sie sich auf den Bahnhofsvorplatz einer beliebigen chinesischen Stadt und rufen Sie laut: »Herr Wang!« Sie werden sich wundern. 95 Millionen Menschen in China heißen Wang – soviel Einwohner haben Deutschland, Österreich und die Schweiz zusammen. Mehr als 270 Millionen Chinesen teilen sich im Moment ganze drei Familiennamen: Li, Wang und Zhang. Und wer die hundert häufigsten Namen kennt, der kann immerhin 1,1 Milliarden Chinesen korrekt ansprechen: 87 Prozent der Bevölkerung. Nicht umsonst ist die Bezeichnung für das einfache Volk in China auch heute noch *lao bai xing*: die »einhundert alten Namen«.

Dass die Gefahr der Verwechslung größer geworden ist, liegt nicht nur am beständigen Anschwellen dieses Volkes und damit der Sippen Li, Wang und Zhang, sondern auch an der Vornamenmode. Früher war es Sitte, einen aus zwei Zeichen bestehenden Vornamen zu wählen, sodass einem noch heute manch glückliche Fügung die Bekanntschaft von Frauen beschert, die »Intelligent und wohlriechend«, »Glücklich und fröhlich« oder aber »Sommerfrühling« heißen, was schon den Akt der Vorstellung in ein poetisches Unternehmen verwandelt. Seit einiger Zeit aber gelten Vornamen als modern, die nunmehr aus einem Zeichen bestehen, was die Möglichkeiten der Variation stark einschränkt. Die Polizei der Stadt Nanning klagte öffentlich, dass in ihrer Stadt mittlerweile fast 400 Männer den Namen Li Jun (Soldat Li) trügen, sodass sich keiner zu wundern brauche, wenn es bei der Verbrecherjagd den Falschen treffe. Da sich die Eltern des Dilemmas sehr wohl bewusst sind, greifen sie oft tief in Chinas Schatzkiste und ziehen daraus die obskursten Schriftzeichen hervor, die zwar in vergessenen Werken der Literatur und Historie zu finden sein mögen, aber in keiner modernen Computerdatenbank. Wie, bitte schön, soll man sie da korrekt auf einen Pass oder Führerschein bringen?

Für werdende chinesische Eltern ist die Wahl des richtigen Namens eine Operation von kaum zu unterschätzender Bedeutung. Sie wälzen Bibliotheken, konsultieren Wahrsager und blättern durch alte Kalender, um einen zu finden, der so viel Glück wie nur irgend möglich bringt (es gibt auch Agenturen, die nichts anderes im Angebot haben als Erfolg und Reichtum versprechende Firmennamen: das Stück für bis zu 80 000 Yuan[2]). In einigen Familien war einst beim Anblick eines frisch geborenen Mädchens die Enttäuschung der Eltern oft so groß, dass sie ihm einen Namen verpassten wie *zhao di*, »Wink den kleinen Bruder herbei«, oder *lai di*, »Komm, kleiner Bruder«: auf dass es beim nächsten Mal klappen möge.

Wenn Sie Chinesen treffen, die sich Ihnen vorstellen als Wang Jiefang, Zhang Jianguo oder Li Aijun, dann sind Ihre Gegenüber wahrscheinlich nicht lange nach der Revolution

von 1949 geboren, übersetzt heißen sie nämlich Herr »Befreiung Wang», Herr »Baut-den-Staat-auf Zhang« und Herr
»Liebt-die-Armee Li« – Namen dieser Art sind nichts Besonderes, sie entsprangen dem revolutionären Überschwang der
Fünfziger- und Sechzigerjahre. Die Geburt eines »Wider-
steht-den-Amerikanern Wu« (Wu Kangmei) kann man mit
einiger Sicherheit auf die Zeit des Koreakrieges (1950–1953)
datieren; während der Kulturrevolution (1966–1976) wurden Namen populär, die sich direkt auf den neuen Messias,
den Vorsitzenden Mao Zedong, bezogen. Eine Bekannte von
mir ist das jüngste von drei Kindern, die alle in den Sechzi-
gerjahren geboren wurden: Hintereinandergestellt ergeben
ihre Vornamen *Hong*, *Wei* und *Bing* das Wort »Rote Garden«.
Ob ihre Eltern vorher wussten, dass ihnen genau die zur Bildung dieses Wortes nötige Anzahl von Nachkommen
geschenkt werden würde? Unter jüngeren Chinesen ist es
heute schick, sich in der Schule oder bei Antritt einer Stelle in
einem ausländischen Unternehmen zusätzlich einen englischen Vornamen geben zu lassen und diese Namen auch
untereinander zu benutzen, sodass es in Peking wimmelt von
Johns und Tims, von Cindys, Peggys und Sunshines. Sunshines? Viele haben die chinesische Vorliebe für sprechende
Namen in die neue Sprache hinübergerettet. Nicht alle haben
dabei ein glückliches Händchen bewiesen, vielleicht war es
bei manchen auch ein junger Austauschlehrer aus den Staaten,
der sich einen Spaß erlaubte, jedenfalls wurde in einem
Hongkonger McDonald's schon ein »Chloroform Wong«
gesichtet, habe ich im Café in Suzhou die Bestellung bei
einem Fräulein »Taifun Li« aufgegeben und kaufen wir unsere
Flugscheine bei »Apple Liu«. Eine befreundete Pekinger Wir-
tin erzählte mir von ihrem Freund »Douchebag Li« (in der
harmlosen Übersetzung: Volltrottel Li) und wie sie einmal
eine Bewerbung erhielt von einem Studenten, dem es gefallen hatte, sich auf »Bill Gates« zu taufen.

Chinesen stellen den Familiennamen grundsätzlich vor den

Vornamen und tun es damit den Bayern gleich, wo grundsätzlich der Huber Anton dem Bierbichler Xaver die Meinung sagt, wenn der sich beim Wislsperger Resl zu viel herausgenommen hat. So wie Mao Zedong der Genosse Mao war und nicht der Genosse Zedong, so ist zum Beispiel der Künstler Ai Weiwei korrekt als Herr Ai zu begrüßen und nicht als Herr Weiwei, was sich noch nicht in allen Redaktionen herumgesprochen hat. Es ist ganz einfach: Die Familie geht vor. Deshalb auch die Gepflogenheit, auf die Frage, wo man denn her sei, nicht den eigenen Geburtsort und Lebensmittelpunkt anzugeben, sondern den Stammort seines Clans. Ein junger Schanghaier, der in Schanghai geboren und aufgewachsen ist, wird sagen, seine Heimat sei die Stadt Shaoxing, wenn dort seine Ahnen zu Hause waren – auch dann, wenn er selbst noch nie im Leben in Shaoxing war. »Heimat« und »Familie« teilen sich im Chinesischen dasselbe Wort: *jia*.

Wer die wunderbaren alten Charlie-Chan-Krimis kennt, der weiß, dass chinesische Eltern ihre Kinder gerne herbeizitieren mit Rufen wie »Sohn Nummer zwei!«. Die praktische Durchnummerierung des Nachwuchses hat sich über die Zeit des Schwarz-Weiß-Films hinausgerettet, und so verzichten heute noch in vielköpfigen Familien auch die Geschwister untereinander auf den Gebrauch des Vornamens und rufen einander stattdessen »Kleine Schwester Nummer vier!«, »Großer Bruder Nummer drei!« oder einfach »Alter Großer!«. Letzterer ist Bruder Nummer eins und steht der ganzen Schar vor. Mit der Geburt landet jeder auf seinem Platz in der Familienhierarchie und findet diesen Rang in seiner Anrede wieder. Im Laufe der Zeit entstand so ein ausgetüfteltes System der gegenseitigen Titulierungen, das den Platz eines jeden Einzelnen genau definiert, eingeheiratete Ausländer bei Familienfesten jedoch regelmäßig in tiefe Verwirrung stürzt. Ein Vetter ist eben nicht nur ein Vetter, sondern der Sohn vom Bruder des Vaters, der älter ist als du (*tang xiong*) – oder aber der Sohn vom Bruder des Vaters, der jünger ist als du (*tang di*). Wenn es ein Sohn vom Bruder der Mutter ist, heißt er natürlich wieder anders. Ein jeder Titel macht klar, zu welcher Generation der Betreffende gehört, ob er zur väterlichen Linie zählt, ob er angeheiratet ist oder dem eigenen Stamm entsprungen und wo er in der Altersrangfolge steht. Noch die Frau des älteren Bruders vom Großvater väterlicherseits (*bo zu mu*) kann unterschieden werden von der Frau des jüngeren Bruders vom selben Großvater (*shu zu mu*).

Hinter dem komplizierten Namensgebäude steht der Gedanke, dass schon bei der Anrede klar sein möge, wer wem wie viel Respekt zu erweisen hat. Darüber haben sich die Konfuzianer, die die Familie ins Zentrum des chinesischen Lebens stellten, ohnehin gerne den Kopf zerbrochen: wer wen herumkommandieren darf und wer wem folgen muss, damit die Familie, der Staat und schließlich die Welt geordnet bleibe – die Frau gehorche dem Mann, der jüngere Bruder dem älteren, das Kind den Eltern.

Vor allem um die letztere Beziehung entstand im Laufe der Zeit eine reichhaltige Literatur, Anekdoten, die schließlich im »Klassiker der kindlichen Pietät« zusammengefasst und den Kleinen über viele hundert Jahre hinweg als Schullektüre einge-träufelt wurden. Kindliche Pietät (*xiao*) wird manchmal auch als »Kindesliebe« übersetzt, heißt jedoch treffender »Kindespflicht«: Da wird erzählt vom mustergültigen Sohn, der sich in der heißen Sommernacht nackt vor die Bettstatt seiner schlafenden Eltern legt, damit die Mücken sich an seinem Blute laben und die Alten verschonen. Oder vom anderen Sohn, der im Winter mit der Wärme seines nackten Körpers ein Loch in die Eisdecke des zugefrorenen Flusses schmilzt, um seiner Stiefmutter, einem giftigen, lieblosen Hausdrachen, ihre Leibspeise – frischen Fisch – fangen zu können. Als ebenso vorbildlich wird jener selbst schon ergraute Mann dargestellt, der sich mit Zöpfchen und Rassel zurechtmacht wie das Kleinkind, das er einmal war, allein um

der greisen Mutter eine Freude zu machen. Bis weit ins
20. Jahrhundert hinein wurde Schülern in China und auf
Taiwan solches Verhalten zur Nachahmung empfohlen.

Zumindest in Chinas Normenwelt hat es immer die Vorstellung gegeben, das eigene Leben sei in den Dienst anderer
zu stellen: manchmal in den des Staates, meist in den der
Familie, immer aber in den der Eltern. Lu Xun, Chinas größter Schriftsteller des 20. Jahrhunderts, hat den fatalen Teufels-
kreis schon vor fast 100 Jahren beklagt: »Unsere Eltern, ihren
Eltern geopfert und unfähig, selbstständig zu leben, fordern
unnachgiebig, dass ihre Kinder sich nun ebenfalls opfern.« So
war das in China: Eine jede Generation schenkte ihr Leben
der vorhergehenden und erwartete das Gleiche von der nach-
folgenden – und am Schluss hat keiner je richtig gelebt. Spuren dieses Musters finden sich noch heute, doch ist die
Strenge der alten Werte in Auflösung begriffen: Die wirtschaftliche Modernisierung zersetzt die alten Familienstruktu-
ren und führt im Huckepack Konsumlust und Individualismus westlicher Prägung ein, die vor allem Städter und Jugend
infizieren. In den Städten war zudem die Ein-Kind-Politik
erfolgreich, die mittlerweile in vielen Familien die Tradition
auf den Kopf gestellt hat: Heute steht oft die ganze Familie
dem einen verwöhnten Fratz zu Diensten.

Das neue China. Einst gab es in diesem Land nichts Wichtigeres als die Familie und nichts Geringeres als die Frau. Später
gab es den allmächtigen Staat, der den Frauen zwar die Hälfte
des Himmels versprach, seinen Bürgern aber noch in ihren
Himmelbetten das proletarisch korrekte Treiben vorschrieb.
Heute gibt es in der Provinz Jilin in Chinas Nordosten ein
Gesetz, das Unerhörtes erlaubt: uneheliche Kinder. »Frauen,
die es vorziehen, ihr Leben allein zu führen«, heißt es in dem
Gesetz, dürften ein Kind zur Welt bringen mithilfe »gesetzlich
erlaubter medizinischer Methoden« – künstlicher Befruchtung also. Das Gesetz löste in ganz China eine stürmische

Debatte aus. Über die Rolle der Familie, über die Rechte der Einzelnen. Mag da in Peking auch eine mächtige »Familienplanungs-Kommission« sitzen – die Bürger planen ihr Privatleben mittlerweile selbst.

2015 trug die Partei die Ein-Kind-Politik endgültig zu Grabe. Heute darf jede neue Familie zwei Kinder bekommen – sie soll sogar! China altert, der Staat will seine Bürger wieder zum Kinderkriegen animieren, was in den Städten nicht wirklich funktioniert; zu teuer ist das Leben dort, zu gestresst sind die Eltern. Was kaum einer weiß: Schon davor war die Ein-Kind-Familie in China nicht die Regel, sondern die Ausnahme. Nur jedes fünfte Kind in China ist heute ein Einzelkind. Warum? Weil der Großteil der Menschen durch die Maschen des Netzes schlüpfte: weil sie unter die Ausnahmeregeln fielen, wie sie für Minderheitenvölker gelten oder für Bauern, deren erstes Kind ein Mädchen war. Oder aber weil sie sich um die Regeln schlicht nicht scherten. Manche zählten zum Heer der durchs Land streifenden Wanderarbeiter, die den Kontrollen entschlüpften (sind es 100 Millionen? 150 Millionen? Keiner hat sie wirklich gezählt, jene Bauernsöhne und -töchter, die sich als Tagelöhner in den Städten verdingen). Andere, weil sie die Strafen zahlten, ohne mit der Wimper zu zucken: Zehntausende Euro Buße konnte es in Peking kosten, unerlaubt ein zweites Kind zu haben. Mehr und mehr konnten sich das in den letzten Jahren leisten.

»Gebäre nur einmal, dafür in besserer Qualität!«, war einer der Wandsprüche, die die Familienplanungs-Kommissionen über Jahrzehnte hinweg im ganzen Land an die Wände pinselten. Die Sprüche verfingen vor allem auf dem Land nicht recht, wo ein Sohn für viele noch immer die einzige Altersversicherung ist. Deshalb verfügte die Regierung: Wer ein Mädchen bekommt, hat einen zweiten Versuch frei. Töchter nämlich verlassen bei der Heirat ihre eigenen Eltern und werden Teil der Familie des Mannes. Der Sohn aber bleibt zu Hause, er sorgt für die Eltern. Das Sehnen nach einem Sohn hat mittlerweile zu einer gefährlichen Verschiebung im Gleichgewicht der Geschlechter geführt, vor allem auf dem Land. Im Moment kommen bei den Geburten in China auf 100 Mädchen fast 114 Jungen, in sechs Provinzen waren es sogar 130 Jungen. Das Bevölkerungskomitee warnte, bis zum Jahr 2020 könnte es in China 30 bis 40 Millionen frustrierter junger Männer geben, die keine Frau finden – die Chinesen nennen sie »nackte Zweige«: »Mehr Verbrechen und soziale Probleme wie Zwangsehen, Frauenentführungen und Prostitution wären eine mögliche Folge.« Das Problem wurde viele Jahre verschärft durch die Verbreitung der Ultraschalltechnik. Offiziell ist die Geschlechtsbestimmung vor der Geburt mit dem Ziel der Abtreibung verboten, aber wie viele Gesetze in China kann auch dies gegen einen kleinen Obolus umgangen werden. Quacksalber ziehen mit mobilen Ultraschallgeräten von Dorf zu Dorf und bieten heimlich ihre Dienste an.

Einen Sohn zu haben ist traditionell nicht bloß der materiellen Absicherung wegen wichtig: Nur ein männlicher Nachkomme darf den Ahnen opfern, nur er kann dafür sorgen, dass ihre Seelen in Frieden ruhen. (»Wenn ein Sohn geboren wird / lass ihn im Bett schlafen / kleide ihn in feines Tuch / und gib ihm Jade zum Spielen«, heißt es im fast 3000 Jahre alten »Buch der Lieder«: »Wenn eine Tochter geboren wird / lass sie auf dem Boden schlafen / wickle sie in groben Stoff / und lass sie spielen mit Ziegelbrocken«.) Mit der Unsterblichkeit war es in China meist so, dass man sie in der unendlichen Fortsetzung der eigenen Familienlinie suchte. So sprach Menzius (379–289 v. Chr.), der Nachfolger des Konfuzius: »Drei Arten von Mangel an Kindespflicht gibt es. Am schlimmsten ist es, keine Nachkommen zu haben.« Wer kinderlos bleibt, versündigt sich an den Eltern.

Und so wurde China zum größten Volk der Erde.

名片 *Ming pian*

Visitenkarte

In China kommen viele zweimal zur Welt: einmal im Wochenbett der Mutter, ein zweites Mal beim Druck ihrer ersten Visitenkarte. Ohne die V. ist man praktisch niemand bzw. höchstens Bauer oder Ausländer. Das Kärtchen gehört zu Beamten und Geschäftsleuten wie das unter die Achsel geklemmte Herrenhandtäschchen, der Richard-Clyderman-Jingle als Rufton auf dem Mobiltelefon und das regelmäßige Atmen.

Wird in unfassbaren Mengen zu jedem Anlass und oft auch ohne einen solchen an sämtliche im Raum anwesenden Leute verteilt, wobei die Höflichkeit dem Überreicher stets das Einklemmen zwischen Daumen und Zeigefinger beider Hände gleichzeitig vorschreibt. Anthropologen erklären das Phänomen unter anderem mit der Bedeutung von Hierarchien in der konfuzianischen Gesellschaft: Wie ich mich verhalten muss, weiß ich erst dann, wenn klar ist, wen ich vor mir habe: Steht er über mir, unter mir, oder kann er mir den Buckel runterrutschen? So sind die Titel oft wichtiger als der Name, nicht selten findet man ein halbes Dutzend davon auf einer Karte.

Schmuckstücke aus meiner Sammlung: 1. Die V. eines Schuldirektors aus der Provinz, der es in ein paar Zeitungsartikel im Ausland geschafft hatte. Für den Fall, dass sein Gegenüber noch nie etwas von ihm gehört haben sollte, stellt ihn seine V. vor als »weltberühmte Persönlichkeit«. 2. Die V. eines gewissen Danba Wangxi aus der »Autonomen Region Tibet«, die den Herrn ausweist als gleich dreifachen *Lebenden Buddha*. Besagter Buddha vermerkt auf seiner Karte zusätzlich noch fünf weltliche Titel und Ämter (»Abgeordneter der politischen Konsultativkonferenz der Kommunistischen Partei des Kreises Ganzi« etc.), sodass weder für Namen noch für Telefonnummer Platz blieb: Beides kritzelte er beim Abschied auf einen Schmierzettel.

中国 *Zhong guo*

Das Reich der Mitte.
Oder: Sich selbst genug sein

Wahrscheinlich weil er schon immer da war, wo alle anderen
hinwollen, nämlich in der Mitte der Welt, hat sich der Chinese
nie groß um Orientierung gekümmert. Das bringt Fremde
manchmal in Verlegenheit. Nehmen wir an, Sie haben sich
verlaufen und fragen den Alten am Straßenrand nach dem
Weg. »Links runter«, sagt der freundlich und ohne zu zögern.
Was tun Sie in diesem Fall? Richtig: Sie fragen den Nächsten.
Unzählige Reisende vor Ihnen haben die Erfahrung gemacht,
dass es sich nicht empfiehlt, sofort links die Straße hinunter-
zugehen. Es gilt vielmehr die Regel: Lauf erst dann los, wenn
dich mindestens drei Leute in die gleiche Richtung schicken
(gemäß dem schönen chinesischen Sprichwort »Drei Leute
erst machen einen Tiger«. Es geht zurück auf einen König, der
sagte, er glaube erst dann, dass ein Tiger in der Stadt sei, wenn
ihm dies drei Leute unabhängig voneinander berichteten).
Warum diese Vorsicht? Weil man in China die erstaunliche
Entdeckung macht, dass a) noch immer viele Leute zufrieden
ihr Leben durchmessen, ohne auch nur die geringste Ahnung
zu haben von der Welt außerhalb ihres Blocks, ihrer Fabrik
oder ihres Viertels, und dass b) ein großer Teil von ihnen nie

im Leben zugeben würde, er wüsste die Antwort auf Ihre Frage nicht. Lieber sagen viele »links« als »weiß nicht«. Statistisch gesehen, behalten sie damit in der Hälfte der Fälle ja auch recht. Die Unwissenheit über die Welt hinter dem unmittelbaren eigenen Erfahrungshorizont ist ein faszinierendes Phänomen. Es ist noch nicht lange her, da schloss in Deutschland ein Kollege von mir Freundschaft mit einem chinesischen Ingenieur, der für seine Firma im Ruhrgebiet ein altes Stahlwerk in seine Einzelteile zerlegte, um es nach Schanghai zu verschiffen, und nahm dessen Einladung zu einer gemeinsamen Chinareise an. Der Chinese, ein Herr Cheng, stammte aus Sichuan, hatte aber sieben Jahre in Schanghai gearbeitet und ein Jahr in Deutschland gelebt. »Ich dachte, er könnte mir Schanghai zeigen und hernach mein Führer in China sein«, sagte mein Kollege hinterher. Recht schnell stellte sich heraus, dass Herr Cheng – ein freundlicher, intelligenter, belesener Mann von Mitte dreißig – sich schon in Schanghai kaum zurechtfand: Während der Jahre, in denen er dort gelebt hatte, war er offenbar nie aus seinem Stahlwerk herausgekommen. Nachdem sie einige Tage durch die Stadt geirrt waren und Cheng schließlich Tickets für den falschen Zug gekauft hatte, nahm mein deutscher Kollege, der noch nie in China gewesen war und kein Wort Chinesisch spricht, die Sache in die Hand: Er kramte seinen Reiseführer hervor und zeigte seinem Freund China. Die größte Überraschung bereitete er Herrn Cheng, als die beiden gegen Ende ihrer Reise schon ein paar Tage in der Provinz Yunnan am Fuß des Himalajas weilten – viele tausend Kilometer von Schanghai entfernt – und mein erstaunter Bekannter nach einem Blick auf die Landkarte seinem chinesischen Freund eröffnete, hinter der nächsten Bergkette, nur eine halbe Tagesreise entfernt, müsse sich dessen Heimat befinden: die Stahlstadt Panzhihua in Sichuan. Der Ingenieur fiel aus allen Wolken. »Stimmt!«, sagte er und änderte sofort seine Reisepläne. Am nächsten Tag setzte er sich in den Bus: alte Freunde besuchen.

Nun ist Cheng sicher ein besonders zerstreuter Ingenieur, doch deckt sich sein Verhalten mit einigen meiner Erlebnisse. Was sie nicht unmittelbar betrifft, interessierte bislang viele Chinesen nicht. Ich muss hier einschränkend hinzufügen, dass sich dies schnell ändert, dass mittlerweile eine Menge Chinesen über Deutschland oder Amerika besser Bescheid wissen als Deutsche oder Amerikaner über China und dass einen oft die unbändige Neugier und der große Wissensdurst junger Chinesen geradezu anspringen – und doch ist der Lobpreis auf das kühne Vordringen in unbeschrittene Territorien in der chinesischen Gesellschaft etwas relativ Neues. Natürlich gab es auch im alten China Abenteurernaturen, sie mussten sich allerdings meist großen Misstrauens erwehren: Im konfuzianischen Kodex machte man sich mit Tugenden wie Neugier und Entdeckerfreude – wie mit Wagemut und Tapferkeit schlechthin – eher verdächtig. Die Daoisten waren sich darin ausnahmsweise einmal mit den Konfuzianern einig: »Wer den Mut hat, verwegen zu sein, wird sterben. Wer den Mut hat, feige zu sein, wird leben«, heißt es bei Laozi.

Es gab einmal einen berühmten Eunuchen und Admiral des Namens Zheng He (1371–1434). Geboren wurde er mit dem Familiennamen Ma (im Chinesischen ist das die erste Silbe von »Mohammed«) als Sohn einer muslimischen Familie in der Südwestprovinz Yunnan, doch nahmen die Truppen der noch jungen Ming-Dynastie (1368–1644) den Jungen gefangen. Sie kastrierten ihn – da war er dreizehn – und schickten ihn als Eunuchen in die Frauengemächer des Ming-Prinzen Zhu Di. Zheng He war seinem Herrn Gefolgsmann bei einer Palastrevolte, die dem Prinzen auf den Thron half. Zum Dank machte der neue Kaiser den treuen Zheng He zum Oberbefehlshaber seiner Flotte – der mächtigsten Armada, die die Welt je gesehen hatte und die in Größe und Pracht ein halbes Jahrtausend lang – bis zum Ersten Weltkrieg – unübertroffen bleiben sollte. Zheng He sollte der Mann werden, der die Giraffe nach China brachte und die Kunde von China in die

Heimat der Giraffen trug. Von 1405 bis 1433 stach der Admiral von Nanjing aus für insgesamt sieben gewaltige Expeditionen in See: Sie trugen ihn nach Südostasien, nach Ceylon, nach Indien, nach Afrika und nach Arabien. Schon für die erste Expedition setzten 300 Schiffe die Segel, in deren Bäuchen 27 870 Mann Besatzung Platz fanden: neben Seeleuten auch Soldaten, Handwerker, Astronomen, Apotheker und Meteorologen. Orientierung bot der von den Chinesen im elften Jahrhundert erfundene Kompass. Das Hauptschiff war mehr als 140 Meter lang und setzte seine weithin sichtbaren roten Segel aus Seide auf nicht weniger als neun Masten (zum Vergleich: Als sich 1492 Kolumbus aufmachte, über die Neue Welt zu stolpern, da befehligte er gerade mal 90 Seeleute auf drei Nussschalen, die, hintereinander schippernd, keine 70 Meter lang waren). Mehrfach griffen die Truppen Zheng Hes in lokale Konflikte ein, töteten Tausende von Seeräubern, bombardierten die Stadt Lasa bei Mogadischu und erklärten etwa Ceylon und Malakka zu Vasallen des Ming-Reiches. Doch territoriale Eroberungen waren nicht das Ziel. Die Expeditionen sollten den Handel fördern, ihr eigentlicher Zweck aber war es, die Kunde von Macht und Prestige des neuen Ming-Kaisers Yongle in die Welt zu tragen.

Unter Zheng He beherrschte China die Meere. Das Reich war den späteren Seemächten Portugal, Spanien und Holland an Ressourcen weit überlegen und technisch voraus. So, wie China in fast jeder Periode seiner vieltausendjährigen Geschichte mächtiger, volkreicher, wohlhabender, entwickelter und kosmopolitischer war als Europa. Schon zu Beginn der Tang-Dynastie, Anfang des siebten Jahrhunderts, lebten in der Stadt Kanton bis zu 200 000 Ausländer: Malaien, Inder, Afrikaner, Türken, Araber und Perser. Und noch im Jahr 1820 machte Chinas Wirtschaft dem britischen Wirtschaftshistoriker Angus Maddison zufolge fast ein Drittel der gesamten Weltwirtschaft aus (zum Vergleich: Im Jahr 2010 hatte China zwar Deutschland und Japan überholt und war hinter den

USA wieder zur zweitgrößten Volkswirtschaft der Welt aufgerückt, jedoch war die Wirtschaft der USA da noch dreimal so groß. Und pro Kopf verdient ein durchschnittlicher Amerikaner heute noch sieben Mal so viel wie ein Chinese). Ihr raffinierter Bau und ihre Ausrüstung hätten es Zheng Hes Flotte problemlos erlaubt, 100 Jahre vor Magellan um die Welt zu segeln und 72 Jahre vor Kolumbus Amerika zu entdecken – der britische Forscher und ehemalige U-Boot-Kommandant Gavin Menzies ist überzeugt, dass sie genau das getan hat, und veröffentlichte ein Buch dieses Inhalts. Und man kann Menzies die These nicht verübeln: Aus europäischer Sicht läse es sich geradezu folgerichtig, wenn Zheng He zu diesen Abenteuern ausgesetzt wäre. Das eigentlich Bemerkenswerte aber ist dies: dass der chinesische Admiral es eben nicht tat, dass Menzies mit ziemlicher Sicherheit unrecht hat. Es findet sich kein Beleg für seine Thesen in den chinesischen historischen Beschreibungen der Reisen Zheng Hes.

Und so ist es die tragische Pointe dieser Geschichte, dass sie nicht zur Bebilderung von Chinas Größe taugt, sondern dass sie im Gegenteil zum Symbol wurde für die vielleicht größte verpasste Chance dieses Reiches im letzten Jahrtausend. Bis heute wird des großen Admirals in China kaum gedacht, sind ihm in Indonesien und an den anderen südostasiatischen Ufern, an die es ihn spülte, mehr Schreine, mehr Statuen und mehr Legenden gewidmet als in seinem Heimatland. Interessanterweise grub erst im Jahr 2004 eine chinesische Regierung das Andenken an Zheng He wieder aus. 600 Jahre nach seiner ersten Reise wurde der Admiral wieder gefeiert – und gleichzeitig für die Propaganda eingespannt. Denn, so lernen wir: »Die Essenz der Reisen Zheng Hes nach Westen liegt nicht in der Stärke der chinesischen Marine, sondern in Chinas Beharren auf friedlicher Diplomatie, als es eine Großmacht war.« Findet ein Minister in Peking. Wohlgesetzte Worte in einer Zeit, da China seine Marine hochrüstet und sein Aufstieg den Konservativen in den USA wieder das Wort vom »bedrohlichen China« auf die Zunge legt. Das Beispiel Zheng Hes soll die an die Welt gerichtete Botschaft eines »friedlichen Aufstiegs« Chinas unterfüttern, eines Landes, das die eigene Propaganda als quasi genetisch unfähig zur Aggression zeichnet. Damit der Admiral in ihre Schablone passt, hat die Regierung ihn sich zurechtgesägt: Sie feiert ihn nun als segelnden Weihnachtsmann, der den Nachbarn nichts als Geschenke und Frieden spendete. Die Nachbarn, zumal die Anrainer der Meere im Osten und Süden, sind derweil skeptisch. Geschäfte mit China wollen sie alle machen, aber das zunehmend raumgreifende und provozierende Auftreten Chinas, die schrittweise Militarisierung des südchinesischen Meeres, das auch andere Länder als das ihre betrachten, verstört sie.

Die heutigen Elogen stehen in starkem Kontrast dazu, wie das Land einst mit Zheng Hes Erbe verfuhr. Unmittelbar nach dem Tod des Admirals und seines Kaisers nämlich geschah in China etwas für uns heute Unbegreifliches: Die Flotte verschwand ganz einfach, das Reich amputierte sich am eigenen Leib. Vier Jahrhunderte chinesischer Seefahrtstradition endeten abrupt. Im Jahr 1500 belegte der Hof jeden mit der Todesstrafe, der ein Schiff mit mehr als zwei Masten baute, ein Vierteljahrhundert später ließ die Regierung alle hochseetauglichen Schiffe zerstören. China wandte sich ab vom weiten Meer. Es entschied sich für die Abschottung und Isolation des Reiches. Und damit, ohne es zu ahnen, für seinen anfangs unmerklichen, aber letztlich unaufhaltsamen Niedergang, für Demütigung und Ausbeutung durch jene, die an seiner statt bald Besitz nahmen von den Ozeanen: den Europäern.

Warum wählte China diesen Weg? Weil es sich selbst genug war. Weil Intrigen und Machtkämpfe nach Yongles Tod wieder die konfuzianische Orthodoxie nach oben spülte: die Gelehrtenbeamten, die ihr Ideal in der Nachahmung einer versunkenen Vergangenheit suchten und die glaubten, die Barbaren an den Rändern der Welt hätten der großartigsten Zivilisation unter dem Himmel ohnehin nichts zu bieten. Weil

Chinas Kaiser der Polarstern war, der Fixpunkt am Himmelszelt, um den sich die anderen Sterne des Universums zu ordnen hatten. Weil die stets nach neuen Waren und neuer Kundschaft Ausschau haltenden Händler und Krämer die Geringsten waren in dieser Welt und in der Wertschätzung weit hinter den braven Bauern kamen. Weil nur der *Xiaoren*, der »kleine Mann«, der Unkultivierte, Vulgäre, sittlich Ungefasste nach Profit strebte. Wahrscheinlich also deshalb: weil China nicht gierig genug war.

Vielleicht ist es auch so: Wenn einer in der Mitte der Welt steht, auf der Achse, um die sich alles dreht, dann braucht er sich nicht groß zu kümmern um Norden, Süden, Osten und Westen. Wichtig sind dann nicht diese Himmelsrichtungen und nicht links und rechts, wichtig ist dann die Orientierung in einer ganz anderen Dimension: die in der Vertikalen. Nach oben und nach unten also. Das Zurechtfinden zwischen Himmel und Erde, zwischen den Menschen über mir und denen unter mir: Das zählt.

麻将 *Ma jiang*

Mahjongg

Populärste chinesische Spielerei, auch: Droge. Im Westen zuerst bekannt geworden als *Mahjongg*, in Anlehnung an die südchinesische Aussprache. Es sitzen einander vier Spieler mit einem Set von 144 einseitig gravierten Spielsteinen gegenüber. In seinen Regeln ähnelt Majiang dem Kartenspiel Rommé, also hätte auch ihm eine Karriere als Zeitvertreib gelangweilter Pensionäre beschieden sein können – wären da nicht:

a) der Glücksspielfaktor. Chinesen gelten seit jeher als anfällig für Glücksspiel jeder Art – und Majiang machten sie zur Königsdisziplin in diesem Risikosport. Und

b) der Knallfaktor. In Peking belauschter Dialog: »Warum spielen die Chinesen so gern Majiang?« Antwort: »Weil es Krach macht.«

Dabei war auch Majiang einmal ein Kartenspiel. Bis einer auf die Idee kam, aus Bambus und Knochen kleine Steine zu schnitzen, mit denen man prächtig auf den Tisch hauen konnte. Seither macht Majiang den Chinesen richtig Spaß, feinen Damen nicht weniger als finsteren Gesellen. Egal, ob beim Mischen der Klötzchen (in Taiwan der ausholenden Armbewegung wegen auch »Schwimmen« genannt) oder beim Aufstellen vor sich (»Große Mauer bauen«): Je mehr es knallt und kracht, umso wohler ist den Spielern. Weniger den Nachbarn und am allerwenigsten den Angestellten der Majiang-Salons: Hongkongs Regierung hat ein Gesetz verabschiedet, wonach für Gehörverlust Entschädigung zusteht; das Gesetz richtet sich an DJs, Schlachthofarbeiter – und Bedienstete in Majiang-Salons. Chinas Regierung versucht seit Jahren angestrengt, Majiang als sauberen Konzentrationssport neu zu erfinden. In Hongkonger Zeitungen aber kann man noch immer solche Meldungen lesen: »Or Oi-chu wurde zuletzt lebend gesehen beim Majiang-Spiel in North Point vor acht Tagen.« Können Sie sich in diesem Satz das Wort »Rommé« vorstellen?

热闹 *Re nao*

Hitze und Lärm.
Oder : Enger geht's nicht

China ist groß, doch wenn man Wüste und Gebirge abzieht, dann bleibt nur wenig Platz für die vielen Menschen, sodass sie sich arg drängeln. Sie leben in winzigen Wohnungen, kämpfen um wenige Studienplätze und fahren morgens um sieben in zum Bersten gefüllten Bussen zur Arbeit. Da stellt man sich vor, dass so ein blau gestoßener und platt gebügelter Pendler von Ruhe träumte und von Einsamkeit, von murmelnden Wassern und von karstigen Gipfeln. Tut er aber nicht.

Es gibt sie schon, den daoistischen Einsiedler in der Gebirgsschlucht und die meditierende Musikerin in Peking, die behauptet, Chinesen suchten anders als die Europäer zuallererst »die Ruhe des Herzens«. Es gibt das fast dreitausend Jahre alte »Buch der Lieder«, das an einer Stelle eine traumentrückte und friedliche Welt heraufbeschwört, über die es heißt: »Es gab Geräusche, aber es gab kein Geschwätz.« Es gibt den bekannten Vers des Poeten Tang Zixi: »Der Berg war so still wie die Welt in ferner Vergangenheit.« Es gibt bloß den Berg nicht mehr. Ich bin einmal im Nieselregen den Tai Shan hochgestiegen, einen berühmten daoistischen Berg in der Provinz Shandong, und ich weiß nicht, was mich mehr irritierte: die der Familie der Feuerwehrsirenen zugehörigen Megafone der Reiseleiter, deren Tröten mich die ganzen vier Stunden begleitete? Das Kreischen der Steinsägen alle zweihundert Meter, wo Handwerker neue Treppenstufen zurechtschnitten (denn auf alle heiligen Berge in China führen Treppen vom Fuß bis zum 3000-Meter-Gipfel)? Oder aber der Jahrmarkt auf dem Gipfel, wo insgesamt drei Seilbahnen Heerscharen von Touristen in die Tentakel der keifend um Kunden ringenden Souvenirverkäufer und Restaurantschlepper spuckten? Aber Sie müssen keinen Berg besteigen – wer immer eine Nacht mit einer chinesischen Reisegruppe auf dem gleichen Hotelstockwerk verbracht hat, der weiß: Die Mehrzahl der Chinesen findet Vergnügen und Erfüllung in *re nao*, »Hitze und Lärm«. Es zieht sie dorthin, wo schon viele andere sich aneinanderreiben, wo die Hölle los ist. Deshalb verhaken sich die Paddelboote auf dem kleinen Teich im Pekinger Solidaritätspark im Frühling regelmäßig zu prächtigen Knäueln, die sich vor den Verkehrsstaus am Dritten Ring nebenan nicht zu verstecken brauchen. Deshalb reihen sich Hongkonger in jede Schlange ein, an der sie vorbeilaufen, auch ohne zu wissen, wofür sie da eigentlich anstehen. Deshalb gilt in China nicht die stilvolle Einrichtung eines Restaurants als Gradmesser für seine Qualität, sondern der aus ihm dringende Lärmpegel.

Re nao ist ein zur Erlangung von Spaß und Freude angestrebter Daseinszustand: Man taucht ein in eine möglichst große Anzahl von Menschen, um einander dann durch die Absonderung von möglichst viel Dezibel zu versichern, dass man nicht allein ist auf der Welt. Es ist der Verdacht noch nicht ausgeräumt, dass dort, wo sich bei anderen Menschen Genstränge befinden, Chinesen Konstruktionspläne für Feuerwerk haben. Letzteres haben sie folgerichtig auch erfunden und zelebrieren es mit weltweit unerreichter Meisterschaft und Furore. *Re nao* breitet sich heute in China stetig aus, was mit der Zunahme an freudigen Anlässen korrespondiert, die diesem leidgeprüften Volk in seiner Geschichte allzu selten in den Schoß fielen: Unter den Kaisern boten sich den allweil ums Überleben ringenden Bauern zur Entspannung nur privater Sex und öffentliche Exekutionen, und die ersten drei Jahrzehnte unter der KP brachten vor allem Furcht, Denunziation und Tod. Die Allgegenwart von »Hitze und Lärm« im heutigen China ist darum ein schönes Zeichen. Einerseits. Andererseits scheint der gemeine Mitteleuropäer mit einem ungleich zarteren Nervenkostüm ausgestattet als der durchschnittliche Einheimische.

Chinesen saugen aus *re nao* Lebenskräfte. Xing Weizhou zum Beispiel, ein 77-Jähriger mit Baseballkappe. Jeden Morgen hüpft er im Park des Sonnenaltars zwei Stunden umher wie ein Frosch und kickt mit der Innenseite seines Fußes seinen Freunden, vor allem aber Freundinnen ein kleines, mit Federn bestücktes Stoffsäckchen zu. *Jianzi* heißt das Spiel. Spielt er mit Damen, dann legt Xing zwischen zwei Pässen eine drahtige Pirouette ein. Xing stellt Büstenhalter her (»für die kleinen chinesischen Busen«). Er hat Fabriken in ganz China und ein Haus in New York. Eine Villa so groß, sagt er, wie der halbe Sonnenaltarpark. Trotzdem hält er's nicht aus in Amerika, wo seine Kinder vor lauter Arbeit keine Zeit mehr haben und die Nachbarn sich in ihren Häusern verstecken. Den größten Teil des Jahres verbringt er in China, in den Parks, in denen es wuselt, brummt und quietscht, dass es eine Pracht ist. Guck dich um, sagt er strahlend: *»Re nao.«*

Amerika und Europa sind ohnehin merkwürdige Orte. Dort ist Angeln ein Sport, der Geduld und Konzentration verlangt, Morgendämmerung und Einsamkeit. In Peking geht Angeln so: Die Freunde vom Golfclub fahren sonntags in die Berge, stellen sich – alle auf einmal – um einen kleinen Beton-Swimmingpool herum und halten ihre Angeln rein. In jedem Becken tummeln sich doppelt so viele Forellen, wie

Angler drum herumstehen, also ungefähr eine halbe Million. Wer nach fünf Minuten noch keinen Fisch gefangen hat, der hat aus Versehen seinen Golfschläger in das Becken gehalten. Die gefangenen Fische kann man sich vom Betreiber des Beckens an Ort und Stelle grillen lassen, was vor allem deshalb eine Freude ist, weil das Grillen als Zubereitungstechnik merkwürdigerweise in der sonst so erfinderischen chinesischen Küche eindeutig zu kurz kommt. (Liegt es daran, dass es zu sehr an die Lagerfeuer der stets so gefürchteten wie verachteten Nomaden erinnert, an die gegrillten Hammel der Mongolen, die gegrillten Bärentatzen der Mandschuren? Grillen nur Barbaren?) Die Fischbecken zieren ein in seiner Friedlichkeit spektakuläres Bergtal. Ein Bächlein plätschert. Baumkronen rauschen. Oben auf dem Kamm windet sich die zerbröckelnde Große Mauer. Dem Pekinger Wochenendausflügler fehlt jetzt nur noch eines: ein Feuerwerk. Und so hallen bald die Böller durch das Tal, stundenlang. Wenn die Forellen bauchoben im Becken treiben, ist die Idylle perfekt.

Re nao-Entzug ist im Übrigen nicht ungefährlich und kann bei Chinesen von zarter Konstitution gesundheitliche Folgen zeitigen. Als meine ehemalige Assistentin, eine Germanistin aus Sichuan, nach Berlin zog, um dort ihre Doktorarbeit zu schreiben, erhielt ich bald einen langen Brief von ihr. Berlin sei sehr aufregend, schrieb Frau Yang, das Kulturangebot der Stadt überwältigend, und ob es ein schlechtes Omen sei, dass sie sich am Tag ihrer Ankunft ausgerechnet unter dem Brandenburger Tor übergeben musste, das lasse sich jetzt noch nicht sagen. Eines allerdings mache ihr doch zu schaffen: die Stille. Wochenlang sei sie jeweils mitten in der Nacht aufgewacht, zunächst ohne zu wissen, warum – bis es ihr eines Tages aufging: »Es war zu still. Der Lärm, der einen in China stets umgibt – er war einfach weg. Das hat mich beunruhigt.« Frau Yang wohnte übrigens direkt an der Karl-Marx-Allee, einer Schneise, deren Beschaulichkeit zu preisen noch keinem Berliner eingefallen wäre.

Das Praktische an *re nao* ist, dass man nicht unbedingt Teil des Spektakels sein muss, sondern einfach nur zugucken kann (*kan re nao*). Seit jeher ist es das billigste Volksvergnügen zu beobachten, wie es irgendwo kracht. Chinesen lieben es noch heute, sich in Scharen dazuzugesellen, wenn zwei Nachbarinnen keifen oder Passanten sich prügeln. Die Grundregel dabei: nie eingreifen, sondern still genießen, dass man nicht selbst der Doofe ist. Verkehrsunfälle gelten als besonders aufregend und sind noch besser als ein Ausländer, der sich auf dem Gehsteig die Schuhe bindet.

Zur Mutter allen *re naos* wurde der Tag, an dem Peking die Olympischen Spiele zugesprochen wurden: Die ganze Nacht hindurch war von den Reportern am TV-Schirm kein einziges Wort zu verstehen. *Re nao* passt zum olympischen Geist: Das Zeichen *re* stellte einmal einen Fackelträger dar. Gegenteil von *re nao* ist *tai ping*, der »höchste Frieden«. Ein Tipp: *Tai ping* ist in Peking nur auf eine Art zu erlangen – allein im Schwimmbad, mit beiden Ohren unter Wasser.

运动 *Yun dong*

1. Sport 2. Kampagne

Wie Schießpulver, → *Essen nach Zahlen* und überhaupt so ziemlich alles unter der Sonne außer der lila Kuh (Schweiz) hat die chinesische Zivilisation angeblich auch Fechten, Polo und Fußball hervorgebracht. Die »frühesten Belege für chinesischen Sport« datiert der Sporthistoriker Gu Shiquan 500 000 Jahre zurück, was schon deshalb eine Leistung ist, weil der Homo sapiens erst 400 000 Jahre auf dem Buckel hat. Zwei Jahrtausende konfuzianischer Indoktrination haben jedoch ihre Spuren hinterlassen: Kultiviert wurden stets Seele und Geist und nur selten der Körper, und so machen Chinas Städter außerhalb staatlich organisierten Medaillendrills noch immer den Eindruck eines eher schmalbrüstigen und kurzatmigen Volkes. Die Älteren frönen dem Sport gerne in Zeitlupe (→ *tai ji quan*, Schattenboxen), viele Jüngere diskutieren ihn vornehmlich als Risikoaktivität. Kurz nach der Jahrtausendwende versuchte die Regierung ihr Volk zu einem Sinneswandel zu ermuntern, in Peking tauchten über Nacht Freiluft-Fitnessparks auf: mit grellbunt lackiertem Marterwerkzeug bestückte Spielplätze, die bei Senioren ein großer Erfolg sind. Unter den Jüngeren ist die Mitgliedschaft im Fitnessstudio der letzte Schrei. Die meisten Chinesen jedoch denken beim Wort *yun dong* noch immer zuerst an seine zweite Bedeutung: »politische Kampagne, Massenbewegung«. Erster Turnvater der Nation in diesem Sinne war Mao Zedong. Seinen Kampagnen fielen Spatzen und Ratten ebenso zum Opfer wie »Rechtsabweichler« und »stinkende Intellektuelle«. Politisch motivierte *yun dong* sind noch heute populär bei der KP-Führung. Zum Beispiel die Law-and-Order-Kampagne *yan da*, »hart zuschlagen«. Diese Kampagne geht nun schon in ihr drittes Jahrzehnt und zielt auf »feindliche Elemente zu Hause und im Ausland«. Die chinesische Polizei sagte, sie wolle so für eine → *harmonische Gesellschaft* und ein »gutes gesellschaftliches Klima« sorgen. Und so wurde der Pekinger Ye Guozhou im Gefängnis misshandelt, weil er gegen den Abriss seines Hauses für Olympia protestiert hatte, Frau Wang Lin wurde aus dem gleichen Grund zur »Umerziehung durch Arbeit« in ein Pekinger Lager gesteckt, und andere bekommen den unbedingten Willen zur Harmonie noch härter zu spüren: Die Zahl der Hinrichtungen in China ist in den letzten Jahren gesunken. Noch immer jedoch exekutiert das Land, so schätzt es die amerikanische Duihua-Stiftung, zwischen zwei- und dreitausend Menschen im Jahr. Mehr als dreimal so viel wie der Rest der Welt zusammen. Vgl. auch Schneller, höher, weiter → *Olympischer Geist*.

閒 *Xian*

Muße. Oder:
Entspannen beim Rückwärtsgehen

Da läuft ein Mann rückwärts. Warum macht er das? Folgt seinen Fersen durch den Park, mitten durch all die Bäume und ihre harten Stämme. Dreht nicht einmal den Kopf. Steuert durch das Tor, tritt auf den Gehsteig. Radler umkurven ihn. Noch immer läuft er rückwärts. Warum? Jetzt bleibt er stehen. Mit dem Finger malt er ein Schriftzeichen in die Luft: *Xian*, Muße. »Ich entspanne mich«, sagt er.

Am Anfang aller Muße stand in China der Mond im Türstock. Und gleich daneben stand wahrscheinlich ein Becher Hirsewein. Den haben die Chinesen allerdings unterschlagen, als sie das Bild im Zeichen *xian* festhielten. Der Dichter wusste von dem Zusammenhang, er nährte sich von ihm.

> »Genießen soll der Mensch sein Leben,
> bald schmeckt es schal.
> Nie lasst uns leer dem Mond entgegenheben den goldenen Pokal.«

Mehr als 1200 Jahre alt sind diese Zeilen von Li Taibo, dem exzentrischen Genie. Saufen und den Mond besingen – da fand der Dichter zu sich selbst, abseits des Schuftens und Kriechens am Hofe der Tang. Der Legende nach nahm Li ein Ende, zu dem ihm sicherlich selbst die besten Verse eingefallen wären: Berauscht soll er versucht haben, bei einer Bootsfahrt den Mond in den Wellen zu erhaschen. Die Wellen erhaschten dann ihn.

Zwischen zwei Türflügeln der Mond: *Xian* ist noch heute in China das Wort für Muße und Freizeit. Ein Schriftzeichen für das Gegenteil gibt es auch. »Viel zu tun haben« heißt *mang* 忙. Das Zeichen besteht aus zwei Teilen: neben einem Herzen – der Tod.

Wer am Hof keine Eingaben mehr zu schreiben und keine Edikte zu kopieren hatte, der konnte wohl kalligrafieren und dichten.

Die Bauern schufteten derweil, bis sie todmüde und oft hungrig auf ihre Strohlager fielen. Aber zwei Dinge gönnte das Leben auch ihnen: den Mond und den Schnaps. Und wenn die Felder brachlagen, durften die Menschen Trost suchen bei ihnen. Im Herbst sangen auch die Bauern den Mond an. Feierten und betranken sich. Lange Tage lagen nun vor ihnen, in denen kein Acker zu bestellen war. Noch heute findet man in China Dörfer ohne einen Brocken Fleisch auf den Tischen. Ein Dorf ohne Schnaps wird man nicht finden.

Der ehemalige KP-Generalsekretär Zhao Ziyang, erzählt ein Freund, habe in den Achtzigern einmal ein Bauerndorf im chinesischen Herzland besucht, in der armen Provinz Shaanxi. Was sie denn so in ihrer Freizeit trieben, habe der Premier von den Bauern wissen wollen. Freizeit?, fragten die verständnislos zurück. Na abends, nach der Arbeit, hakte Zhao nach: Was macht ihr denn da? In der Anekdote kratzt sich der Bauer am Schädel und antwortet schließlich ungeniert: Wir vögeln. Und dann? Dann ruhen wir uns aus, sagte der Bauer. Zupfte sich den Bart und sagte: Und dann machen wir's noch einmal. Siehst du, sagt der Freund, deshalb gibt es 1,3 Milliarden Chinesen.

Die Chinesen haben uns Deutschen nicht wenige Dinge voraus, zum Beispiel Mondraketen oder die Fähigkeit, jederzeit wie auf Kommando in Tiefschlaf zu verfallen (einmal sah ich auf einem Foto, wie ein Schlafakrobat in Peking sich eine der dicken Absperrungsketten im Park zur Hängematte machte). Besondere Fertigkeit haben sie entwickelt in der Kunst des Hockens (*dun*). Das kontemplative Sitzen nimmt generell einen großen Raum im chinesischen Leben ein, und Hocken ist das, was Chinesen machen, wenn ihnen die dazu notwendige Sitzgelegenheit fehlt. Wie?, sagen Sie jetzt vielleicht: Hocken kann ich auch. Und verhielten sich damit nicht anders als der krächzende Rabe, der sich vor der Nachtigall aufplustert: »Singen kann ich auch.«

Chinesen haben es schlechthin zur Meisterschaft darin gebracht, ihren Hintern auf den eigenen Unterschenkeln Platz nehmen zu lassen. Das ermöglicht ihnen, sich an allen möglichen und unmöglichen Orten niederzulassen und dem versonnenen Hocken nachzugehen: So sieht man sie auf Gehsteigen, an Bushaltestellen und in Warteräumen in der Hocke gemütlich Melonen schlürfen, einander fotografieren und Zeitung lesen. Wie sie es dabei schaffen, die Fußsohlen bis zur Ferse flach auf den Boden aufzulegen und in dieser Haltung zu verharren, ist mir ein Rätsel; es ist eine gymnastische Meisterleistung, bei deren versuchter Nachahmung der untrainierte Ausländer nach nur Sekunden einfach umfällt und die Straße hinabrollt. Chinesen hingegen ist die Hocke schon als Kind so in Fleisch und Blut übergegangen, dass nicht wenige sie dem einfachen Sitzen vorziehen und auch bei Vorhandensein einer Bank lediglich deshalb auf selbige klettern, um, oben angelangt, erneut in die Hocke zu gehen und sodann eine zu rauchen: Die Sicht ist von dort oben natürlich besser.

Mir kam es stets so vor wie die charakteristische Haltung eines Volkes, das immer viel warten musste und dazu nur wenig Platz hatte. Aber es steckt mehr dahinter. Nicht immer ist das Hocken freiwillig: Autoritätspersonen befehlen in China ihre Gegenüber gern kollektiv in die Hocke, um Kontrolle und Überblick zu erhalten – und sich selbst dadurch zu erheben. Direktoren machen das mit ihren Schülern, Offiziere mit ihren Soldaten, und einmal, auf dem Kantoner Bahnhof, da machte es das Sicherheitspersonal mit uns allen, die wir auf den Zug warteten: Nach Zugnummern getrennt, mussten wir auf dem Bahnhofsvorplatz in die Hocke gehen (gegenüber dem einfachen Auf-dem-Boden-Fläzen spart die Hocke nicht nur Platz, sie lässt dem Hockenden auch weniger Energie für Dummheiten). Wie gesagt, ich fiel sofort um. Den Ursprung ihrer Prägung aufs Hocken führen chinesische Freunde zurück auf einen recht banalen Umstand: das allgegenwärtige Plumpsklo. Tatsächlich ist die Assoziation Klo / Hocke vielen Chinesen so natürlich, dass man in Flugzeugen, die nur mit Sitzklos ausgestattet sind, auf der Klobrille manchmal Schuhabdrücke finden wird.

1994 schenkte die Regierung den Arbeitern einen zweiten freien Tag pro Woche, seither haben auch Chinesen Samstag und Sonntag frei, zumindest die, die beim Staat oder bei einer ausländischen Firma angestellt sind. Noch nie hatten Chinas Städter so viel Freizeit wie heute.

Geld hatten sie auch noch nie so viel. Die Leute fahren mit dem Auto. Sie reisen. Manche bezahlen Tausende von Yuan, um am Wochenende mit einer Flak der Volksbefreiungsarmee einem unschuldigen Erdhügel die Flanke aufreißen zu dürfen. Angehende Privatunternehmer betrinken sich in Bars, wo Livebands John Denver nachspielen und Kurt Cobain; die Neureichen leisten sich die Gesellschaft von Filmsternchen; Kader lassen sich in dunkle Clubs einladen, wo die Flasche Henessy X. O. schon mal 200 Euro kostet.

»In den USA gehen die Leute in ihrer Freizeit in den Supermarkt und in die Kirche«, sagt Victor Yuan vom Meinungsforschungsinstitut Horizon. »In China gehen die Leute lieber zum Karaoke als in den Supermarkt.« Karaoke ist eigentlich eine japanische Erfindung, hat in China aber längst den flüchtigen Charakter einer Modeerscheinung abgelegt und ist zum festen Bestandteil der Kultur geworden. Massage und mehr kosten extra – ins Karaoke geht man nicht nur, um Wang-Fei-Songs und alte Mao-Hymnen zu schmettern. Männer gehen hin, weil sie dort *xiao jie* finden, Fräulein. Und die Fräulein gehen hin, weil man als einfaches Mädchen kaum schneller reich werden kann in diesem Land. »Es gibt in China drei neue Sippen von Aristokraten«, sagte mir ein einst berühmter Propagandasänger: »Neureiche, Kader und Huren.« Da saßen wir gerade in einem als Teehaus getarnten Bordell in der alten Kaiserstadt Xi'an; Leiter des Bordells »Blauer Jasmin« war der Bruder des Chefs der lokalen Polizeiwache. Woher denn die Mädchen seien, fragte ich ihn und deutete auf die grell geschminkten Fräulein, die auf einer Bank in der Ecke saßen wie die Hühner auf der Stange. Der Wirt starrte mich an. »Welche Mädchen?«, fragte er. Nun war es an mir, ihn anzustarren. Einige dieser Leute haben nicht wirklich Spaß. Ihnen geht es darum, erstens anders und zweitens besser zu sein – und das drittens vorzeigen zu können. Das sind die Leute, die das teure Anne-Sophie-Mutter-Gastspiel in Peking nur durchstehen, wenn sie nebenher über ihr Mobiltelefon mindestens drei Freunde wissen lassen, welchen Luxus sie sich gerade gönnen. Freizeitforscher Yuan glaubt gar, dass im nervös aufbrechenden China zwar viele den Anschein erwecken – aber nur eine Gruppe von Erwachsenen das Leben wirklich genießt: die Alten. Sie haben kaum Geld, für die Monatskarte im Erdaltarpark jedoch reicht es allemal. Die kostet seit Jahr und Tag drei Yuan, knapp 30 Cent.

Da treten sie allmorgendlich an zu Tango und Walzer rund um den Altar, in bester Laune und bei Regen in Gummistiefeln. Da sitzen die ihren stickigen Miniwohnungen entflohenen Nachbarn zum Majiang unter schattigen Ulmen. Und da steht im Sommer jeden Morgen mit nacktem Oberkörper der 78-jährige frühere Masseur Meng und pumpt seine vierzig

Liegestützen. »Sich satt essen und warm anziehen können –
dann ist die Welt doch in Ordnung«, findet Meng. Damit ist
die Basis gelegt für den Rest seiner Tage, für *wan*: Vergnügen.
Meng grinst. *Wan* heißt eigentlich »spielen«, lässt sich aber auf
alles verwenden, was Spaß macht. Die Aufforderung »Lass uns
am Wochenende gemeinsam spielen« kann die harmlose
Besichtigung von zu Brontosauriern geschnittenen Hecken
im Stadtpark ebenso bedeuten wie die folgenschwere romantische Deutung derselben. Männer bzw. Frauen kann man
genauso »spielen« wie Drogen, Aktien oder Tennis. (Dass
Chinesen an anderen Dingen Vergnügen finden als wir,
musste ein Freund erfahren, der fern vom heimischen Rosen-
heim mit einer kleinen Firma in Taipei versucht, die Taiwaner
zu deutschen Brettspielen zu bekehren. »Ein schwieriges
Unterfangen«, seufzte er in einer E-Mail. »Viele Chinesen
denken beim Stichwort ›Spielen‹ erst mal ans Essen und Trinken. Ans Essen denken sie ebenso beim Stichwort Vergnügen.
Wie auch beim Stichwort Freizeit. Oder oder oder...«)

In einem Neubaugebiet jenseits des Vierten Ringes haben
die Bagger ein paar Felder übersehen. Freies Feld, Drachen,
eine alte Hütte, ein Baumstumpf, eine Achtzigjährige, die
sich ächzend setzt: »Wir lernen gerade erst«, schnauft sie und
zeigt auf die anderen, die einen Kreis gebildet haben, den
Fächer in der rechten Hand, ein buntes Tuch in der linken.
Sie tanzen den *yangge*, einen alten Bauerntanz, den die Kommunisten auf ihrem langen Marsch zur Revolution in den
Dörfern des Lösslandes aufgelesen, dann ideologisch aufgela-
den und schließlich in die Städte getragen haben. Der Tanz
hat die Ideologie überlebt, jeden Morgen und Abend sieht
man sie heute tanzen, die Alten: unter Brücken, an Kreuzun-
gen, auf Parkplätzen. Meist sind es Frauen, manchmal stehen
ein paar alte Männer daneben, tröten und trommeln den
Takt.

Hier, auf diesem vernarbten Feld jedoch wirbelt ein Sieb-
zigjähriger in schlotternd die Knochen umwehenden Shorts,

er bricht aus aus dem Ringelreihen, umtanzt den Besucher. Der Hahn im Korb. Er kräht: »Die Kommunistische Partei hat uns Glück gebracht.« Er spricht das nicht, und er ruft das nicht – er singt es, improvisierte Verse im theatralischen Singsang der Peking-Oper. »China geht es von Tag zu Tag besser.« Schelmenschritte. »Weltraumschiffe fliegen durchs All.« Zack, der Fächer schneidet durch die Luft wie ein Schwert auf dem Weg zum Hinrichtungsblock. »Aus den Gewehrläufen kommt die Macht.« Jetzt kichert er.

Der greise Harlekin springt heran. »Wichtig für die Gesundheit«, quäkt er, die Vokale auf und ab durch die Oktaven ziehend: »Wi-hi-chtig, dass unser gro-ho-ho-hoßes Vaterland gesuuund ist.« Die Damen sind ganz mit sich selbst beschäftigt, wiegende Hüften, Grazien des Alters.

China ist ein Land, in dem selbst der Volkssport Essen einem höheren Zweck dient, nämlich der medizinisch korrekten Versorgung des Körpers mit der jeweils benötigten Dosis Yin oder Yang, Kalt oder Heiß, Süß oder Bitter. Auch Spiel bleibt hier kein hedonistischer Selbstzweck. Hobby, was heißt hier Hobby, mault der Drachensteiger am Stadtrand, ein sehniges Kerlchen Mitte sechzig. »Ich mach das, um Augen und Nackenmuskeln zu trainieren. Was meinen Sie, wie viel Kraft das kostet, ständig in die Höhe zu blicken?«

Deshalb sieht man all die Männer und Frauen seltsam entrückt durch Peking gehen, durch Schanghai, durch Kanton. Gegen die Masse, gegen den Verkehr. Sie bewegen vergessene Muskeln. Sie glauben, es sei gesund, rückwärts durch die Städte zu laufen. Abenteurer allesamt.

Rückwärts laufen auch die Männer mit den langen Pinseln. Kalligrafen sind es, die auf den Wegplatten des Erdtempelparkes Gedichten der Tang- und der Song-Dynastie flüchtige Gestalt schenken. Wasser ist ihre Tinte, das Pflaster ihr Papier. »Wenn du immer nur nach vorne läufst«, erklärt der pensionierte Lehrer Wang Jiuxiang, »trainierst du nur einen Teil deines Gehirns.« Wang hat vor fast einem Jahrzehnt die Rie-

senpinsel erfunden, als er eine zurechtgeschnittene Schaum-
gummispitze in einen Plastikrohrschaft klemmte. Die
Klemme eines Infusionsschlauches regelt die Wasserzufuhr. So
brachte Lehrer Wang die Kalligrafie aus dem Studio des
Gelehrten auf die Straße. Und befreite viele Hobbykalligrafen
von der Sorge um das teure Reispapier, auf dem sie zu Hause
schrieben. »Keine vier Schriftzeichen, dann ist schon ein Blatt
voll, und du bist wieder einen Yuan los. Das macht nervös«,
sagt Wang. Die Renten sind nicht hoch, und Kalligrafen brauchen ein ruhiges Herz.

Flüchtig sind ihre Werke, meist verdunsten sie schon nach
drei, vier Minuten. Das macht aber nichts. Man ist unter
Freunden. Passanten bestaunen und kommentieren besonders
spektakuläre Verse. Die vom pensionierten Buchhalter Li zum
Beispiel. Li Wendao imitiert die Kalligrafie des Vorsitzenden
Mao Zedong. »Ein großer Führer«, meint Li, »und ein voll-
endeter Kalligraf und Dichter.« In einem übertrifft Li noch
den Großen Vorsitzenden: Er schreibt Mao rückwärts.

Manchmal, im Winter, passiert ein kleines Wunder. Lehrer
Wang gibt dann ein wenig Salz ins Wasser. Die Zeichen
gefrieren, und die Verse wirken fast plastisch, erstarren in sil-
bernem Frost. Wang dreht an der Infusionsklemme, und aus
seinem Pinsel fließt der ertrunkene Dichter. Kräftige Zeichen
in der klaren Blockschrift *kai shu*:

»Genießen soll der Mensch sein Leben,
bald schmeckt es schal.«

»Können Sie sich das vorstellen?«, fragt Wang erregt.
Silberner Frost?

忍 *Ren*

Erdulden, aushalten

Traditionell wichtigste chinesische Überlebenstechnik, unverzichtbar unter Kaisern wie unter Kommunisten, bei Hungersnöten wie bei Politkampagnen. Es ist kein Zufall, dass bei diesem Volk jene Religion besonders erfolgreich war, die zu ihrer ersten und größten Wahrheit machte: »Leben ist Leiden« (→ *Siddhartha Gautama*, nepalesischer Prinz des 6. Jahrhunderts vor unserer Zeitrechnung, in die Geschichte eingegangen als erster sich den Menschen offenbarender Buddha, dt.: der Erleuchtete). Jahrtausendelang haben die einfachen Chinesen keine Disziplin ausdauernder geübt als → *Bitterkeit essen* und sich dabei grenzenlose Leidensfähigkeit und Geduld antrainiert. Ein Ausfluss dieses in die Seele gravierten Fatalismus ist der allgegenwärtige Seufzer *mei banfa* (dt.: »Da kann man eben nichts machen«), der ein offensichtlich unnötiges und eigentlich schnell zu behebendes Verkehrschaos an der Kreuzung ebenso kommentiert wie den von der Regierung verfügten Abriss des eigenen Hauses am nächsten Morgen. Nicht die einfachen Leute selbst haben Macht über ihr Schicksal, sondern a) »die da oben« und b) die Zeit. Das Erstaunliche ist, dass es den Chinesen gelingt, noch ihren Fatalismus fruchtbar zu nutzen: Ein Wirt oder Händler, dem die hohen Mächte heute ohne Vorwarnung den Laden in Schutt legen, wird nicht in Schwermut und Alkohol ersaufen, sondern einmal laut aufseufzen – und nächste Woche eine Straßenecke weiter einen neuen Laden aufmachen. Chinesen leben in einem anderen Zeituniversum als Abendländer, gut möglich, dass auch das sie vor dem Absturz in die Depression bewahrt. Von Henry Kissinger wird erzählt, er habe Chinas Premier Zhou Enlai Anfang der Siebzigerjahre gefragt, was der denn über die Französische Revolution von 1789 denke. »Es ist noch zu früh für ein Urteil«, soll Zhou Enlai geantwortet haben. In China ist es kein schlechter Trick, den Lauf der Dinge losgelöst von der eigenen kurzen Lebensspanne zu betrachten: Dies lässt der Hoffnung denkbar großen Raum. »Das macht nichts«, meinte einmal ein chinesischer Freund, als wir eine empörende Ungerechtigkeit diskutierten: »Wenn wir zweitausend Jahre zurückblicken und tausend Jahre in die Zukunft – das wird schon…«

吃 *Chi*

Essen.
Oder: Satt, gesund und glücklich

»Und der Tempel Gottes im Himmel wurde aufgetan, und es geschahen Blitze und Stimmen und Donner und Erdbeben und ein großer Hagel.« So steht es in der Apokalypse des Johannes, und während die Theologie noch streitet, wie der Apostel seiner Offenbarung teilhaftig wurde, halte ich es für nicht unwahrscheinlich, dass ihn der heilige Zorn ereilte nach einem Mahl in einem deutschen Chinarestaurant.

Im Buddhismus ist es so: Wer wirklich der Erleuchtung zuteilwerden will, der muss sich selbst auf den Weg zu ihr begeben, muss sie erfahren. Da hilft einem kein Priester und kein Mönch. Dem Zen-Buddhisten zufolge verhält sich ein Buch über die Erleuchtung zur Erleuchtung selbst so wie der Finger, der auf den Mond zeigt, zum Mond. In der Küche ist das nicht viel anders: Wer wirklich wissen will, was eine Weißwurst ist, muss hineinbeißen. Genauso verhält es sich mit der Frühlingsrolle, der chinesischen Weißwurst also. Wie gesagt, ich meine die echte Chinaküche, die in Kanton, Schanghai und Peking, nicht die Biomasse, die in den meisten deutschen Chinarestaurants im Teller schwimmt. Chinarestaurants im Ausland sind ja erstaunlicherweise recht beliebt.

Sie sind aber, glauben Sie mir, mehr Finger als Mond. Noch immer gibt es Leute, die glauben, sie könnten in Deutschland »zum Chinesen« gehen und zusammen mit der Rechnung die Befugnis zu einem Urteil über das chinesische Essen erstehen. Ich habe mich oft gefragt, wie man den Deutschen begreiflich machen könnte, welch flachem Abklatsch sie aufsitzen, bis es mir eines Tages wie Schuppen von den Augen fiel: Umgekehrt findet genau der gleiche Schwindel statt. In Guangzhou hatte ich es mir im »Rosengarten« bequem gemacht, direkt am Flussufer. Das Restaurant wirbt mit »westlichem Essen«, so bestellte ich ein »Omelette mit Toast«. Es kam eine mit einem Eimantel umhüllte Ketchuptasche. Unter einem Korianderzweiglein und einer halben Cocktailkirsche lagen zwei dreieckige Toastsandwiches, die beiden Scheiben mit Erdnussbutter jeweils so fest zusammengelötet, dass nichts sie je wieder voneinander hätte trennen können, dabei so flach, als habe sie sich der dicke Milo-Buddha (das ist der, der immer lacht und auf dessen gewaltigem Bauch manchmal kleine Kinder spielen) persönlich als Meditationsmatte untergeschoben. Omelette und Toast wurden mit einem Löffel serviert. Es machte satt. Und es machte nachdenklich.

Es gibt in der Wahrnehmung des chinesischen Volkes eine Küche, die im Rest der Welt so gar nicht existiert – nämlich das *xican*, das als eigene Kategorie eingeführte »westliche Essen«. Und dieses Essen ist geradezu der Spiegel der »chinesischen Küche« in Europa. Es ist ein Konstrukt, eine am Ort des Verzehrs geschaffene Vorspiegelung des Originals, eine Postkarte aus einem fremden Universum – all seine Milchstraßen, Sonnen, Planeten, Kometen und Monde auf 15 mal 8 Zentimeter pressend, und so liegt sie dann vor einem: falschfarben und zerknittert. Eine Vorlage für Träume, ja – zum Verzehr aber kaum mehr geeignet. Der Deutsche, der »zum Chinesen« geht, der Chinese, der sich »westliches Essen« leistet, sie beide lockt die Ahnung von der Fremde, der Ausbruch aus dem Gewohnten, die Koketterie mit der Weltläufigkeit. In

67

China kam viele Jahre der Prestigefaktor hinzu: Der Westen ist die Moderne, er steht für Fortschritt und Zukunft. Der Westen ist schick.

Westliches Essen ist teuer in China. Umso größer ist die heimliche Enttäuschung bei vielen Chinesen ob dessen, was ihnen dann vorgesetzt wird: welche Armseligkeit im Vergleich zu ihrer eigenen Küche! Davon also ernähren sich die Menschen in den reichen Ländern? Die Armen. »Ab und zu gehen wir mit Freunden in ein westliches Restaurant«, erzählte mir stolz ein Feuerzeugdesigner in der südchinesischen Küstenstadt Wenzhou (der sich in seiner Heimat einigen Ruhm erworben hatte mit der Erfindung eines Feuerzeugs in der Form einer Kloschüssel). Dann beugte er sich herüber: »Also ehrlich gesagt, ich mag's nicht.« Die Speisekarte in dem von ihm besuchten Restaurant mit dem schönen Namen »Paris Louvre« kreist vornehmlich um ein Gericht: Steak mit Spiegelei. »Ich ess immer drei Portionen«, gestand unser recht stämmiger Bekannter, »und werde immer noch nicht satt.« Und dieses trockene, krümelige Zeug, das wir im Westen äßen, fuhr er dann mit mitleidigem Blick auf mich fort, »also dieses Brot«, das kriege er erst recht nicht runter.

Unterschieden wird im Normalfall nicht. Nicht zwischen deutscher, spanischer, griechischer, französischer und italienischer und schon gar nicht zwischen ligurischer, toskanischer, umbrischer, sizilianischer oder römischer Küche. So wie der gemeine Europäer nicht unterscheidet zwischen Schanghai und Guizhou, zwischen Hakkas und Mandschuren, zwischen Sichuan- und Kanton-Küche. Wie wir die grobe Pekinger Kost mit den raffinierten Hangzhouer Gerichten, die Shandonger Maultäschlein mit dem Kantoner Dim Sum, die scharf-säuerliche Hunan-Küche mit der naturbelassenen Raffinesse Chaozhous, die vulkanischen Feuersoßen Chongqings mit dem süßlichen Schimmer Zhejiangs in einen Topf werfen, eine Extraportion Speisestärke dazukippen, einmal umrühren lassen und das Ganze dann bereitwillig »chinesisches Essen« nennen. So schmeckt's dann auch.

Es sind an dieser Stelle ein paar Zeilen einzuflechten über die Folterknechte des alten China, welche findige Burschen waren. Die schlimmste Strafe war der Tod durch »eintausend Schnitte«. Der Name war eine Untertreibung, zu Beginn der Ming-Zeit (1368–1644 n. Chr.) hatten fingerfertige Henker die Zahl der Schnitte auf insgesamt 3357 erhöht: Dem Verurteilten wurde über einen Zeitraum von drei Tagen das Fleisch in winzigen Streifen von den Knochen geschnitten. Er sollte leben bis zum Schluss. »Bei jedem zehnten Schnitt sagt der Henker die Zahl laut an«, heißt es in einem Bericht aus dem Jahr 1510: »Am ersten Tag der Exekution erhielt Liu 357 Schnitte, jeder von der Größe eines Daumennagels, beginnend bei der Brust. Er blutete ein wenig bei den ersten Schnitten, dann kam kein Blut mehr. Man sagt, dass der Verurteilte in einen solch extremen Schock geraten kann, dass all sein Blut sich in Unterleib und Schenkel zurückzieht und erst dann herausspritzt, wenn am Ende die Brust aufgehackt wird.« Dann war da jener Meister, der die ihm anvertrauten Delinquenten über ein Beet frisch gesetzter Bambuspflanzen spannte. Die Auswahl der richtigen Sorte und warmes, feuchtes Wetter vorausgesetzt, konnten die Sprossen in wenigen Stunden bis zu 40 Zentimeter in die Höhe schießen und so bequem über Nacht ihr Opfer durchbohren. Meist jedoch schauten sich die Folterer ihre Techniken bei den Meistern der chinesischen Küche ab, die schon früh eine Vielzahl ausgeklügelter Zubereitungsarten der Frischfleischzubereitung kannten. Lautete das Urteil auf *Gua*, so wurde man in feine Streifen geschnitten. *Bo pi* bedeutete: Haut runter und hinein in den Wok. *Hai* hieß, dass man zu Fleischbrei zerstampft wurde. Bis heute kann die chinesische Küche im westlichen Ausland ihre Nähe zur körperlichen Misshandlung nicht leugnen. Nur haben sich die Rollen verkehrt: Heute lassen sich die Küchenchefs von den Folterknechten inspirieren. Das

Opfer wird nicht mehr über den Bambus gespannt, stattdessen bekommt es ihn serviert, meist frisch aus der Dose, mit einem leicht säuerlichen Uringeschmack, den der Bambus sich in einem rostigen Schiffsbauch irgendwo zwischen Schanghai und Hamburg eingefangen hat.

Erste Hinweise auf die Querverbindung von Kochen und Menschenrechtsverletzung finden sich schon vor dreitausend Jahren, als die Herrscher der Zhou-Dynastie aufmüpfige Beamte in ein großes *ding* steckten und darin garen ließen. Das *ding* ist nicht nur ein schönes chinesisches Wort, sondern darüber hinaus ein noch viel schönerer massiver dreibeiniger Bronzetopf, in dem vor allem Fleischgerichte geschmort wurden. Zu Zeiten der Zhou war es zum höchsten Symbol fürstlicher Würden aufgestiegen: ein Insignium der Macht also. Oberster Hofbeamter bei den Zhou war der Kanzler, sein chinesischer Titel *jiazai* bedeutete ursprünglich »Küchenmeister«. Die Minister, die ihm unterstanden, trugen Titel wie »Herr des Salzes« oder »Herr des Breis«. Historiker führen die Verschmelzung auf das Ahnenopfer zurück, jenes ritualisierte Gespräch mit den verstorbenen Vorfahren, von denen man sich Schutz und Wohlstand erbat. Das Ahnenopfer war das wichtigste Amt der Könige und Fürsten – und im Wesentlichen nichts anderes als ein ausladendes Bankett mit einer Unmenge an gewärmtem Wein, gedämpftem Fisch, geschmortem Fleisch und gebratenem Gemüse, an welchem sich zuerst die Geister der Ahnen laben durften, bevor sich der Hof über die Reste hermachte. Der Glaube an »hungrige Geister«, denen man regelmäßig die Bäuche stopfen muss, hat sich in Taiwan, in Hongkong und in den ländlichen Gegenden Chinas bis heute gehalten.

Wahrscheinlich hat die religiöse Hingabe der Chinesen ans Feinschmeckertum hier ihren Ursprung. Wie sonst wollte man das Wunder erklären, das ihnen gelang: inmitten eines endlosen Stroms von Naturkatastrophen und Hungersnöten die feinste und vielseitigste Küche der Welt zu schaffen? Die allein für das, was wir im Deutschen »Schmoren« nennen, ein halbes Dutzend verschiedene Techniken und Wörter hervorgebracht hat. Die sich dazu ein Volk herangezogen hat, das findet: »Bauch und Herz sind nicht zu trennen« (*xin fu bu fen*). Chinesen seien »seit mindestens zwanzig Jahrhunderten dazu aufgerufen, über ihre Essgewohnheiten nachzudenken, zu verstehen, was Essen bedeutet in Bezug auf den Körper und seine Lust«, schreibt die Historikerin Françoise Sabban im Vorwort des Buches »Essen in China«: »Gestehen wir uns ein, dass sie einige Längen Vorsprung haben vor uns.« Worte, immerhin, aus der Feder einer Französin.

So ist das: Die echte chinesische Küche macht nicht einfach nur satt, sondern mindestens auch gesund und im Idealfall glücklich. Wundern Sie sich also nicht über den Raum, der diesem Thema hier eingeräumt wird: Es gibt in diesem Land kein wichtigeres. Essen ist dem Chinesen das, was dem Europäer der Sex ist, nur wird es mit größerer Obsession zelebriert und ausgelebt: Während aus Europa bisher kein Gruß bekannt wäre der Sorte »Heute schon gevögelt?«, ist es in China gang und gäbe, sich mit »Heute schon gegessen?« zu begegnen. Chinesen konfrontieren die Welt mit dem Mund. Bei uns zählt man »pro Kopf«, in China nach Mündern (*kou*); der chinesische Begriff für »Bevölkerung«, *ren kou*, heißt wörtlich: Menschenmünder. Beim Europäer signalisiert der offene Mund nicht selten Schrecken, für den Chinesen war er meist der einzige Teil des Körpers, durch den einer Gutes von der Welt zu erwarten hatte. Zugegeben, nicht immer: Wenn einer Leid erfährt, dann »isst er Bitternis« (*chi ku*); wenn er eifersüchtig ist, dann hat er »Essig gegessen« (*chi cu*). Trost aber und Seligkeit fand China immer in seiner Küche, und so wurde das Essen »des Volkes Himmelreich«, wie es im alten Spruch heißt, die Achse seiner Tage, der Grund seines Daseins. Für die Amerikaner sei Essen schlicht der Treibstoff, der sie durch die Woche bringt, sie äßen, um zu leben, hat der in den USA lebende chinesische Historiker Sun Longji beobachtet: »Bei Chinesen hingegen hat man den Eindruck, dass sie leben, um zu essen.«

Gott sei Dank, möchte man als neutraler Europäer einwerfen. So nämlich wurde Peking zum Schlaraffenland für mich und für all die anderen Ausländer, die hier leben. Das »Feiteng Yuxiang« zum Beispiel: Dort servieren sie den besten *shui zhu yu* der Hauptstadt, den »in Wasser gekochten Fisch«, eine grob irreführende Bezeichnung für ein Gericht, das zarten filetierten Fisch in Sprengstoff verwandelt. Serviert wird der Fisch in einer gewaltigen Metallschüssel, welche die stärksten Kellnerinnen unter Brodeln und Zischen an den Tisch balancieren. Allein der Anblick – ein Schock für Uneingeweihte – lockt das Adrenalin aus den Drüsen. Es kitzelt das Auge zunächst nichts als knisternde, blubbernde Lava: ein Berg glänzender, getrockneter Chilischoten, die die Kellnerin sodann in minutenlanger Arbeit aufreizend behutsam vom Fischtopf abschöpft, was Vorfreude und Erregung in immer neue Höhen treibt. Dann, endlich: der erste Schuss beziehungsweise der erste Bissen.

Die Tür zur »Heimat des brodelnden Fischs« (so heißt das Restaurant auf Deutsch) ist kaum aufgestoßen, schon vermögen uns der Schmutz, der Lärm und der Dauerstau, all das Unwirtliche dieser einst großartigen und ihre Seele nun an drittklassige Moderne verkaufende Stadt nichts mehr anzuhaben. Stattdessen reiben wir uns vor Staunen und Freude die Augen und die Bäuche, Tag für Tag, solange es noch geht, denn nicht mehr lange, und wir können nur mehr aus schmalen Schlitzen blinzeln vor lauter Speckwängelein, und unseren Bauchnabel haben wir auch schon eine Ewigkeit nicht mehr gesehen, so kugelrund sind wir geworden. Und wenn wir bunt durcheinander sentimental werden, Chinesen und Ausländer, dann schieben wir einander ein Stückchen Frühlingsbambus in den Mund und stoßen hernach unter rüden Flüchen und zarten Versen an auf alte Herrlichkeit und neues Abenteuer, und am Schluss liegen wir einander in den

Armen, und die Welt vor der Tür, die hat sich auf wundersame Weise davongemacht.

Dass Leute für so ein Essen eine Stunde anstehen, mitten unter der Woche, ist normal. Im »Brodelnden Fisch« haben sie Kellnerinnen, die mit Megafon und elektronischer Anzeigentafel den Ansturm dirigieren. Vorbestellen kann man nicht. Auf Taiwan, wo sich mancher chinesische Charakterzug in geradezu vorbildlich konzentrierter Form findet, hat bei Hochzeitsbanketten das Essen mittlerweile sogar die Brautleute als Attraktion des Abends verdrängt. Einmal war ich zu Gast bei der Hochzeit eines Musikerpärchens in Taipeh: Er war Sänger, sie Bassistin bei einer Death-Metal-Band. Auf der Bühne treten sie für gewöhnlich auf mit schwarzweiß geschminkten Gesichtern, hier nun liefen sie ein in den abgedunkelten Ballsaal eines Luxushotels zu den Klängen klassischer Musik, er im Anzug, sie im weißen Brautkleid, beide eine Kerze in der Hand. Sehr romantisch – aber nichts gegen die *shang cai xiu*, die »Essen-Servier-Show«, die der Conferencier ankündigte, kaum hatte er das Brautpaar von der Bühne geschubst. »Kinder, bitte nicht erschrecken«, hörte man ihn noch sagen, dann gingen die Lichter aus, und es lupften die Gäste ein Trommelwirbel und bombastische Musik so von den Sitzen, dass man den Einlauf von Mike Tyson, mindestens jedoch des Staatspräsidenten erwartet hätte – es kam dann aber ein Hummer auf einem Teller, beziehungsweise zuerst marschierten von beiden Seiten des Saales Fackelläufer ein, die nach einer genau festgelegten Choreografie die 350 Gäste umkurvten und schließlich ihre Fackeln kreuzten, woraufhin Feuerwerfer an der Bühne meterhohe Flammen gen Saaldecke fauchten, um die Klimax des Abends anzukündigen: den Einzug jenes in Cognac geschmorten Hummers, triumphierend den Gang in der Saalmitte entlangbalanciert vom Chefkoch persönlich. Tosender Applaus, als Hummer und Koch die Bühne erklommen hatten. Unter den Hotels in Taiwan ist ein scharfer Wettstreit entbrannt darum, welches die eindrücklichste Essen-Servier-Show bietet.

Mich hat das Ergebnis einer Umfrage aus Chongqing nicht gewundert, die der Frage nachging, welches die bestverdienenden Leute in der Jangtse-Metropole seien: Es sind die Köche. Ein Chefkoch kann dort fast dreimal so viel verlangen wie die Höchstverdiener in der IT-Industrie und noch immer mehr als die meisten Chongqinger Fabrikdirektoren und Manager. Ein einziges Mal habe ich einen Chinesen getroffen, der verzweifelte ob der oralen Fixierung seines Volkes. Er nannte sich Jack und war Stahlbauingenieur aus der Pfefferprovinz Sichuan. »Die Chinesen verschwenden zu viel Zeit und Energie aufs Essen!«, seufzte Jack: »Wenn sie sich stattdessen doch nur mehr mit wissenschaftlichen Dingen befassen würden, dann würde unser Land vielleicht endlich vorankommen.« Kopfschüttelnd löffelte er seine Schüssel Reisnudeln aus, so ernst wie resigniert.

Von Konfuzius wird berichtet, er habe ein Gericht nicht angerührt, wenn der Koch den Fauxpas begangen hatte, die falsche Soße an das Fleisch zu geben: Gesalzenes Dörrfleisch schrie in den Augen der alten Chinesen geradezu nach Fischsoße, der salzige Fond aus Ameisenlarven hingegen war ein Muss zu würzigem Dörrfleisch. Der konfuzianische Klassiker »Die Riten der Zhou« berichtet, dass von den 4000 Domestiken am Hofe der westlichen Zhou (elftes Jahrhundert bis 770 v. Chr.) genau 2271 in Küche und Weinkeller gearbeitet hätten; allein um den Fisch hatten sich angeblich 342 Bedienstete zu kümmern. Diese Zahlen wurden im Essenministerium des zweieinhalb Jahrtausende später herrschenden Ming-Kaisers Wanli noch übertroffen, in diesem Falle nachprüfbar – aber solcher Exzess war dem Himmel offensichtlich ein Dorn im Auge, und es dauerte nicht mehr lang, da wurde die Dynastie der Ming (1368–1644) von den Mandschuren überrannt. Die Mandschuren waren ein Reitervolk aus dem Norden, deren Kaiser dann unter dem Namen

»Qing« (1644–1911) regierten: Die Fremden stellten Chinas
letzte Dynastie. Und waren sie nicht selbst schuld, die Ming-
Chinesen? Bei aller Liebe zum guten Essen hatten die Konfuzianer stets gemahnt, dass der Edle Maß halte. Ein Kaiser,
der über die Stränge schlägt, lädt Dekadenz und Korruption
an den Hof und verspielt das Mandat des Himmels.

Andererseits war den ackerbauenden Chinesen ihr Essen
stets das, was sie zu Chinesen machte und von den Barbaren
unterschied: Menschen, die Rohes, aber auch Menschen, die
kein Getreide aßen, waren offensichtlich Barbaren. Natürlich
zielte das vor allem auf die Nomadenvölker im Norden,
derentwegen man auch die Große Mauer aufgestellt hatte.
Warum sie die Mauer überhaupt für nötig hielten? Das Beispiel der Mandschuren zeigt, dass die Theorie der Chinesen
von ihrer kulturellen Überlegenheit einen Haken hatte: Jene
Barbaren, die doch per definitionem der chinesischen Zivilisation unterlegen zu sein hatten, waren ihr in der Praxis
immer die größte Gefahr. So groß war jedoch der Stolz auf
die eigene Küche und das Vertrauen in ihre Kraft, dass in der
Han-Dynastie der Beamte Jia Yi (200–168 v. Chr.) den Vorschlag machte, die damals anstürmenden Hunnen mit chine-
sischem Essen zu zähmen: Statt noch mehr Garnisonen solle
man lieber Chinarestaurants an der Grenze eröffnen. Jia Yi
war überzeugt: »Wenn die Hunnen einmal auf den
Geschmack gekommen sind und Gefallen finden an unserem
gekochten Reis, unseren Eintöpfen, unserem gebratenen
Fleisch und unserem Wein, dann wird das ihre entscheidende
Schwäche werden.« 2200 Jahre später, in meinem Fall, hat das
prächtig funktioniert.

Wo aber liegt die Grenze zwischen Raffinesse und Dekadenz? Einmal weilte ich in dem Städtchen Qufu, um mich
mit Nachfahren des Konfuzius zu treffen: Die Familie Kong
ist heute eine Sippe, die vier Millionen über China und die
ganze Welt verstreute Mitglieder zählt, so viel wie Norwegen
Einwohner hat. (Kong war der Familienname des Konfuzius.

Manche nannten ihn ehrerbietig *Kong fu zi*, Meister Kong, und die vom Papst nach Peking entsandten jesuitischen Missionare des 17. Jahrhunderts machten daraus unseren »Konfuzius«.) Im alten Palast des Clans wurde mir stolz berichtet, zum Gesinde der Kongs habe eine Familie gehört, deren Angehörige über Generationen hinweg sich um nichts anderes zu kümmern hatten als um das Säubern und Schneiden der Sojasprossen. In Adelshäusern offenbar nichts Besonderes.

Nun haben wir es mit einem Volk zu tun, das in seiner überwältigenden Mehrzahl immer aus Bauern bestand, die über einen Großteil des Jahres froh sein durften, wenn sie ein paar Kohlstrünke hatten und etwas Sojasoße, damit sie ihren Reis und ihre Nudeln nicht trocken hinunterwürgen mussten. Es lag also am Adel und an den reichen Kaufleuten, die Verfeinerung der Küche voranzutreiben, auch wenn schon in der Song-Zeit (960–1279 n. Chr.) von Weinhäusern berichtet wird, in denen über tausend Gäste Platz hatten und in denen auch kleine Händler und Handwerker sich an sautierten Muscheln, gedämpften Nierchen mit Litschi oder doppelt gekochtem purpurnen Suzhou-Fisch labten, also der Keim des Feinschmeckertums in den breiteren Massen gepflanzt war. Speisekarten mit mehr als 230 Gerichten waren schon damals nicht unüblich für Teehäuser und Restaurants in Kaifeng und Hangzhou. Hangzhou war damals die großartigste Stadt der Welt: Wahrscheinlich eine Million Einwohner zählte die Metropole am Westsee im 13. Jahrhundert, daneben hätte sich Marco Polos Heimatstadt Venedig – 140000 Bewohner und Europas Stolz – ausgenommen wie ein Provinzstädtchen.

Spätestens aus jener Zeit rührt die bis heute gepflegte kulinarische Arroganz des Südens gegenüber dem Norden. Nordchina ist geschlagen mit den schlechteren Böden, dem härteren Klima und Trockenperioden; fragt man die verwöhnten Südchinesen, was der Norden zur reichen Esstradition ihres Landes beigetragen habe, so wollen sie ihren Landsleuten wenig mehr zugestehen als Nudeln, Maisbrötchen und Knoblauch. Manche Nordchinesen rächen sich mit der Behauptung, gerade weil der Himmel den Leuten im Süden den milden, warmen und fruchtbaren Teil Chinas geschenkt habe, weil ihnen das Essen gewissermaßen ins Maul falle, seien sie von eher einfacherem Gemüt. »Sie haben kaum Wechsel in den Jahreszeiten, essen also das ganze Jahr über die gleichen Dinge. Das macht die Südchinesen recht simpel«, will die Schriftstellerin Liu Zhen beobachtet haben. »Uns Nordchinesen hingegen hat die Natur abwechslungsreich gemacht.« Liu Zhen kommt aus Shandong, einer Provinz, die vor allem berühmt ist für ihre *jiaozi*, die gefüllten Teigtäschlein, zu denen man gerne rohe Knoblauchzehen knabbert. Sie lebt allerdings in Schanghai, wo sie sich die Qualifikation für ihr Urteil in einer langen und leidenschaftlichen Karriere allabendlichen Feinschmeckertums erworben hat. Mit ihr aß ich zum ersten Mal frittierte Wasserschlange.

Damals wie heute waren es oft neureiche Kaufleute und machttrunkene Beamte, die die Grenze überschritten zwischen Einfallsreichtum und Vulgarität. Etwa bei der vor einigen Jahren in Südchina aufkommenden Mode, Goldstaub über die Gerichte zu streuen. Später erregten Meldungen Aufsehen wie die über ein Restaurant in Changsha, das schwangeren Bauernmädchen die Muttermilch abzapfte und damit angeblich besonders nahrhafte Gerichte zubereitete. Oder die über die zwölf Hongkonger, die in einem Restaurant in Xi'an für ein Abendessen 360 000 Yuan ausgaben, allein die Teerechnung habe 10 000 Yuan betragen, informierte der Wirt im Anschluss.

Man sollte über solchen Anekdoten nicht vergessen, dass es keinesfalls die Exzesse sind, die das Wesen der chinesischen Küche erhellen. Yuan Mei (1716–1798) ist ein Literatengelehrter, der sich zu Lebzeiten einigen Ruhm erschrieb als eine Art Wolfram Siebeck der Qing-Zeit. Sein »Speisezettel des Sui-Gartens« ist ein erzählerisches Kochbuch, das 300

Rezepte und eine Liste berühmter Tee- und Weinsorten einbettet in Ermahnungen an den ernsthaften Liebhaber des guten Essens. Von Yuan Mei wird erzählt, er sei einmal im Haus eines neureichen Kaufmannes eingeladen gewesen, wo sich der Tisch bog unter mehr als drei Dutzend exklusiver Gerichte. Nach dem Bankett, so heißt es, sei Yuan Mei nach Hause gegangen und habe sich erst einmal eine Schüssel einfachen Reisbrei gekocht, um seinen Hunger zu stillen. Sein ebenso berühmter Landsmann Li Yu ließ den Tau von Bambusblättern und Rosen sammeln, um ihn über gedämpften Reis zu träufeln. Chinas große Gourmets suchten die Raffinesse in der Einfachheit. Sie priesen das, was von Natur aus gut war. So ist das bis heute in der chinesischen Küche: Frische und Qualität der Zutaten gebührt das halbe Lob – weshalb für viele Chinesen der tägliche Gang zum Markt noch immer wesentlich ist. Selbst in der hektischen Finanzmetropole Hongkong hat Fleisch aus dem Gefrierfach keine Chance, muss das Huhn beim Kauf noch zappeln (was nach mehrfachem globalen Vogelgrippealarm mittlerweile die Virologen weltweit zur Verzweiflung treibt: Sie vermuten die Virenherde auf den Lebendtiermärkten Südchinas).

Der wahre Meisterkoch aber ist der, der es versteht, das Wesen dieser Zutaten herauszuarbeiten, es behutsam zu verstärken, harmonisch zu ergänzen und klug zu kontrastieren.

Und aus genau diesem Grund gehören die Gerichte A 1 bis Z 173 beim Chinesen in Wuppertal direkt in die Biotonne.

筷子 *Kuai zi*

Stäbchen

1. Essenswerkzeug. Wird gebraucht zur Überbrückung der Distanz zwischen Teller und Mund, ebenso für diverse Verrichtungen in der Küche sowie auf, neben und unter dem Esstisch. Stäbchen sind das chinesische Äquivalent zum Schweizer Taschenmesser: Man kann mit ihnen Flaschen auskratzen, Muscheln aufbrechen, Fische umdrehen und glitschige Doufu-Stückchen ebenso aufspießen wie uneinsichtige Kung-Fu-Gegner (→ *Jackie Chan*).
2. Messinstrument zur Anzeige der Integrationsleistung von Ausländern: »Toll! Sie können ja mit Stäbchen essen« (→ *zhong guo tong*, dt.: Chinaexperte).

Kommen heute vor allem vor als Einwegstäbchen.

Die aktive Lebensspanne von Chinas Essstäbchen lässt sich heutzutage meist in Minuten messen. Egal, ob in guten Restaurants, in Schulkantinen oder beim schmuddeligen Nudelmacher am Straßenrand: Wegwerfstäbchen sind so allgegenwärtig, dass sich längst kritische Stimmen erheben. Sandstürme und Flutkatastrophen haben den Waldschutz zu einem Thema gemacht in China. Und wenn 1,3 Milliarden Chinesen nach jedem Essen ihre Stäbchen wegwerfen, dann geht es vielen Bäumen an den Kragen. Experten sagen, im Jahr produziere China 80 Milliarden Paar und opfere so 20 Millionen Bäume dem schnellen Hunger. Eine Umweltgruppe aus Chongqing zog deshalb kürzlich vor Gericht und verklagte die auch in China rasend schnell populär gewordenen Essenslieferdienste. Allein die Firma Meituan Waimai, so die Umweltschützer, lege ihren Menüs am Tag zwanzig Millionen Paar Stäbchen bei, dafür müssten jeden Tag 6700 ausgewachsene Bäume gefällt werden. Die forstwirtschaftliche Universität der Hauptstadt Peking zog als Erste Konsequenzen: In ihrer Kantine sind Einwegstäbchen heute tabu. (Die Aufmerksamkeit chinesischer Waldschützer macht nicht bei der Küche halt, jetzt wenden sie sich dem Badezimmer zu, wie die Webseite der »Volkszeitung« zu berichten weiß – nicht ohne noch geschickt chinesischen Erfinderstolz in die alarmierende Nachricht hineinzuweben: »China, das Land, dem die Erfindung des Klopapiers zugeschrieben wird, verbraucht auch am meisten davon – die Nachfrage sorgt für Druck auf kostbare Holzressourcen.«)

Chinesen essen seit 3000 Jahren mit Stäbchen, höchstens für Suppe und Soße lassen sie noch einen Löffel zu. Stäbchen sind Kulturgut geworden. Man kann sie für den Volkstanz ebenso gebrauchen wie für die Weissagung oder für einen Charakterschnelltest: In alten Büchern ist zu lesen, wer die Stäbchen mit drei Fingern halte, der sei ein unkomplizierter Mensch, wer alle fünf einsetze, sei zu Großem bestimmt. Ausländer, die sich freuen, wenn sie es endlich geschafft haben, von den gerösteten Erdnüssen zu nehmen, ohne sich mehr als zwei Finger zu brechen, sollten den Jubel noch dämpfen. Die wahre Prüfung wartet woanders: Wenn Sie der Ehrgeiz gepackt hat, schlage ich vor, Sie versuchen sich am Teller mit den glitschigen *cao gu*, Strohpilzen (mit Ausnahme von Kindergeburtstagen empfiehlt es sich, bei dieser Übung allein am Tisch zu sitzen), vervollkommnen Ihre Technik sodann an einer Schüssel Wabbel-Doufu und beweisen Ihre Meisterschaft schließlich an den dicken, langen, handgemachten Nudeln in der öligen Suppe. Wir sprechen uns, wenn Sie von der Reinigung wiederkommen.

Kaiser und hohe Beamte bevorzugten Stäbchen aus Silber, die sich bei vergiftetem Essen angeblich warnend verfärbten, in der Qing-Dynastie kam auch Elfenbein in Mode. Lack, Gold, Jade, Porzellan, Sandelholz, Rhinozeroshorn – kaum ein Material, aus dem man nicht auch schon vor mehr als tausend Jahren Stäbchen gefertigt hätte. Die »einhundert alten Familien« nahmen mit Bambus oder Holz vorlieb. Einmalstäbchen eroberten die Volksrepublik erst in den Neunzigerjahren von Japan und Taiwan aus. Die Regierung förderte den Trend lange Zeit, mit der Begründung, sie seien hygienischer. Wenn schon Einweg, sagen nun manche, dann bitte Stäbchen aus schnell nachwachsendem Bambus. Deren Schicksal hat der Ming-Poet Cheng Lianggui schon in der Vor-Wegwerfzeit melancholisch besungen: »Fleißige Bambusstäbchen / schmeckt als erste süß und bitter / was dann anderen mundet / und ihr wandert vergeblich hin und her.«

阴阳 *Yin yang*

Yin und Yang.
Oder: Das Dao der Küche

Treffen sich Chinese (C) und Ausländer (A). A ist neugierig und hat vielleicht auch Hunger, C will lediglich höflich sein.

C: Sie müssen unbedingt zum Essen zu uns kommen!
A: Aber ich will Ihnen doch keine Umstände –
C: Ach woher denn! Unbedingt!
A: Nein, nein –
C: Doch, doch –
A: Nein, nein, nein!
C: Doch, doch, doch!
A (frohlockt): Na gut!
C (denkt): Au weia!

Chinesische Tischetikette kennt nur wenige Regeln. Eine lautet: Nimm nicht jede Einladung ernst! Ping-Pong-Dialoge wie der obige sind unter Chinesen keine Seltenheit, doch dem kulturellen Skript folgend, schrauben sie sich meist ins Unverbindliche: »Ein andermal!« Unter Freunden sind Einladungen natürlich ernst gemeint – auch wenn der Eingeladene oft vermuten wird, dass es darum geht, einen Gefallen von ihm zu erbitten. Was in China keineswegs als anrüchig gilt, sondern Teil der Spielregeln ist in dem stets weiterzuwebenden Netz von Beziehungen und Gefälligkeiten, mit dem Chinesen sich ein Leben lang ihre Wege absichern in einer als unzuverlässig geltenden Umwelt.

Verglichen mit dem eigenbrötlerischen Mitteleuropäer, ist der Chinese generell ein sehr soziales Wesen. Brennpunkt aller sozialen Aktivität ist das gemeinsame Mahl. Kaum wird man in China jemanden alleine an einem Restauranttisch sitzen sehen; wer sich mit einem chinesischen Freund zum Abendessen verabredet, der kann sicher sein, dass bei Ankunft mindestens schon ein halbes Dutzend anderer Freunde am Tisch sitzt und einem ein großes Hallo entgegenschmettert. Man trifft sich meist außerhalb, da chinesische Wohnungen oft sehr klein sind und es bei einer Einladung zudem möglichst üppig zugehen soll, was zu Hause einfach zu viel Arbeit macht.

In China ist ein Essen dazu da, Harmonie unter den Essenden zu schaffen. Das traute Einvernehmen unter Freunden und Geschäftspartnern aber, die Ordnung von Familie und Reich und ganz allgemein die Vollkommenheit des Universums spiegeln sich in China im Idealfall wider in dem Menü, das aufgetragen wird. Harmonie und Gleichgewicht, das Ausbalancieren der Gegensätze, sind zentrale Prinzipien der chinesischen Küche. So werden in möglichst abwechslungsreicher Folge Huhn, Schwein, Fisch, Doufu und Gemüse aufgetragen, auf ein Gericht mit Yin-Charakter folgt eines mit Yang-Charakter, »warmes« Rind wird komplettiert mit »kalter« Bittergurke. Warm und kalt haben in diesem Fall mit der Serviertemperatur des Gerichtes nichts zu tun, sie bezeichnen vielmehr den Grundcharakter bestimmter Zutaten: Erdnüssen und Ingwer zum Beispiel wird eine »warme« Natur zugeschrieben, Doufu oder Krebse hingegen bleiben auch dann »kalt«, wenn sie dampfend heiß den Tisch erreichen. Diese Zuordnung rührt aus der gegenseitigen Durchdringung von

Essen und Medizin, die in China vor mehr als zweitausend Jahren begann und sich hartnäckig hält. Jedes Gewürz, jede Zwiebel, jedes Kohlblatt und noch die versteckteste Schweineninnerei hat ihren festen Platz in diesem System, und so ist Essen nicht nur ein Mordsspaß, sondern immer auch gleichzeitig Gesundheitsvorsorge. Es werden sich viele Chinesen anerbieten, Sie tagtäglich mit allerlei nützlichen Volksweisheiten zu versorgen, der Art, dass Bittergurke überschüssige Hitze entziehe, Lammnierchen und Schildkrötensuppe Ihrer Männlichkeit zu Hilfe kämen und dass »scharfer Pfeffer schön macht« – wie mir einmal eine bildhübsche Sichuanerin versicherte.

Über das ästhetische Vergnügen eines chinesischen Menüs ist viel geschrieben worden, auch über die Bedeutung von Farbe, Duft und Aroma für die einzelnen Kreationen. Sträflich vernachlässigt haben westliche Beobachter bislang eine ebenso wichtige Qualität der Zutaten, nämlich deren Textur, die mit Zunge, Gaumen und Zähnen ertastete Beschaffenheit der Bissen also. In der europäischen Küche bringt sich der Tastsinn von Zunge und Zähnen für gewöhnlich lediglich bei der recht groben Feststellung ein, ein Steak sei zart oder zäh. Wie ausgefeilt dagegen das taktile Wahrnehmungsvermögen der Chinesen: Der aus Sojabohnen gewonnene Verwandlungskünstler Doufu zum Beispiel, die Proteinbombe des chinesischen Volkes, schmeckt erst einmal nach nichts bzw. nach »Arsch und Friederich«, wie eine unserer schwäbischen Besucherinnen einmal einzuwerfen geruhte, und gewinnt einen großen Teil seiner Wertschätzung durch die unterschiedliche Konsistenz der unzähligen Doufu-Arten: Der eine Doufu gleitet weich und glatt über den Zungenrücken, der andere entpuppt sich als porös und saftig, wieder andere sind faserig wie ein Hühnerschnitzel, tausendschichtig wie Blätterteig oder glasig und bissfest wie ein Stück Emmentaler. Jeder Happen ein neues Abenteuer für Zunge und Zähne. Auch Fisch wird oft nicht bloß nach Geschmack und Fettigkeit ausgesucht, sondern danach, ob er fleischig ist oder auf der Zunge zergeht. Das feste Fleisch eines gedämpften Mandarinfisches (*qing zhen gui yu*) etwa fügt sich so hervorragend in ein Mahl mit knusprigen frittierten Garnelenbällchen und samtenem Doufu in scharfer Sichuan-Pfeffer-Soße »nach Art der pockennarbigen Alten« (*ma po dou fu*). Eine besondere Vorliebe scheinen Chinesen übrigens für Knatschiges zu haben: Vor allem bei den Nachspeisen knatschen und pappen einem die meist aus Klebereis hergestellten und mit sämiger Sesam- oder Bohnenpaste gefüllten Kügelchen Ober- und Unterkiefer aneinander, dass es eine Freude ist. Es bereichert darüber hinaus den akustischen Diskurs am Tisch um originelle Schmatzlaute.

Zum Schmatzen: Geräuschabsonderungen jeder Art sind nicht nur nicht verpönt, sondern gehen als Kompliment an Küche und Gastgeber durch. Dem Besucher des heutigen China ist nur schwer zu vermitteln, dass das nicht immer so gewesen zu sein scheint: »Haltet Maß und schmatzet und schlürfet nicht. Es darf kein Geräusch des Essens zu hören sein«, dozierte der Song-Philosoph Zhu Xi in seinem Werk »Was unwissende Kinder wissen müssen«. Zusammen mit den feinen und gebildeten Klassen entsorgten Maos Revolutionäre dann allerdings auch Chinas Tischsitten, und so haben Kinder in China heute eindeutig mehr Spaß, und auch Erwachsene dürfen ungestraft Knochenstücke und anderes Unzerkaubares direkt aus dem Mund auf Tisch oder Boden fallen lassen, Fallhöhe unerheblich.

Zeuge dieser Übung wird man übrigens auch in gehobenen Restaurants, was nicht jeder Europäer gutheißt, vom Praktischen her betrachtet jedoch einiges für sich hat – werden Huhn, Ente und andere Vögelchen doch meist samt Knochengerüst klein gehackt und serviert. Der Leser wird schon einmal von jenen Zungenakrobaten gehört haben, die einen einfachen Faden in den Mund nehmen und Sekunden später dem staunenden Publikum einen doppelten Weberkreuzknoten auf der Zunge präsentieren. Angeblich lassen sich aus solcher Kunst Rückschlüsse ziehen auf die Fertigkeiten im Liebesspiel, meine These ist jedoch, dass die Zungenknoter in China sich mehr am Geflügel denn am anderen Geschlecht schulen – jedenfalls ist es erstaunlich, welche Gewandtheit den Chinesen beim Lösen des Fleisches vom Hühnerknochen im geschlossenen Mundraum zu eigen ist und mit welchem Tempo dies vonstatten geht, sodass sich rund um Teller und Beine der Tischgesellschaft schnell ganze Mittelgebirgszüge blitzeblanker Knochenstücklein erheben. Nach Auszug der Gäste rücken die Kellnerinnen an mit Schaufeln und Eimern wie eine Baukolonne. Viele Restaurants haben das Entsorgungsproblem gelöst, indem sie jeden Tisch mit mehreren Lagen Einwegplastikdecken belegen: So hebt man einfach die vier Enden gleichzeitig an, verschnürt die frische Müllhalde zu einem praktischen Beutel und entsorgt sie mit einem Handgriff

Widerstand am Esstisch ist dann unangebracht und zwecklos, wenn einem der Gastgeber unter der munteren Aufforderung »*Chi! Chi! Chi!*« (Iss! Iss! Iss!) mit seinen Stäbchen neue Bissen in den Mund schiebt, als wäre man ein Neugeborenes. Ansonsten ist man als Ausländer in China aufs Wunderbarste privilegiert, wird man doch als eine Art Außerirdischer wahrgenommen, der unmöglich mit den Sitten des Gastlandes vertraut sein kann und dem somit alles zu vergeben ist. Alles bis auf eines: Man isst nie seine Schüssel leer in China. Das nämlich hieße, es war nicht genug Essen da, und würde von den Gastgebern als Blamage verstanden.

Eine Warnung noch. Der Besucher, der in China eintrifft mit der festen Vorstellung, Chinesen wüchsen quasi im Reistopf auf, wird erst einmal staunen und vielleicht bald verzweifeln ob seiner scheinbar fruchtlosen Bemühung, im Restaurant eine Schale Reis zu bekommen. Die meisten Kellnerinnen scheinen taub zu sein gegen einschlägige Bestellungen, und es ist ein rechtes Schauspiel, wie sich im Verlaufe eines Abends hilflose Ausländer zum Kasper machen im Kampf um ihre Sättigungsbeilage. Ich habe viele solcher Kämpfe gefochten, und in einigen Restaurants, in denen Ausländer Stammgäste sind, hat das Personal mittlerweile ein Einsehen. Sie sind jedoch die Ausnahme – und dies ist die Regel: Reis gibt es erst am Schluss eines guten Essens, noch nach der Suppe. Aber ernährt man sich nicht in dieser Ecke der Welt, zumindest in Südchina, seit vier Jahrtausenden vom Reis? Gerade deshalb. Ein Festmahl ist Urlaub vom Sattmacher: Man will möglichst viel von den guten Dingen genießen, die man sich sonst nicht leistet. Reis stopft, er steht dem Appetit im Weg.

茶 *Cha*

Tee

Wird in China fast ausschließlich in seiner grünen, nicht-fermentierten Form getrunken. »Schaum flüssiger Jade« haben Dichter ihn genannt. Anders als von Europäern gemeinhin vermutet, fällt Tee kulturgeschichtlich und braupraktisch nicht in eine Kategorie mit Kaffee – eher ist sein Genuss mit dem unseres Weines zu vergleichen. Spätestens seit dem »Teeklassiker« des Tang-Autoren Lu Yü (728–804) ist Teetrinken in China Kulturtechnik und Liebhaberei. Auch die Habenichtse unter meinen chinesischen Freunden finden nichts dabei, ab und zu für ein Pfund guten Tees umgerechnet 100 Euro auszugeben. Unterschieden wird nach Sorten, Anbauorten, Böden, Erntezeit, Weiterverarbeitung und Zubereitung. Gute Restaurants haben eine Teekarte, und nicht selten ist der Tee teurer als das Essen. Wo Europäer des hohen Anteils frischer Gerbsäure wegen oft erst einmal nur »bitter« schmecken, entdecken Chinesen zarte Andeutungen von Olive (beim *Longjing*-Tee), Orange (bei der Sorte *Biluochun*) oder Kastanie (beim *Xinyang Maojian*). Auch der Teegenuss vermählt kulturelle Verfeinerung mit simpler Natürlichkeit. In ein Glas guten Tees Zucker, Milch oder Rum zu gießen, riefe bei chinesischen Teeliebhabern ähnliche Reaktionen hervor, wie es umgekehrt bei uns die Rotwein-Sprite-Schorle der chinesischen Yuppies tut. Zen-Mönche haben mit Tee ihren Weg ins Nirwana befördert, auf dem Weg dorthin haben sie seine Zubereitung zu einer Feier der Konzentration gemacht: »Zu drei Teilen gegen den Durst, zu sieben Teilen für die Sinne.« Tee zügelt das Temperament, Tee kultiviert. Das Wasser für grünen Tee darf, anders als für schwarzen Tee, nicht kochend heiß sein, es sollte auf 80 Grad abkühlen. Im Alltag benutzen Chinesen weder Sieb noch Filter, sie geben die Teeblätter direkt in große Tassen oder die allgegenwärtigen Schraubgläser, von denen sich Chinas Taxifahrer und Verkäuferin zu keinem Zeitpunkt ihres Arbeitstages mehr als eine Armeslänge entfernen: Tee ist der Treibstoff, mit dem die meisten Chinesen sich noch heute über den Tag retten. Man gießt dieselben Teeblätter drei- bis viermal auf, bevor man sie wegwirft.

Der Teebusch stammt ursprünglich aus der Gegend des heutigen Yunnan, Händler der holländischen Ostindien-Kompanie brachten ihn Anfang des 17. Jahrhunderts erstmals nach Europa. Die alten Handelsrouten haben ihre Spur hinterlassen in den Namen, welche die Völker der Welt dem Getränk gaben: Das nordchinesische *Cha* hat sich genau so im Portugiesischen gehalten, Hindi und Russen machten es zu *Chai*; Pate für das englische *tea*, das französische *thé* und unseren *Tee* hingegen stand der Amoy-Dialekt der südchinesischen Provinz Fujian – dort heißt Tee nämlich *T'e*.

干杯 *Gan bei*

Prost! Oder: Ex!

China produziert zurzeit pro Jahr einer konservativen Schätzung zufolge vier Millionen Tonnen hochprozentigen Reis- und Hirseschnaps. Vor einem Jahrzehnt waren es noch doppelt so viel, es scheint einen bislang noch wenig untersuchten Zusammenhang zu geben zwischen dem allmählichen Dahinscheiden von Chinas Sozialismus und dem Siechtum seiner Schnapsindustrie. Bevor hier jedoch einer zur Grabrede ansetzt: Auch heute sind die Korridore in seinen Behörden noch endlos und die darin fristenden Beamten noch traditionsbewusst genug, um alte Bräuche nicht aussterben zu lassen. Schon gar nicht den von Antragstellern und Geschäftsleuten gesponserten Gang in Karaoke-Salon und Sauna sowie das diese Klassiker einbettende Besäufnis. Wenn man davon ausgeht, dass in ein gut bemessenes Schnapsglas etwa 50 Milliliter passen, dann hieße das, in China würden pro Jahr 80 Milliarden Gläser Schnaps getrunken. Selbst wenn wir die vor allem in der chinesischen Provinz beim Schnapskonsum bevorzugten mittelgroßen Wassergläser (250 ml) zugrunde legten, kämen wir noch auf 16 Milliarden Gläser Schnaps pro Jahr. Wenn man jetzt die Grundregeln des chinesischen Trin-

90

kens in Betracht zieht – trinke niemals für dich selbst und bleibe auf keinen Fall stumm beim Erheben des Glases –, kann man, konservativ geschätzt, davon ausgehen, dass mindestens 16 Milliarden Mal im Jahr irgendwo in China der Ruf *gan bei!* erschallt und dass ebenso oft »Schauder der Furcht durch Rückgrat und Leber schwächerer Naturen« (so die Hongkonger Zeitung »South China Morning Post«) jagen. Bier- und Weinkonsum noch gar nicht eingerechnet.

Das Wort *gan bei!* ist ohne Ausrufezeichen nicht vorstellbar. Es ist ein Trinkspruch, der eigentlich die Konstitution eines US-Marines, mindestens aber eines CSU-Ortsvereinsvorsitzenden voraussetzt. Wörtlich heißt *gan bei* »das Glas trocknen« und ist genau so gemeint: Kein Tröpfchen darf übrig bleiben. Der humanere Brauch des *peng* (»anstoßen«, schluckweise) hat nur in Damenrunden und Ausländerreservaten überlebt; Letzteres leistet der in China in jüngster Zeit populären Annahme Auftrieb, dass man den Westen bald in die Tasche stecken werde, ein Trugschluss, dem schon die Sowjetunion erlag.

Waffe der Wahl bei *Gan-bei*-Duellen ist *bai jiu* (»weißer Alkohol«), der meist aus Hirse oder Reis gebrannte Schnaps. Berühmt und als Mitbringsel beliebt sind die Marken »Maotai« und »Wuliangye«. Sie sind jedoch dem einfachen Bürger normalerweise zu teuer, zudem ist der Markt überschwemmt mit Fälschungen. Nicht ohne Anerkennung erzählt man sich in Peking von Produzenten, die auf ihr Etikett die Telefonnummer einer »Antifälscher-Hotline« aufdrucken – an deren anderem Ende dann natürlich die Fälscher höchstpersönlich sitzen, um dem zweifelnden Anrufer die Authentizität des gekauften Tröpfchens zu bestätigen. In Peking verlässt man sich deshalb meist auf den schreckenerregenden *Erguotou* (56 Prozent, der halbe Liter für 0,6 Euro und 6,0 Tage Amnesie). Erguotou ist so billig, dass Fälschung nicht lohnt, und leistet den Bürgern der Stadt gute Dienste bei der Marterung wehrloser Geiseln (dt.: Geschäftspartner) sowie dem Vernehmen nach als Motorradsprit und Kakerlakengift. Populär bei Taxi-fahrern, Polizisten und Poeten ist der *Erguotou*-Flachmann, ein kleines grünes Glasfläschchen zu drei Yuan zwanzig, den die Chinesen die »Ein-Schluck-Pulle« nennen: liegt gut in der Hand und lässt sich im Notfall auch ohne das Zutun von Fremdchemikalien als Molotowcocktail verwenden.

Erguotou ist ein würdiger Nachfahre jenes Feuerwassers, mit dem britische Matrosen vor 170 Jahren in Kanton Bekannt-schaft machten und dessen Bestandteile der schockierte Reve-rend Edwin Stevens identifizierte als Alkohol, Tabaksaft, Zucker und Arsen. Stevens war Ortsgeistlicher bei der »Ame-rikanischen Matrosen-Freundschafts-Gesellschaft« und stand auf den Schiffen im Ruf eines puritanischen Spielverderbers. Das Zeug verursache »einen Zustand von Trunkenheit grim-miger als jeder andere Schnaps«, wetterte Stevens, es »zerstöre Vernunft und Sinne« und sei Ursache für »die enormsten Tumulte« – Qualitäten, auf die Chinas Schnapsbrauer auch bei ihren heutigen Erzeugnissen noch stolz sein dürfen.

Hinter solchen Zwischenfällen steckt oft der Brauch des *quan jiu*, was wörtlich bedeutet: »zum Trinken überreden«. Der wohlerzogene Gastgeber geht nämlich von der allgemein augenzwinkernd akzeptierten Prämisse aus, dass grundsätzlich niemand trinken möchte und ein jeder dazu gezwungen wer-den müsse. Deshalb das nicht enden wollende Ausrufen von Toasts. Dazu genügt es im Regelfall, aufzustehen, dem auser-wählten Opfer das eigene Glas entgegenzustrecken und »Los! Los! Los!« zu rufen oder »Trocknen wir eines!«, das mühe-volle Kramen nach Vorwänden (»Auf die Queen!«, »Auf Herrn Müller!«) entfällt in China: Das Saufen versteht sich quasi von selbst. Es ist sogar so, dass in einer solchen Runde keiner je für sich selbst nippt, sondern dass man für jeden Schluck einen Partner sucht. Für den solchermaßen Ange-sprochenen ist der Toast als Ehre und auf jeden Fall mehr als Ultimatum denn als Angebot zu verstehen: Widerrede gilt als unerhört und wird mit entsetzten Ausrufen à la: »Bin ich dir etwa nicht gut genug?«, oder »Willst du mir kein Gesicht geben?« quittiert. Flucht ist ohne die Aufkündigung der Freundschaft oder der eben geschlossenen Verträge praktisch nicht möglich. Ein beliebter Weg zum spielerisch erschlichenen Rausch sind auch Fingerspiele, die unserem Knobeln Schere, Stein, Papier ähneln: Die beiden Kontrahenten lassen auf Kommando gleichzeitig eine Hand vorschnellen und strecken dabei eine beliebige Anzahl von Fingern vor. Dazu brüllen sie eine Zahl, welche möglichst die Summe der ausgestreckten Finger beider Hände erraten soll. Der Verlierer trinkt das nächste Glas – ein Spiel, bei dem sich der Verlust der Zurechnungsfähigkeit und der anschwellende Konsum von Schnaps gegenseitig aufs Fruchtbarste befördern. Einige wenige gelehrte Säufer bedienen sich während des Zählspiels historischer Zitate aus dem Roman »Geschichte der drei Reiche«: »Die *drei* Einladungen des Zhuge Liang«, rufen sie mit hochrotem Gesicht oder: »Die *sieben* Festnahmen des Meng Huo.« Und gleiten so nobel ins Koma, noch im Abgang stolze Vertreter einer Kulturnation.

Auch Biertrinker fordern sich gerne mit *gan bei!* heraus, so wurde ich Zeuge, wie eine bekannte Modedesignerin, ohne mit der Wimper zu zucken, mit einem (in Ziffern: 1) Zug einer frisch gezapften Halben den Garaus machte. Die Frau stammt aus dem an Sibirien grenzenden Nordosten Chinas, einer Region, deren Trinker von solch legendärer Standhaftigkeit sind, dass sich die Russen zu keinem Zeitpunkt ihrer erbitterten Feindschaft mit China auch nur einen Schritt über die Grenze trauten. Die Russen! Als Durstlöscher zum Essen hat sich Bier übrigens mittlerweile neben dem Tee etabliert, mehr als hundert Jahre nachdem die deutschen Besatzer im Küstenstädtchen Qingdao landeten.

»Führt eure Waffen so, dass auf tausend Jahre hinaus kein Chinese mehr es wagt, einen Deutschen scheel anzusehen«, hatte Kaiser Wilhelm II. am 27. Juli 1900 in Bremerhaven dem deutschen Expeditionskorps zugerufen. Und so lehrten die Deutschen die Chinesen erst das Grauen und dann das Brauen: in der »Germania«-Brauerei in Qingdao, die im August 1903 die Arbeit aufnahm. Sie produziert als »Tsingtao«-Brauerei eines der bekanntesten und besten Biere Chinas und erwirbt sich noch heute Verdienste im Konterkarieren jenes unseligen Kaiserbefehls: Nach ausgiebigem Genuss der Tsingtaoer Qualitätsprodukte haben chinesische Freunde und ich uns schon des Öfteren so scheel angesehen, dass es nicht mehr feierlich war, ohne dass wir uns darüber die Köpfe eingeschlagen oder gar abgeschnitten hätten. Es hat der Popularität von Bier auch keinen Abbruch getan, dass jährlich mehrere Menschen verletzt werden durch explodierende Bierflaschen. Das Malheur stand, kein Scherz, viele Jahre ganz oben auf der Liste der Beschwerden bei Chinas Konsumentenvereinigung und ist offenbar darauf zurückzuführen, dass Billighersteller sich bei alten Sojasoßen- und Essigflaschen bedienen, die dann dem Druck des gärenden Bieres nicht standhalten.

Aber selbst in Qingdao wächst dem Bier neue Konkurrenz heran: Klima und Böden haben in den letzten Jahren auch dort dem Weinanbau Auftrieb verliehen. Und so haben die Reben von *yi si ling* (Riesling) und *sha dang ni* (Chardonnay) mittlerweile auch in China Wurzeln geschlagen. Wein aus Trauben ist hier schon seit zwei Jahrtausenden kein Unbekannter; um ihn aus seinem Mauerrebchendasein zu erlösen, brauchte es allerdings das Vorbild westlichen Schicks und ein Edikt des damaligen Premiers Li Peng, der im Jahr 1996 befahl, bei Staatsbanketten auch Wein zu servieren. Seither erlebt Wein in China eine steile Karriere unter jenen jungen, aufstrebenden Städtern, die auch die »Starbucks«-Cafés frequentieren und von einem BMW (chin.: *Bao ma*, »kostbares Pferd«) träumen. Bevorzugt trinken sie Rotwein. Von Li Peng wurde kolportiert, er mische sich stets ein wenig Essig in seinen Chardonnay. Essig gilt in China generell als Wundermittel: Er soll gut sein gegen Schlappheit wie gegen hohen

Blutdruck, hilft angeblich der Leber beim Entgiften des Körpers und entkalkt die Blutgefäße. Als im Frühjahr 2003 die tödliche und zuvor unbekannte Lungenseuche SARS ausbrach, schoss in manchen Gegenden Südchinas der Preis für eine Flasche Essig bis auf 400 Yuan. Manche junge Frauen glauben, der Essig-Rotwein-Cocktail helfe beim Abnehmen. Vielen allerdings ist Wein von Natur aus schon zu sauer oder zu bitter, sie behelfen sich mit folgendem einfachen Rezept: Man nehme eine große Karaffe, kippe die Flasche Château Lafite Rothschild hinein, fülle sodann auf mit der gleichen Menge Sprite und runde den erfrischenden Trunk ab mit einer Handvoll Eiswürfeln und Zitronenschnitzen. Getrunken wird, wie gehabt, auf ex.

Die Zähmung mit Sprite hat noch einen Vorteil. Viele Chinesen vertragen keinen Alkohol. Wie beim Verzehr von Milchprodukten, so fehlt einem großen Teil des Volkes auch hier ein Enzym, namentlich die Aldehyd-Dehydrogenase, die beim Alkoholabbau hilft. So kann es passieren, dass Ihr Gegenüber schon nach wenigen Schluck knallrot anläuft oder über Kopfweh und Jucken am ganzen Körper klagt. Es ist jedoch kennzeichnend für die Tapferkeit dieses Volkes, dass die angeborene Unverträglichkeit nicht zum generellen Verzicht auf Alkohol geführt hat. Tagtäglich setzen sich Unzählige furchtlos den drohenden Nebenwirkungen aus, einer hat mir diesen Spruch aufgeschrieben: »Kalten Schnaps trinken, das schadet meinem Magen. Warmen Schnaps trinken, das greift meine Leber an. Aber keinen Schnaps trinken – das bräche mir das Herz.« Und könnte der ein Edler sein, der sein Herz verriete?

牛奶 *Niu nai*

Milch

Macht groß und stark. Zuerst den Chinesen, dann sein Volk. So hatte die Regierung sich das gedacht, als sie in den 1980ern eine »Essensrevolution« ausrief: »Ziel war es, die körperliche Qualität unseres Volkes zu erhöhen, um so den Traum des Auferstehens Chinas zu verwirklichen«, schreibt die Zeitschrift »Nachrichtenwoche«. Hat eine Weile gedauert. Weil die Mehrheit sich zunächst Milchspeisen weiterhin so verweigerte, wie sie es seit Jahrtausenden getan hat. Mehr als Größe bescherte Milch dem Volk nämlich bislang Durchfall, Blähungen und Darmkrämpfe: Viele Chinesen können, wenn sie dem Säuglingsalter entwachsen sind, den Milchzucker nicht mehr verdauen, ihnen fehlt das Laktase-Enzym. Vor Käse ekelt es viele nicht weniger als unsereiner vor dem berüchtigten »Stinkenden Doufu«. Die wenigen Milchprodukte, die es auf den Speisezettel schafften (der Pekinger Joghurt in den kleinen Tontöpfchen etwa), sind allesamt Mitbringsel der Nomaden aus dem Norden, die während der Qing-Dynastie das letzte Kaiserhaus stellten. Nomaden aber schienen den Chinesen nicht umsonst Barbaren. Lange machte dem chinesischen Volk der Milchverzicht nichts aus, denn damit es ihm an nichts mangelte, hatte es sich stets an das Wunderböhnchen Soja gehalten: eine Proteinbombe, die sich in besagten → *Doufu* verwandeln lässt. Dann aber öffneten die Kommunisten ihr Land zur Welt, staunten über die großen deutschen Fußballer und die muskulösen amerikanischen Olympiasieger und sahen mit einem Mal den Weg zu Glorie und Gold klar vor sich. Umgehend begannen sie mit der Massenzucht von Milchkühen, führten Schulmilch ein und propagierten den Milchpatriotismus. Premier Wen Jiabao sagte einmal in einer Rede, er habe einen Traum. Anders als bei Martin Luther King spielten darin Freiheit und Gleichheit keine Rolle, dafür aber die Milch: Er träume davon, eröffnete der Premier seinen Bürgern, dass jedes Chinesenkind dereinst einen halben Liter Milch am Tag zu trinken bekommen solle. Und das Volk folgt. Das Vorbild des Westens lockt ebenso wie das Versprechen geheimnisvoller Kräfte. Vor allem die Städter stellen ihren Speiseplan um. Heute produziert das Land schon zehnmal so viel Milch wie noch vor einem Jahrzehnt. Reicht aber nicht, also wird dazu importiert. Aus Neuseeland, aus den USA, aus Europa. Schon schlagen sie dort Alarm: Jetzt trinken uns die Chinesen auch noch die Milch weg! (→ *Gelbe Gefahr*) Dabei kommt die Panik etwas verfrüht. 25 Liter Milch im Jahr konsumiert ein Pekinger im Moment – der Deutsche vertilgt noch mehr als fünfmal so viel. Und auf dem Land, wo noch immer die Mehrzahl der Chinesen lebt, trinken sie gerade mal drei Liter pro Jahr. Das Verhältnis der Chinesen zur Milch, seufzte das Magazin »Leben«, sei eben noch immer gefangen »im Widerspruch zwischen Verwestlichung und Verdauung«.

饮食男女 *Yin shi nan nü*

Trinken, Essen, Mann und Frau. Oder: Die Kraft aus der gemeinsamen Schüssel

Gibt es eine Macht, die Chinas Essgewohnheiten verändern könnte? Eine tödliche Epidemie? Die Frage nach dem Virus und den Stäbchen kam auf in jenen Tagen, da die Stadt auf traumhafte Art gespenstisch und friedlich zugleich erschien. Uns Neugierigen war, als wäre ein Film plötzlich stehen geblieben und hätte alles eingefroren, und nur wir könnten uns frei in der Szenerie bewegen. Die Menschen aber hatten sich mit Bergen von Reis und Instantnudeln in ihren Wohnungen verbarrikadiert, als ginge es in den Krieg. Wer hinausgehen musste, mied die anderen; wer einem Freund begegnete, schüttelte ihm nicht die Hand, sondern grüßte auf die Art der Mandarine: die Rechte vor der Brust zur Faust geballt, sie mit der Linken schirmend. Unter dem arglosen Gezwitscher der vom Winter erwachenden Spatzen breitete sich ein weicher Teppich gedämpften Nuschelns aus: Wenn sie miteinander redeten, behielten die Menschen ihren Mundschutz auf. Es waren die Tage der Furcht; es war der Abend, an dem Hong Ge in seiner Wohnung die Party gab.

Wir scherzten damals, es müsse wohl die einzige Party sein in dieser Stadt von 14 Millionen Menschen, und weit weg von der Wahrheit war das nicht. Es sollte ein Essen sein zu Ehren der Freundin, die am nächsten Tag zu ihrem Ehemann nach London flog, und es war einer jener Abende, für die China lebt: Um sechs Uhr ließ man sich am Esstisch nieder, um Viertel nach sechs gratulierten sich die Gäste unter gegenseitigem Zuprosten zu ihrer Unerschrockenheit, und um halb acht waren alle betrunken. Bald warf der Geschäftsmann aus Sichuan, sein Bierglas erhebend, der Abreisenden »Fahnenflucht« vor: »Gerade du als Schriftstellerin solltest jetzt in deinem Heimatland bleiben!« Was die Schanghaier Schauspielerin nicht auf ihrer Freundin sitzen lassen wollte: Sie erhob sich, ebenfalls ihr volles Glas präsentierend, und stimmte eine Eloge auf die Macht der Liebe an, der sich, verdammt noch mal, auch dieses blöde SARS unterzuordnen habe. *Gan bei!*, ex! Und während der ganzen Zeit blubberte in der Mitte des Tisches der »Feuertopf« vor sich hin, so nennen die Chinesen ihr Fondue: Es war ein zungenbeißender Sud, gewürzt mit Chilischoten und Blütenpfeffer aus Sichuan, welchen die Gäste unablässig mit Rindfleisch fütterten, mit Kohl, Bambus und Goldnadelpilzen.

Es schmeckte herrlich. An den Rand des Topfes gelehnt war ein Löffel, mit dem man die Happen hätte schöpfen können, aber die Mühe machten sich die Gäste nur ein-, zweimal. Recht schnell verließen sie sich wieder auf ihre Stäbchen, bald entspann sich ein munteres Fechten über Gemüseteller und Feuertopf hinweg, und als der Ausländer am Tisch schüchtern fragte, ob es denn kein Risiko bedeute, wenn alle im selben Topf herumfischten, da hielt das Geschnäbel der Stäbchen nur kurz inne. Wie bitte? Ungläubige Gesichter. Lachen.

Dann die lautstarke Erwiderung: nie im Leben! »Tausende von Jahren haben wir so gegessen«, ruft der Geschäftsmann aus der Ecke. Immerhin habe man es damit zum größten Volk der Erde gebracht. Keine Angst, assistiert der kurz geschorene Musiker: »Das ist ein Sichuan-Feuertopf, der killt jedes Virus.« Ein Dritter: »Im letzten Krieg grassierte in China die

Pest, die haben wir auch überlebt.« Er erhebt das Glas zum Duell: ex! Und schon wird weiter gepickt, getunkt, gefochten und hin und wieder abgeleckt: weil es um jeden Tropfen schade wäre.

Es ist nicht so, dass sich nur Ausländer diese Frage gestellt hätten. Zhou Jin etwa, der Meister der kaiserlichen Küche, den wir im Restaurant »Himmel und Erde sind eins« aufsuchten, hatte ihr einen Aufsatz gewidmet. »SARS hat uns überfallen«, schrieb Zhou nachdenklich, »aber wenn uns eine Katastrophe getroffen hat, vermochte China stets, daraus Lehren zu ziehen.« Die Handelskammer schätzte, dass die Hälfte der 30000 Pekinger Restaurants in den Wochen zumachte, in denen das Virus die Stadt in Schach hielt. In der anderen Hälfte herrschte meist gähnende Leere, da half es auch nicht, dass sich die Kellnerinnen mit Mundschutz wappneten und den Gästen mit Infrarotpistolen Fieber maßen. »Sperrt die Münder zu!«, war in einer Zeitschrift zu lesen. Das war als Mahnung gegen das Spucken gedacht, galt aber plötzlich auch für die Nahrungsaufnahme an öffentlichen Orten.

Die Vorsitzende des Gaststättengewerbes in China, Han Ming, hatte zwei Lehren parat: Chinesisches Essen sei ja bekannt für seine Farbe, seinen Duft und seinen Geschmack. Nun solle man vielleicht eine weitere Besonderheit hinzufügen, meinte Han: »Sauberkeit.« Da wird wohl keiner etwas dagegen haben. Vorsichtig fügte sie hinzu: »Auch sollten wir traditionelle Gewohnheiten wie das gemeinsame Essen von Tellern in der Mitte des Tisches ändern« – das allerdings rührt ans Herz einer Kultur. Manche Restaurants hatten tatsächlich damit begonnen, servierten nach dem Ausbruch der Lungenseuche jedem Gast sein Essen einzeln. Die Vorstellung des Essens von getrennten Tellern ist den meisten Chinesen jedoch so fremd, das Konzept so revolutionär, dass die »Pekinger Jugendzeitung« ihre Leser behutsam anleitete: »Der Gast nimmt zuerst den gemeinsam genutzten Löffel, holt sich damit etwas von dem Essen auf den Teller vor ihm und benutzt im nächsten Schritt sein eigenes Besteck.« Wie? Nicht mehr selbst mit den Stäbchen zulangen dürfen und sich im scherzhaften Duell mit dem Nachbarn das schönste Stück Hühnchen schnappen? Um es sodann als Zeichen der Wertschätzung ebenjenem Nachbarn auf dessen Reisschale oder direkt zwischen seine Lippen zu nötigen?

Man kann in diesem Land erleben, wie in der schäbigsten Nudelbude zwei Wildfremde einander in eine hitzige zwanzigminütige Debatte verwickeln über die korrekte Art, wie der Nudelteig zu kneten, zu schlagen, zu ziehen und zu kochen sei. Später ist man sich einig: Genüsslich schlürfend, wird die Nudel der Suppe entzogen. Die geräuschvolle Begleitung verlange »der Respekt vor der Nudel«, urteilt Liu Qi. Liu ist Kolumnist mehrerer Zeitungen und hat einmal in Amerika als Kellner gearbeitet. Dort ging ihm alles eine Spur zu elegant und leise zu. »Kein Ton kommt den Amerikanern beim Essen raus«, weiß er zu berichten. »Wo bleibt da die Romantik?« In China nämlich ist es um die Intimität so bestellt, dass sie in Krach und Spektakel bestens gedeiht. Liu war einen Monat nicht mehr auswärts essen gegangen, für uns machte er eine Ausnahme. »SARS hat jetzt schon unsere Esskultur verändert«, sagte er über Kohl mit viererlei Waldpilzen und gekochtem Rindfleisch mit Pfefferdip. »Viele danken SARS dafür.« Plötzlich verbrachten die Leute wieder Zeit mit ihrer Familie, aßen abends gemeinsam zu Hause. Früher hatten Liu und seine Frau jeden Tag mit Kollegen oder Geschäftspartnern im Restaurant gegessen – in China nichts Ungewöhnliches. An der frischen Luft soll sich das Virus schnell verteilen, so entdeckten die Pekinger das Picknick. Das Ehepaar Liu war mit Freunden in den Duftbergen: »Am Schluss haben wir mit einem Becher chinesischer Medizin angestoßen.« Knoblauch gewann neue Popularität als angeblicher Virentöter, am besten roh knabbern: »Aber nicht mehr als eine Knolle pro Tag«, rät Liu.

Kein Mitleid hatte Liu Qi mit seinen Landsleuten im Süden, denen die Regierung im Gefolge von SARS den

Genuss exotischen Wildbrets verbot. Kantonesen sind im Rest des Landes bekannt dafür, dass sie alles essen, »was vier Beine hat und kein Stuhl ist, was fliegt und kein Flugzeug ist, was schwimmt und kein U-Boot ist«.

Bald nach dem ersten Schock jedoch wurden aus Kanton Restaurants gemeldet, die schon wieder Werbung machten mit dem Fleisch von seltenen schwarzen Riesensalamandern – welches das Immunsystem stärken und so gegen SARS helfen soll. Serviert wird der Salamander roh, als Sushi. Meisterkoch Zhou Jin zeigte sich einsichtig. Bärentatzen zum Beispiel kocht er nicht mehr. Zhou ist erfinderisch: »Ich nehme Kamelfuß oder Eselfleisch und lasse es schmoren in Apfel- und Zypressensud. Das schmeckt genauso.« Auch bei den getrennten Tellern war Zhou Vorreiter: »Unsere Gäste sind Staatsführer und andere hohe Leute. Die nehmen es genau mit der Hygiene.« Ein wenig schmerzt das schon: Zhous Kreationen sind kleine Kunstwerke: »Zerteilt man sie, ruiniert man sie.« Nun wird jedes Gericht einmal den Gästen zur Bewunderung vorgeführt, bevor die Kellner an ihr Werk der Zerstörung gehen. »Das einfache Volk so weit zu bringen«, glaubte Zhou Jin, »wird jedoch noch viele Jahre brauchen.«

Am Hinteren See, im idyllisch gelegenen »Hakka-Weinhaus«, saß eine Runde bei in Salz gebackenen Shrimps, die ohnehin fand, die Chinesen sollten den Teufel tun. »Das wäre ja noch schöner«, sagte Mang Ke, der Dichter. »Wer so etwas vorschlägt, muss schon ein Riesenidiot sein«, fand Chi Nai, der glatzköpfige Wirt, der in einem früheren Leben einmal Maler war. Warum die Freunde sich so erregten? Weil es beim Essen in China stets um mehr geht als nur um Essen: um die Seele dieses Volkes. »Mach ein Experiment«, schlug Chi Nai vor, »nimm uns die Stäbchen weg, und drücke uns Gabeln in die Hand.« Er stocherte in der gedämpften Luffagurke. »Du wirst sehen, wie wir sofort schlaff und leblos in unseren Stühlen zusammensinken werden. Das macht doch keinen Spaß!«

Er zeigte mit den Stäbchen auf mich. »Beim Essen werden bei uns Geschäfte gemacht und Intrigen geschmiedet. Und wenn ich dir einen Fisch besorge, den du noch nie gegessen hast« – Chi Nai deutete auf den mit Oliven und Frühlingszwiebeln geschmorten Flussbarsch –, »dann wirst du mir bestimmt den Gefallen tun, um den ich dich bitte.« Aber wehe, einer möchte seinen eigenen Teller: »Dann wird der neben dir denken: Hast du etwas gegen mich? Hab ich etwa eine ansteckende Krankheit?« So einen komischen Kauz, sagte Chi Nai, wolle keiner zum Freund. »So was Fades!«

Und das Virus? Warum trägt man einen Mundschutz, lässt sich mit Desinfektionsmitteln besprühen, wäscht sich tausendmal am Tag die Hände und findet gleichzeitig nichts dabei, mit anderen in derselben Schüssel zu stochern? »So hat unser Volk unzählige Seuchen überlebt«, meinte Chi Nai. »Wenn alles klinisch sauber ist, kann sich dein Körper doch gar nicht abhärten. Und außerdem kennt man doch seine Freunde.« Es passt, dass Fremde im Chinesischen *sheng ren* genannt werden, »die Rohen«; Bekannte hingegen *shou ren*: »Gare«, »Durchgekochte«. Westler kommen meist ziemlich roh daher. »Irgendwann esst ihr von euren sauberen Tellern nur noch Sojasprossen«, prophezeite Chi Nai. »Und eines Tages fallt ihr entkräftet um.« Chi Nais populäres Restaurant war eines der wenigen, das keinen Tag zuhatte. Und jeden Tag voll war. »Meine Köche braten, bis ihnen die Augen tränen«, sagte Chi Nai. »Ich sag dir, was hilft gegen SARS: Essen, Biertrinken, Fröhlichsein – stärkt alles deine Widerstandskräfte!«

Kolumnist Liu Qi hatte sich damit abgefunden, dass er einem schwer erziehbaren, dafür genussfreudigen Volk angehört. »Ihr Europäer holt euch eure Krankheiten beim Sex«, seufzte er und grinste. »Wir Chinesen holen sie uns eben beim Essen.«

地沟油 *Di gou you*

Gulli-Öl

Billiger Ersatz für frisches Speiseöl. Wird gewonnen aus allen Sorten von Schlachtresten sowie anderem Abfall wie zum Beispiel gebrauchtem Speiseöl. Eigentlich eine Form von Recycling. Hat allerdings ein weit schlechteres Image. Was erstens daran liegen mag, dass dem Gulli-Öl allerlei gesundheitsschädigende Effekte nachgewiesen wurden. Zweitens wird das Gulli-Öl von geschäftstüchtigen Händlern, die sich nicht scheuen, die Hände schmutzig zu machen, in der Nähe von Restaurants gerne aus Rinnstein und Gulli abgeschöpft, was zwar dem Profit, aber nicht unbedingt dem Appetit förderlich ist. Im chinesischen Internet kursieren Videos, die das Handwerk anschaulich zeigen. Millionen von Tonnen dieses Öls kommen jedes Jahr in China auf den Markt, das Gulli-Öl wurde für die Chinesen zum Symbol für ein Problem, das sie in den letzten Jahren beschäftigt wie kaum ein zweites: der fatale Zustand der Lebensmittelsicherheit. Ein Skandal jagt den anderen, auf Weibo werden sie alle ausgiebig diskutiert. Das Gift im Essen ist neben dem Gift in der Luft oft Gesprächsthema Nummer eins vor allem für die Mittelschicht und trägt zu einem wachsenden Gefühl der Unsicherheit bei.

Tagtäglich erreichen die Bürger neue Nachrichten über Melanin im Milchpulver, Fuchs im Lamm, Aluminium im Brot, Antibabypillenhormone im Fisch, Kadmium im Reis. Die Reaktion der Regierung fördert das Vertrauen nicht: Sun Xianze zum Beispiel, einer der Beamten, die 2009 als Verantwortliche für den Skandal um vergiftetes Babymilchpulver ausgemacht worden waren, tauchte drei Jahre später wieder in den Nachrichten auf: Man hatte ihn befördert zum Vizepräsidenten der Staatlichen Behörde für Lebensmittel und Medikamente.

野味 *Ye wei*

Der Geschmack der Wildnis.
Oder: Der begossene Esel

Brachte es auf der Liste der »schönsten Brutalo-Gerichte der klassischen Küche Chinas« im deutschen China-Online-Magazin »Xiucai« auf Platz drei: Man nehme einen lebenden Esel, binde ihn gut fest neben einem Topf brodelnder Suppe. Der Kunde deutet auf den Teil des Tieres, nach dem es ihm gelüstet. Der Koch nimmt daraufhin dem Esel an der Stelle vorsichtig das Fell ab, sodass das frische Fleisch bloßliegt. Dann schöpft er mit der Kelle von der kochenden Suppe und besprengt das Fleisch damit. Hat es den vom Gast gewünschten Gargrad erreicht, bekommt er es abgesäbelt und serviert. Die Rezepte zu Platz eins und zwei der Liste will ich Ihnen ersparen. Nur so viel: Der begossene Esel zählt ebenso wie das berüchtigte »Hirn vom lebenden Affen« (*hou tou*) oder die »Drei Piepser« (*san zi'r*, ein Rezept, in dem lebende Ratten-embryos eine Rolle spielen) zu jenen Gerichten, die aus Historie und Legende überliefert sind, für deren Fortexistenz im heutigen China zumindest ich jedoch keinen Beleg gefunden habe. Was nicht heißt, dass die beschriebene Technik – Verspeisen bei lebendigem Leib – ausgestorben wäre. In Erinnerung ist mir noch ein Hummer im Hotelrestaurant, dessen mächtige Scheren die Kinder in ihr Spiel miteinbezogen – das Tier schnappte nach Papierschnipseln, die sie ihm entgegenhielten –, während die Erwachsenen sich bereits am Hinterleib des Spielkameraden ihr Sushi absäbelten. Beliebt sind auch die »Betrunkenen Shrimps« (*zui xia*): Die Shrimps kommen lebend auf den Tisch und werden mit einem kräftigen Schuss Hochprozentigem in eine geschlossene Glasschale gegeben, wo sie unter kräftigem Zappeln ihr Leben aushauchen. Das schönste Denkmal hat diesem Gericht ein Japaner gesetzt: Der Regisseur Juzo Itami, der in seinem grandiosen Film »Tampopo« den Todeskampf der betrunkenen Shrimps zum Teil des Liebesspiels macht. Ein junger Gangster verbindet seiner Geliebten die Augen und lässt die Tierchen dann minutenlang auf ihrem nackten Bauch springen und zucken.

Jetzt möchten Sie wissen, wie China auf den Bernhardiner kam? Lange kennt man den Hund noch nicht im Land, dafür ist bei manchen die Begeisterung umso größer. Es war im Jahr 1998, als der Professor Du Shaoyue seine Entdeckung einem größeren Publikum vorstellte: »Der ideale Fleischhund«, urteilte der Professor fachmännisch im staatlichen Fernsehsender CCTV. Und schon im Jahr darauf frohlockte die »Pekinger Jugendzeitung« über die »gute Nachricht zum Festtag: Es kommt wieder neues Essen auf den Tisch.« In der alten Heimat wollte man die Freude nicht teilen. »Kann die Schweiz stillschweigend zusehen, was mit den Bernhardinern in China geschieht?«, empörte sich die Genfer Organisation »SOS Saint Bernard Dogs« und gab gleich selbst die Antwort, erwartungsgemäß »ein klares Nein!«. Die Gruppe drohte mit Chinarestaurantboykott.

Im Pekinger Osten, beim »Gourou Wang«, unweit unserer Wohnung, mussten sie um Kundschaft noch nie fürchten. Übersetzt heißt das Lokal »Hundefleischkönig«, und rein kommt nur, wer vorbestellt hat, so proppenvoll ist es. Mürbes Brustfleisch in Austernsauce kann man dort genießen oder rot geschmorte Hundshaxen. Am populärsten aber ist im Winter das Hundefondue. »Das wärmt«, sagt die Kellnerin. Die Gäste sind Chinesen und Koreaner – in beiden Kulturen steht der Hund seit Menschengedenken auf der Speisekarte. Chroniken verraten, dass vor über zweitausend Jahren schon Chinas Han-Kaiser zwischen Pantherbrust und gebackener Eule gerne einen Eintopf aus Hundefleisch und Gänsedisteln auftischen ließen. Bald verbreiteten Medizinhandbücher die Theorie, wonach der Genuss von Hundefleisch den Nieren guttue. Bis heute gilt es im kulinarisch-medizinischen Koordinatensystem zwischen Yin und Yang als Fleisch mit Yin-Charakter, welchem das Kunststück gelingt, dem Körper zugleich Wärme zuzuführen (weshalb die Chinesen Hund vor allem im Winter essen) als auch schädliches »Feuer« zu absorbieren (weshalb die Koreaner gerne im Sommer zugreifen). Nur mit Branntwein sollte man Hund auf keinen Fall zubereiten, warnt ein Buch aus der Ming-Zeit: Dann drohen Hämorrhoiden.

Anders als für Kuh und Schwein gab es für Hundefleisch in China jedoch nie Großzüchter – bis der Bernhardiner auftauchte. »Es gibt viele Arten von Hunden auf der Erde – nur einen Fleischhund gibt es noch nicht«, sagt Professor Du Shaoyue im CCTV-Lehrfilm, um dann triumphierend festzustellen: »Keiner gibt einen besseren Vater für eine solche Rasse her als der Bernhardiner.« Romantische Klaviermusik setzt ein, die Kamera schwenkt sanft über ein Rudel tollpatschig im Gras umherstolpernder Welpen, eine Sprecherin preist die Vorzüge der Rasse: ihre Größe, ihre Sanftmut, ihre vielen Welpen, ihre robuste Natur, ihr schnelles Wachstum. Verspeist werden fast ausnahmslos die der Kreuzung mit chinesischen Weibchen entstammenden Halbbernhardiner – die Väter selbst sind zu kostbar. Die »Zeitung für Tier- und Fischzucht« beklagt in einem Artikel »Schwierigkeiten beim Import«: »Weil Ausländer Vorbehalte hegen gegen die Gewohnheit in einigen Gebieten unseres Landes, Hundefleisch zu essen.«

Diese Vorbehalte teilen im Übrigen nicht wenige Chinesen. Der Gourmet und Autor Li Yü plädierte schon im 17. Jahrhundert dafür, Rinder und Hunde von der Speisekarte zu streichen, weil sie Freunde des Menschen seien. Und eine Umfrage in Peking und Schanghai ergab, dass 43 Prozent der Befragten schon einmal Hundefleisch gegessen hätten – dass es der Mehrheit aber nie im Leben einfallen würde. Guo Lizhen, eine Lehrerin, gehört zu dieser Mehrheit. Sie nennt einen weißen Pekinesen ihr Eigen, den sie *A Pang* ruft, »Dickerchen«. Ungefähr eine Million Pekinger haben sich mittlerweile einen Hund zugelegt – als Haustier, nicht als Notration für kalte Wintertage. Mittlerweile streunen schon wieder so viele Hunde durch die Hauptstadt, dass die stets wachsame Partei den traditionellen Nachbarschaftskomitees sogenannte Hundeerziehungskomitees – in Wirklichkeit Hundebesitzererziehungskomitees – angegliedert hat. Guo sagt, ihr A Pang beiße nicht. »Er ist so klug und einfühlsam«, erzählt sie. »Manchmal denke ich, er gleicht einem Menschen, der nur nicht sprechen kann.« Guo war ein einziges Mal bei einem Hundefondue zugegen. Ihr Freund langte kräftig zu, sie schimpfte ihn: »Es ist so grausam«, findet Guo. Ihr Freund, erinnert sie sich pikiert, habe den ganzen Topf leer gegessen. Er ist Franzose, der Freund.

Gegessen wird Hundefleisch traditionell vor allem im Grenzgebiet zu Korea und, natürlich, im südchinesischen Kanton. Es sei eine Frage der Kultur, finden Verteidiger der Praxis. »Ehrlich gesagt: Ich weiß nicht, wo der Unterschied sein soll zwischen einem Kälbchen und einem Bernhardiner«, bekannte mir gegenüber privat ein Schweizer Diplomat in Peking. »Ob die Schweiz sich jetzt zum internationalen Schützer der Bernhardiner ausruft, nur weil die genetisch dorther kommen, das müsste sie sich schon genau überlegen.« Bis heute hat sie es nicht getan.

Eine der Grundängste westlicher Chinabesucher scheint zu sein, es könne ihnen einer beim Mittagessen heimlich oder aus Versehen einen Happen Hund oder Schlange unterschieben. Hiermit sei Ihnen versichert, dass mir dies in all den Jahren noch nicht ein einziges Mal passiert ist – aus einem einfachen Grund: All die Dinge, die Ihnen so unheimlich erscheinen, gelten in China als Delikatessen und sind viel teurer als normales Schwein, Rind oder Hühnchen. Wenn es Sie nach Eulenbrust, Murmeltierpürzel oder Kamelhöcker verlangt, dann müssen Sie schon ausdrücklich danach fragen. Was nicht heißt, dass mancher chinesische Gastgeber nicht allerlei Überraschungen für Sie auffahren wird: weil Sie der Ehrengast sind, vielleicht aber auch, weil er sich einen Spaß daraus macht, Ihr Gesicht zu beobachten, wenn er Ihnen mit seinen Stäbchen eine sich noch windende Seidenraupe zwischen die Lippen schiebt. Aber sowohl Seidenraupe als auch die anderen Leckereien dieser Kategorie (Skorpion, Heuschrecke usw.) sind im Regelfall als Exotika erkenn- und bei Nichtgefallen mit etwas Höflichkeit folglich vermeidbar. Dazu genügt Ihrerseits ein bescheidenes *bu xi guan*, »Daran bin ich nicht gewöhnt«, die Satisfaktion hartnäckiger Tischherren können Sie sich alternativ mit einer wackeren Salve *gan bei!* erschleichen.

Im Urteil über Chinas Essensgebräuche sollten Europäer zweierlei nicht vergessen. Erstens: Ein Großteil der uns verdächtigen Gerichte hat seinen Ursprung in dem Jahrtausende währenden Kampf gegen den Hunger, der dieses Volk dazu zwang, restlos alles zu verwerten, was Kalorien liefert. Deshalb das Kauen auf Hühner- oder Entenfüßen, deshalb die beliebten Rindersehnen-, Schweineohr- oder Hirngerichte. (Im Übrigen kann man in altbayerischen und Allgäuer Gaststätten ähnliche Entdeckungen machen: An den gebackenen Kuheuter, der in meiner Heimat serviert wird, habe ich mich auch noch nie gewagt.) Zweitens gibt es auch innerhalb Chinas große Kulturgräben. Meist finden wir Europäer uns da in einem Lager mit den Nordchinesen, die es angesichts der Speisekarte ihrer südchinesischen Landsleute ebenso schüttelt wie uns. Jene mit Käfigen und Aquarien vollgestellten Eingangshallen, die einen lebendigen Querschnitt durch sämtliche »National Geographic«-Artikel der letzten fünf Jahrzehnte zu bieten scheinen, gehören fast immer zu kantonesischen Restaurants. Dort angebotene Gerichte wie »Rot geschmortes Pangolin« (ein in Vietnam beheimatetes gepanzertes Schuppentier) oder »In Zuckerrohr gebackene Ratte mit schwarzen Bohnen« würden auch meine Pekinger Freunde nie im Leben anrühren. Abgesehen davon, dass sie sich die meisten dieser Gerichte ohnehin nicht leisten könnten. Die englischsprachige Zeitung »China Daily« veröffentlichte einmal ein großes Foto von der dreijährigen Zhou Ran, die sich im Pekinger Zoo in eine Unterschriftenliste eintrug: »Zhou Ran gelobte, wilde Tiere zu schützen und sie nicht zu essen«, hieß es in der Bildunterzeile.

Bis jedoch die Zhou Rans dieses Landes erwachsen sind und die Meinungsführerschaft im Land übernehmen, kann man Chinareisen guten Gewissens nur Angehörigen jener Spezies empfehlen, die an der Spitze der Nahrungskette steht.

熊猫 *Xiong mao*

Der Pandabär

1. Als Markenname u. a. ein Toaster, ein Fernseher, eine Austernsoße und eine Zigarettensorte.
2. Als *Panda mit den Räucherstäbchen* schlimmster Computervirus des letzten Jahrzehnts *(→ trojanischer P.)*. Sein Schöpfer Li Jun musste für vier Jahre ins Gefängnis.
3. Bambusfressender chinesischer → *Nationalschatz*. Als solcher sitzt der Panda selbst hinter Gittern, vor allem in den Zuchtstationen Chengdu und Wolong in der Provinz Sichuan. Wild lebende Pandas gibt es heute noch rund 1600, sie leben in den Bergen der Provinzen Sichuan, Gansu und Shanxi.

Die Kommunistische Partei fühlt sich zum *Xiongmao* (wörtl. »Bärenkatze«) besonders hingezogen. Vielleicht weil er ebenso unfruchtbar und ebenso vom Aussterben bedroht ist. Vielleicht aber auch, weil der Panda so niedlich ist, wie sie selbst gerne wäre. Längst hat die →*Pandadiplomatie* die Ping-Pong-Diplomatie abgelöst. Als Peking der abtrünnigen Inselrepublik Taiwan ein Pärchen schenken wollte, dessen Namen *Tuantuan* und *Yingying* zusammen das Wort »Wiedervereinigung« ergaben, da lehnte Taiwan viele Jahre ab.

Außer der Spaltung des Vaterlandes fürchtet der Große Panda eigentlich nur die Bambusblüte, die ihn alle paar Jahrzehnte einmal seiner Nahrung beraubt. Weil er vor lauter Fressen gerne das Fortpflanzen vergisst, besorgen das die Chinesen für ihn. In den Zuchtstationen von Chengdu und Wolong haben sie mithilfe künstlicher Befruchtung schon mehr als 200 Pandababys zur Welt gebracht. Diese Pandas sind »keine einfachen Wildtiere«, wie der Vizechef des Chengduer Volkskongresses, Qu Ying, stolz zu Protokoll gab. Sondern? »Eine Ressource, eine Industrie.« Wie hart der Große Panda für den Ruhm der Nation arbeitet, davon legen die Titelzeilen der staatlichen Presse Zeugnis ab: »Pandas arbeiten Überstunden für Urlaubermassen«. Oder: »Pandababys feiern die Rückkehr Hongkongs nach China«.

Außer vor sich selbst muss man den Panda vor allem vor Zhao Bandi schützen, jenem Pekinger Künstler, der mit seinen Pandasatiren schon die Biennale in Venedig beehrte. Zhao Bandi also veranstaltete in Peking eine Pandamodenschau. Er widmete seine 33 Entwürfe »Chinas neuen sozialen Klassen«. Und so spazierte da nicht nur ein Olympia-Goldmedaillengewinner mit Pandaaugenringen und Pandaheiligenschein den Laufsteg hinab, sondern auch eine Pandamätresse und eine leicht bekleidete Pandanutte. Die Pandakader fanden das nicht zum Lachen. »Moralische Verurteilung allein scheint mir eine zu schwache Strafe zu sein für missbräuchliche Aktivitäten rund um den Großen Panda«, schimpft ein Beamter in Chengdu. Das findet die Nachrichtenagentur Xinhua auch: Zhao Bandi habe »das anständige Bild des Pandas als freundliches und süßes Symbol« in den Schmutz gezogen. In Chengdu arbeiten sie nun an einem Gesetz gegen die »Beleidigung und Ausnutzung« von Pandas.

Und Pandamann Zhao Bandi? Der sagt: »In erster Linie bin ich Mensch. Warum dürfen wir hier in China eigentlich die Menschen nicht genauso lieben wie die Pandas?«

四害 *Si hai*

Die vier Übel. Oder: Von Ratten, Spatzen, Mücken und Fliegen

Es gibt im Pekinger Fernsehen eine Sendung mit dem Titel »Dokumentationen«. »Wir wollen heute über Naturschutz reden«, sagte der Moderator vor einiger Zeit. Es war die Geschichte eines Steinadlers zu sehen, der verletzt auf einem Feld im Süden von Peking gelandet war, wo ihn eine Bäuerin fand. Ein kleines Märchen nahm seinen Lauf: Die Bäuerin gab den Vogel in die Obhut dreier alter Tierärzte, die in den folgenden Monaten nichts unversucht ließen, das verletzte Tier wieder aufzupäppeln. Das Kamerateam verfolgte die rührenden Anstrengungen der drei über Monate hinweg: Der eine ging täglich lebende Mäuse einkaufen, die die Verkäuferin aus den Tiefen einer Tonne fischte und eine quiekende Handvoll über die Theke schob, der Zweite hielt dem noch immer unter Appetitlosigkeit leidenden Patienten zum Abendbrot ein vor Panik zuckendes Täubchen vor den Schnabel, der Dritte massierte ihm sanft den gebrochenen Flügel.

Schließlich war es so weit: Der Adler war gesund, nun sollte er freigelassen werden, vor laufenden Kameras, unter dem Applaus des ergriffenen Publikums. Nur warteten die Zuschauer vergebens auf die Bilder vom Flug in die Freiheit.

114

Stattdessen sahen sie einen Schnitt ins Studio und einen betroffen dreinblickenden Moderator, der verkündete, es sei »Schreckliches« geschehen. Man habe nicht bedacht, dass der Bezirk Fengtai sich ausgerechnet in jenen Tagen auf seinem alljährlichen Feldzug zur Rattenvernichtung befunden habe, und, was soll man sagen, es gereichte dem Steinadler nicht zum Vorteil, dass er seinen Appetit wiedergefunden hatte: Er stürzte vom Himmel, um sich einen der wie zum Verzehr ausgebreiteten Rattenleichname zu krallen, verschlang ihn und das Gift dazu – und verendete praktisch noch an Ort und Stelle. Der Beitrag endete mit Einspielungen der weinenden Bäuerin und der fassungslosen Retter. Zum Schluss machte die Studiokamera einen feierlichen Schwenk, und da stand er, der stolze Adler: mit scharfem Blick, in vollem Spann, den Bauch voller Sägespäne. Ausgestopft. Noch ist nicht vielen Umweltmärchen in China ein Happy End vergönnt.

Die Geschichte ist also eher ein Gleichnis, auch deshalb, weil bemerkenswerterweise in dem als Beitrag zur Umwelterziehung angekündigten TV-Stück die Moral von der Geschicht' überhaupt nicht thematisiert wurde: dass das Überleben stolzer Vögel etwas zu tun haben könnte mit einer Einstellung, die nichts dabei findet, Jahr für Jahr in staatlich organisierten Kampagnen für minderwertig befundene Organismen millionenfach zu vergiften, zu ertränken und zu erschlagen.

Ich bekenne nicht ohne Scham, selbst schon bei solchen Schlachtfesten mitgemacht zu haben, namentlich beim Kakerlakenjagen. Die Tierchen können in den wärmeren und feuchteren Gegenden Chinas aber auch erstaunliche Ausmaße annehmen, sodass selbst der wohlmeinende Insektologe ihnen das »-chen« auf der Stelle aberkennen und stattdessen einen Platz in der Hundehütte zuweisen wird. Als Mitbewohner werden sie spätestens dann unangenehm, wenn sie des Sommers durchs offene Fenster hereinsegeln, um einem hernach im Spitz des Halbschuhs aufzulauern, in den man morgens barfuß schlüpft, oder um einen des Nachts so kräftig in die Schulter zu zwicken, dass man mit einem Schrei aus dem Schlaf fährt und vor Schreck die Bettdecke durch das Zimmer schleudert. Ist mir beides passiert.

Neben ihrer Größe ist Zähigkeit die andere erstaunliche Eigenschaft dieser Kakerlaken: Da mag der stärkste Hufschmied seinen Hammer niederfahren lassen, da mag es knacken und spritzen – wer auch nur kurz den Raum verlässt, um einen Besen zu holen, der wird ihn bei seiner Rückkehr vor Überraschung fallen lassen: vom Opfer der Mordtat keine Spur. Hat sich fortgeschleppt, das platte Panzer-Eingeweide-Gemisch. Diese Andeutung von Unsterblichkeit verleiht dem Kampf Mensch – Kakerlake fast mythische Züge, und die Rüstung, die Chinas chemische Industrie ihrem Volk an die Hand gibt, trägt nicht zufällig poetische Namen. »Das letzte Abendmahl« heißt eines der bekannteren, aber bei Weitem nicht das wirkungsvollste Mittelchen: Nach Jahren von Experimenten können wir mit einiger Befugnis vermelden, dass die gemeine Kakerlake vielleicht einen Atomkrieg überleben mag, aber gewiss nicht jenes Pulver, welches in Peking verkauft wird unter dem stolzen Namen »King of Genozide«.

Es wird die Deutschen unter den Lesern interessieren, dass im ganzen Osten und Südosten Asiens keineswegs der eben beschriebene geflügelte Riesenbrummer als schlimmste Plage erachtet wird, sondern eine klitzekleine Küchenschabe von geradezu biblischer Vermehrungswut und dass diese in China, aber nicht nur dort, bekannt ist unter dem Namen »deutsche Kakerlake« (Blatella germanica).

Die jährlichen Feldzüge gegen das Getier werden in Chinas Städten von den »Patriotischen Komitees für Hygienekampagnen« generalstabsmäßig organisiert und mit flächendeckender Propaganda begleitet: Wandzeichnungen, Titelgeschichten in den Zeitungen, Aufmacher in den lokalen Fernsehnachrichten. Wir wissen, wann es so weit ist, wenn am Schwarzen Brett in unserem Hausflur wieder einer jener Aushänge der Hausverwaltung hängt, die ich gerne sammle und rahmen lasse. Der letzte lautete in etwa so: »Verehrte Hausbewohner! Wieder ist der eisige Winter vorüber. Wärme umflutet uns, und Sonnenschein ist uns gewogen. Der Frühling hält Einzug, es sprießen die Bäume, die Blumen blühen, und die Kakerlakenbrut hat einen Boom...« Für gewöhnlich endet ein solcher Aushang mit dem Appell, jede Familie möge so schnell als möglich zur Munitionsausgabe kommen und die ihr zugeteilte Ration an Kakerlaken- oder Rattengift abholen. Wer nicht auftaucht, wird telefonisch höflich an seine Jägerpflicht erinnert. Warum solche Hygienearbeit »patriotisch« heißt, ist nicht ganz klar, vielleicht verdächtigt man die Ratten ja ebenfalls der deutschen Nationalität. Dass sie sich nicht einzubilden brauchen, sie seien legitime Bewohner der Volksrepublik China, das jedenfalls hat schon Mao Zedong ihnen klarzumachen versucht.

Lange vor Mao hatte es in China einmal Daoisten gegeben, die glaubten, ein ideales Dasein führe der Mensch, der in der Natur aufgeht. Es gab Buddhisten, die wollten nicht, dass irgendeinem lebenden Wesen ein Haar gekrümmt wird. Und es gab die – in der Regel herrschenden – Konfuzianer, die nichts dabei fanden, die Natur zu benutzen und zu kontrollieren, denen aber dabei das rechte Maß über alles ging. Mao Zedong – Revolutionär, Utopist, Tyrann – brach mit allen. »Eine unerschöpfliche Freude«, sah der Dichter Mao darin, »mit Erde und Menschen zu ringen.« Beide wollte er formen nach seinem Willen, im Sinn hatte er das sozialistische Paradies – aber weder die Gesetze des Landes noch die der Physik. Mao spielte Gott. Mao führte Krieg. Gegen die menschliche Seele wie gegen die Natur.

»Wenn wir dem Berg befehlen, sein Haupt zu neigen, muss er das tun«, schrieb Mao Zedong 1958. Also befahl er die »Eroberung der Natur«. Mao blies zur Mutter aller Vernichtungsfeldzüge: Er rief sein Volk auf zur »Ausmerzung der vier Übel«. Für Mao waren das Fliegen, Mücken, Ratten und Spatzen. Und während es den Ratten damals schon böse erging, so konnten sie doch froh sein, dass ihnen der liebe

Gott keine Flügel geschenkt hatte, denn was die Chinesen in jenem Jahr mit ihren Spatzen machten, das sucht in der Geschichte seinesgleichen. Es ist ein im Wortsinne irres Beispiel dafür, was Mao meinte, wenn er sein Volk aufrief, es jenem »törichten Alten« nachzutun, der in der alten Sage eigenhändig einen ganzen Berg versetzt und damit der Natur zeigt, was eine Harke ist. Maos Spatzenjagd offenbarte zudem, wie groß die Kraft seiner Worte war, wie sehr sich China damals im Banne des Großen Vorsitzenden und in den Krallen seiner Organisation befand: Die Partei sprach »Tötet!«, und das ganze Volk ging vor die Tür, begab sich auf die Straßen und Felder, in den Händen all die Töpfe, Gongs und Trommeln, deren es habhaft werden konnte. Auf Kommando begannen alle ganz fürchterlich zu lärmen und zu krakeelen, tagelang – bis die verängstigten und erschöpften Spatzen, die sich in ganz China nirgends mehr zu landen trauten, tatsächlich tot vom Himmel fielen. Der Erfolg blieb nicht aus: Bald konnte sich das Land vor Insekten nicht mehr retten. Mao und die Seinen focht das nicht an. »Holt Getreide von den Berggipfeln«, jubelte die Propaganda, »holt Getreide aus den Seen.« Um die Natur brauchte man sich keine Sorgen zu machen: »Wenn die Menschen dem Vorsitzenden Mao gehorchen, wird die Erde ihnen gehorchen.« Die Erde dachte nicht daran, sie schickte zwischen 30 und 50 Millionen Menschen in den Hungertod.

Als Mao 1976 starb, hinterließ er ein gebrochenes Volk und ein geschändetes Land: nackte Hänge, wo einst dichte Wälder standen, Wüste, wo einst Grasland war. Erodierte Böden, gebrochene Dämme, kollabierte Ökosysteme. Stolz hatte die Partei während der Kulturrevolution (1966–1976) Maos Gedanken als »geistige Atombombe« bejubelt. Pech für China, dass er sie über seinem eigenen Land zündete. Bis heute kämpft das Land mit den Verwüstungen, die dieses Erbe nicht nur in seiner Erde, sondern auch in seiner Seele und seinem Geist hinterlassen hat.

Der Krieg gegen die Natur geht derweil weiter. Heute richtet das unkontrollierte Jagen nach Wirtschaftswachstum Schäden an, an denen noch Generationen zu tragen haben werden. Das Staatliche Umweltschutzamt Sepa in Peking selbst bezifferte die Kosten der Umweltzerstörungen in China auf zehn Prozent des jährlichen Bruttoinlandsprodukts – wenn man die Kosten ehrlich einrechnen würde, dann bliebe vom Wirtschaftswunder nicht mehr viel übrig. Optimismus sei »fehl am Platz«, gab Zhu Guangyao, der Vizechef des staatlichen Umweltamtes, düster zu Protokoll. Sepa warnt vor bis zu 150 Millionen Umweltflüchtlingen in den nächsten Jahren. Grasland versteppt, Seen kippen um, Flüsse trocknen aus, Gift sickert in Böden und Nahrung, und die Luft in den Städten ist derart, dass Marathonweltrekordhalter Haile Gebrselassie beim Olympiamarathon in Peking nicht antrat mit der Begründung: »Die Luftverschmutzung in China ist eine Gefahr für meine Gesundheit.« Nicht nur für seine. Einer gemeinsamen Untersuchung von Weltbank und Sepa zufolge sterben im Jahr 760 000 Menschen in China einen vorzeitigen Tod, weil ihre Luft und ihr Wasser verschmutzt sind. In der dann veröffentlichten Fassung des Berichtes fehlt die Zahl übrigens – die Weltbank musste sie auf Druck Pekings herausnehmen. Die apokalyptischen Warnungen der staatlich bestallten Umweltschützer von Sepa haben bislang wenig Folgen: In der Partei geben noch immer die den Ton an, die allein in Wirtschaftswachstumszahlen die neue Legitimation ihrer Herrschaft den Bürgern gegenüber sehen.

Natürlich gibt es auch unter Chinas Bürgern längst Natur- und Tierschützer. Gegen die Macht- und Wirtschaftsinteressen lokaler Funktionäre und Verwaltungen kommen sie nicht an, und Systemkritik ist ihnen ohnehin nicht gestattet, aber gegen das Wildern der tibetischen Antilope dürfen sie mittlerweile ebenso protestieren wie gegen das Schlachten von Bernhardinern. Die von Ausländern oft beklagte Gleichgültigkeit oder Grausamkeit gegenüber Tieren in China erklärte mir eine Pekingerin einmal so: »Wo Menschen so grausam behandelt wurden wie in unserem Land, wie soll man da Mitleid für die Tiere erwarten?« Ein Tierschutzgesetz gibt es bis heute nicht, doch fügte die Tierschützerin an, ihre Organisation verspüre ein zunehmend positives Echo von den Behörden.

Dem Baiji half das nichts. Der Baiji ist ein weißer Delfin. 20 Millionen Jahre lebte der Baiji auf dieser Erde, bevor der Mensch kam. Für den Baiji waren das die guten Jahre. Irgendwann vor vielleicht 20000 Jahren verließ er den Pazifischen Ozean, um in einem weitverzweigten Fluss- und Seengewässer zu siedeln. In süßem Wasser, fischreich und ohne Feind. Das ging so lange gut, bis der Mensch auf diesen Fluss stieß, ihn zuerst taufte auf den Namen »Langer Fluss« und ihn dann nutzte. Heute ist der Jangtze Sinnbild für Chinas Entwicklung: geschäftige Infrastrukturader, Heimat des gigantomanischen Dreischluchtendamms, Stolz der Parteiführung. Gleichzeitig ist er über weite Strecken eine Kloake: verschmutzt, vergiftet, tot. Eben noch war der Baiji neben dem Pandabären eines der Landesmaskottchen, nun ist er still und leise aus allen offiziellen Verlautbarungen verschwunden, die Regierung weiß wohl, warum: Im Jahr vor den Spielen fuhren 30 Wissenschaftler sechs Wochen den Jangtze hinunter, um die noch lebenden Baiji-Familien zu sichten und zu dokumentieren. Sie fanden keinen Einzigen mehr. Ihr Fazit: »Mit aller Wahrscheinlichkeit ausgestorben«. Als erster Delfin, als erste Walart seit dem Auftreten des Menschen auf der Erde.

红塔山 *Hong ta shan*

Der Berg der Roten Pagode

Zigarettenmarke, beheimatet in Chinas Südwestprovinz
Yunnan. Einst viele Jahre lang der wertvollste Markenname
Chinas, musste den Spitzenplatz erst 2003 abgeben, damals an
den global expandierenden Hausgerätehersteller *Haier* (heute
führen Chinas Internetkonzerne *Tencent*, *Alibaba* und *Baidu*
die Liste unangefochten an). Noch immer aber ist China der
größte Tabakmarkt der Erde: Hier rauchen schätzungsweise
350 Millionen Menschen – zu 95 Prozent Männer. Bislang fast
ausschließlich heimische Marken, berühmt sind etwa *Zhong-
hua* (»China«) oder *Xiao Xiongmao* (»Kleiner Panda«). Letztere
war Leib- und Magenlaster des – aus der Pandaheimat Sichuan
stammenden – verstorbenen Patriarchen → *Deng Xiaoping*.
Deng genehmigte sich zwei Päckchen am Tag und wurde
damit 92 Jahre alt – eine Tatsache, die nicht wenig beitrug zu
der in China bis vor Kurzem populären Annahme, Rauchen
sei der Gesundheit zuträglich (viele Jahre hieß Chinas erste
Fußballliga nach ihrem Sponsor offiziell »Marlboro-Liga«).
Rauchen ist in China auch sozialer Akt, in der Provinz wird
einem nicht selten die Zigarette noch immer vor dem Hand-
schlag angeboten. Mittlerweile informiert die Regierung ihr

Volk über die Gefahren des Rauchens, was ihr nicht leichtfällt, da die Tabakindustrie einer der größten Steuerzahler des Landes ist. Die Stadt Peking hat ein Rauchverbot erlassen für Restaurants, Kneipen und Hotels, geraucht wird trotzdem. Die exklusiven »Kleinen Pandas« waren jahrzehntelang den Mitgliedern des Herrscherzirkels vorbehalten, erst nach dem Tod Dengs wurden sie auch gemeinen Chinesen käuflich zugänglich: das Päckchen zwischen 25 und 35 Yuan. Es gibt andere, für die zahlt man gerade mal einen Yuan fünfzig, einen schönen Namen haben sie alle. Eine Traditionsmarke ist etwa das »Rote doppelte Glück«, neuere Schöpfungen nennen sich »Shangri-la« oder »Viagra« (chin. *Wei ge*, wörtl.: »Mächtiger Bruder«).

过节 *Guo jie*

Feiern. Oder: Der essbare Mond

Chinesen essen nicht nur Schwalbennest und Haifischflosse, sie essen auch den Mond. Zu dem haben sie ohnehin ein viel innigeres Verhältnis als wir Sonnenkinder: Obwohl China es uns seit dem Sturz des Kaiserhauses im Jahre 1911 offiziell gleichtut und seinen Kalender wie wir nach dem Sonnenjahr ausrichtet, spielt im Alltag der Chinesen der alte »Mond-« oder »Bauernkalender« noch eine große Rolle: Nach dem Mondkalender werden nicht nur die großen Feste wie Neujahr oder das Mitherbstfest gefeiert, viele traditionsbewusste Chinesen richten wie selbstverständlich auch persönliche Verrichtungen – Haarschnitt, Kreditaufnahme oder Eheschließung – an Segen verheißenden Tagen des Mondkalenders aus. In China schmäht der Staat solche Dinge offiziell noch immer als gefährlichen Aberglauben, auf Taiwan aber drucken die Zeitungen täglich Kolumnen, die ihren Lesern mitteilen, der Stand des Mondes mache den heutigen Tag ideal zum »Schuldeneintreiben und Hausbauen«, aber schlecht zum »Öfeninstallieren« (ich schlug in Taipei am Frühstückstisch auch schon die Zeitung auf, nur um zu lesen: »Es ist heute ein guter Tag für: nichts«). In den letzten Jahren erleben solche in bäu-

123

erlicher Mondbeobachtung wurzelnden Bräuche auch bei uns eine Renaissance: Schon schneiden sich auch in Deutschland manche Leute wieder die Fingernägel in der einen und säen ihren Schnittlauch in der anderen Mondphase, aber so selbstverständlich wie den Chinesen ist uns die Macht des Mondes noch lange nicht.

Seit mehr als einem Jahrtausend schon backen die Chinesen ein Küchlein so rund und leuchtend wie der Mond in seiner feinsten Nacht; im traditionellen Kalender ist das die, die den fünfzehnten Tag des achten Monats beschließt. Tief im Herbst, wenn die Natur stirbt, was die alten Chinesen zum Anlass nahmen, auch ihre Hinrichtungen in diese Zeit zu legen. Das Feiern vergaßen sie darüber keineswegs. Am Abend jenes Tages, wenn der Mond am weitesten von der Erde entfernt ist, begeht China das Mondfest. Bei klarem Himmel versammeln sich die Leute in Parks und auf Terrassen. Kinder tragen Lampions, Erwachsene kramen nach mondlichtgetränkten Versen, und alle zusammen halten Ausschau nach dem zahlreichen Volk, mit dem die chinesische Mythologie den Mond besiedelt hat: Neben der Kröte wohnen da zum Beispiel noch ein Hase und natürlich Chinas Frau im Mond, eine Dame namens Chang E, die aus Versehen ihrem Gatten den Unsterblichkeitstrunk weggetrunken hatte und daraufhin durchs Fenster schwebte und auf den Erdtrabanten floh. Chang E ist zur Namensgeberin der ersten Mondsonde erkoren worden, die der Raumfahrtnation China bald neuen Ruhm bringen soll.

Die Chinesen besingen an diesem Abend den Mond am Firmament und verspeisen sein Ebenbild auf Erden. Schon von den Edelfräulein der Tang-Dynastie (618–907) wird berichtet, sie hätten sich das Lustwandeln unterm Vollmond mit Küchlein versüßt. Jeder Biss in einen der kaum handtellergroßen Kuchen ist eine Überraschung: Zwar wird man meist auf eine Füllung aus Zucker und Lotussamen oder Bohnenpaste stoßen, doch mittlerweile sind alle Zutaten erlaubt:

Nüsse, Datteln oder Vanilleeis von Häagen-Dazs ebenso wie Kaffee, Schinken oder Speck. Mondkuchen funktionieren nach dem Überraschungs-Ei-Prinzip und sind etwas für Abenteurernaturen: Zimtblütenpaste? Bohnenmus? Auweia, diesmal Schweinefleisch und Entenei.

Und während in den Wochen vor dem Fest die Läden und Kaufhäuser unter Pyramiden von Mondkuchenkartons verschwinden, so ist es eines der Mysterien des modernen China, dass man kaum jemanden findet, der sie gerne isst: »Scheußlich!« oder »Pappsüß!«, sind häufige Reaktionen unter chinesischen Bekannten, stets gefolgt von einem schicksalsergebenen Seufzer. Die Mondküchlein verkleben Magen und Appetit auf Tage hinaus. Dabei sind sie von einer Dichte, die jedem schwarzen Loch gut anstünde: Hätten sie eine Aussparung in ihrer Mitte, eigneten sie sich auch gut als Hantelgewicht.

Als hätte es nicht genug Gründe gegeben, die Mondkuchen nicht zu mögen, erschütterte auch noch ein Skandal das Land: Die traditionsreiche Großbäckerei Guang Sheng Yuan in Nanjing, berühmt für ihre Küchlein seit mehr als achtzig Jahren, wurde dabei ertappt, wie sie es mit der Sparsamkeit übertrieb und die übrig gebliebene Füllung vom letzten Jahr in die neuen Küchlein stopfte. Die Mondkuchenverkäufe in ganz China brachen auf diese Enthüllung hin zusammen, eine Katastrophe für eine Industrie mit einem Jahresumsatz von zuvor immerhin 20 Milliarden Yuan (hernach waren es nach Auskunft der chinesischen Bäckervereinigung noch acht bis neun Milliarden Yuan). Mir kam es so vor, als habe das halbe Land nur auf einen Grund gewartet, die Mondküchlerei endlich über Bord zu werfen und sich dabei recht dankbar auf den Skandal zu berufen. »Mondkuchen sind ein Opfer von Chinas Modernisierung«, meinte einer unserer Freunde. »Vieles, was wir als Kinder geliebt haben, finden wir heute schauerlich.«

Ein besonderes Motiv der Abneigung hat der Pekinger TV-Produzent Ying Da: ein Kindheitstrauma. »Ich hasse

Mondkuchen, seit ich denken kann«, sagt Ying Da, sonst ein gemütlicher Charakter, der China die ersten Sitcoms geschenkt hat.

Ying Das Abneigung rührt daher, dass die Küchlein zu alledem noch ein Symbol für Fremdenfeindlichkeit sind. Oder für die patriotische Ermannung des Volkes – je nachdem, auf welcher Seite man steht. Es gibt da eine Legende, die aufs 14. Jahrhundert zurückgeht, als China unter der nicht zimperlichen Herrschaft der Mongolen zu leiden hatte. Chinesische Rebellen sollen sich damals auf eine besondere Weise zum Aufstand verabredet haben: Sie buken einen Zettel in die Mondkuchen ein – die geheime Nachricht auf dem Zettel ist Kindern noch heute als Vers geläufig: »Am 15. des achten Monats tötet die Tataren!« Tataren, das meinte die Mongolen – und ging als chinesisches Schimpfwort später auf das Volk der Mandschuren über, ebenfalls reitende Nomaden aus dem Norden, die China die Qing-Dynastie (1644–1911) bescherten.

Heute, nicht einmal ein Jahrhundert nach ihrem Sturz, sind die Mandschus fast völlig mit den Han-Chinesen verschmolzen, doch Sitcom-Produzent Ying Da war sich als Kind seiner Herkunft aus einer Mandschu-Familie stets bewusst. »Immer zum Mondfest hatten die anderen Kinder einen Spaß daran, ›Tötet die Tataren‹ zu rufen«, erzählt er. »Ich werde den Mondkuchen keine Träne nachweinen.«

Mondkuchen sind heute dazu da, um verschenkt zu werden. Nicht nur an Freunde. Was sich da nicht noch alles findet in den edel verpackten Kartons: Mal ein Päckchen Tee, mal eine Goldmünze, auch Armbanduhren und Mobiltelefone purzelten schon heraus – ein diskreter Weg, einem Bekannten in der Verwaltung oder einem Vorgesetzten seine Wertschätzung zu erweisen. Ämter und Betriebe kaufen die Mondkuchenkartons zu Hunderten. Beim Schanghaier Produzenten Yuanchu sehen sie die Entwicklung jedenfalls gelassen. »Mondkuchen zu essen ist nicht länger ein Muss«, freute sich der Marketingmanager Qiao Keqin, »aber sie zu verschenken ist eines geworden.«

Wichtiger als das Mondfest noch ist das Frühlingsfest. Der eine Tag im Jahr, an dem sich die ganze Familie zum Festmahl im eigenen Heim versammelt, ist Chinas Silvesterabend, der Abend vor Neujahr im chinesischen Mondkalender. Es ist also eigentlich das Neujahrsfest, aber als China nach dem Sturz des Kaiserreiches 1912 den gregorianischen Kalender übernahm, da benannte man es um in »Frühlingsfest«. Es ist das größte Fest der Chinesen. Man stelle sich vor, unser Weihnachten und Ostern fielen auf einen Tag, dann bekommt man eine Ahnung von dem familiären Aufruhr, der die Chinesen dann überfällt. Im Mittelpunkt der Schlemmerei in der Silvesternacht steht in Peking und Nordchina eines der simpelsten und billigsten Gerichte überhaupt: die *jiao zi*, jene Vorfahren der italienischen Ravioli.

Das Lustige an den Frühlingsfest-*jiao-zi* ist, dass man die Köchin mit der Vorbereitung nicht allein lässt: Alle helfen mit. Meist trifft man sich am späten Nachmittag bei den Eltern oder dem ältesten Bruder. Man stellt die mitgebrachten Geschenke – Obst, Zigaretten oder teurer Reisschnaps aus Maotai – in die Ecke, schnappt sich einen Hocker und hilft beim *bao jiao zi*, beim *jiao-zi*-Machen. Dazu muss man ein kreisrundes Teigplättchen möglichst geschickt um einen Löffel voll Füllung quetschen. Man erzählt sich die neuesten Witze über den Staatspräsidenten und wetteifert in Geschicklichkeit: Idealerweise ähnelt das fertige *jiao zi* dem Halbmond am Himmel, Profis schaffen das lässigerweise allein dadurch, dass sie die Zutaten auf die Handfläche legen und die Hand dann – schnapp – zur Faust ballen. Anwesende Ausländer, die unter Aufbietung aller Konzentration amöbenähnliche Teigmonster abliefern, werden mit aufmunternden Worten bedacht und lösen schon bald den Präsidenten als Objekt der Späße ab. Essen müssen sie ihre kümmerlichen Kreaturen später selbst. *Jiao zi* gibt es in unzähligen Kreationen: mit

Rinderhack und Zwiebel, mit Schweinehack und Fenchel, mit Schnittlauch und Ei, mit Spinat, Pilzen, Shrimps usw. Zum Frühlingsfest findet meist die klassische Füllung Verwendung: gehacktes Schweinefleisch und Kohl, gewürzt mit Ingwer, Frühlingszwiebeln, Salz und Pfeffer.

Gegessen wird oft zweimal: Ein dutzendgängiges Bankett mit Fleisch, Fisch und Gemüse läutet den Abend ein. Um Punkt zwölf Uhr dann, nach den ersten Runden Mahjongg, nach gemeinsamem Lachen, Staunen und Lästern über die Silvestergala des Staatsfernsehens – der TV-Event des Jahres –, werden die Teigtaschen ins sprudelnde Wasser geworfen. In dieser Sekunde kreuzen sich altes und neues Jahr, dann macht der Affe dem Hahn Platz und ein Jahr später der Hahn dem Hund. Zunächst isst man ein paar kalte Vorspeisen – geröstete Erdnüsse, kalter Braten, angemachtes Schweineohr oder in Streifen geschnittene, eingelegte Qualle –, dann widmet man sich den dampfenden *jiao zi*, zu denen jeder sich nach eigenem Geschmack einen Dip mischt aus Essig, Sojasoße, Knoblauch und Chili.

Nach Mitternacht können sich die Glücklichen, die in den Vorstädten leben, aufmachen, um beim Neujahrsfeuerwerk mitzuzündeln. Innerhalb der vierten Ringstraße hat die Pekinger Stadtregierung nämlich jegliches Böllern streng verboten. Und das in der Hauptstadt der Nation, die den Spaß immerhin erfunden hat. Ich hielt das Verbot lange für eine typische Spielverderberei der Pekinger Bürokraten – bis mich eine Freundin eines schönen Silvesterabends zu sich einlud. Sie wohnt nahe beim Flughafen, und was wir nach dem *jiaozi*-Essen auf einem verlassenen Bauplatz erlebten, hatte mehr Ähnlichkeit mit einem außer Kontrolle geratenen Manöver der Volksbefreiungsarmee als mit mir bekanntem Neujahrstreiben. Im Unterschied zu einfachen Soldaten waren die Leute auf dem Bauplatz freilich erstens schärfer bewaffnet und zweitens sturzbetrunken, auch standen sich nicht bloß zwei feindliche Parteien gegenüber, stattdessen wogte ein anarchistisches Jeder gegen Jeden. Viel hab ich von der Schlacht nicht mitbekommen: Als eine knapp über dem Boden horizontal dahergeschossene Rakete mit kläglichem Heulen ausgerechnet in unserem als Munitionsdepot dienenden Umzugskarton verendete, da verkroch ich mich für den Rest des Tobens hinter einem am Rand geparkten Jeep. Dort fanden mich meine vom winternächtlichen Spiel rotwangigen, vor Ausgelassenheit lachenden chinesischen Freunde eine Stunde später: die Hände über den Ohren, die Augen fest geschlossen, den Körper zusammengekrümmt.

Als wäre ich einer jener Geister, die es zu vertreiben galt.

京骂 *Jing ma*

Der Peking-Fluch

Nein, keine Verwünschung aus düsteren Kaisergrüften, vielmehr Obszönitäten, frisch aus der Hauptstadt. Die Pekinger sind berühmt für ihre nicht stubenreinen Flüche, die Stadtregierung schämt sich dafür. Populärstes Exempel ist der Ausruf »*Sha bi*!«, der die Herabwürdigung des gegnerischen Intellekts verbindet mit einer Vulgärbeschreibung der weiblichen Unterleibsanatomie. *Sha bi!* ist ein enger Verwandter des Beifallschreis *Niu bi!* (dt.: geil, super, krass), welcher mit dem Unterleib des weiblichen Rindes vorliebnimmt. *Sha bi!* wie *Niu bi!* entfalten ihre ganze Kraft, wenn sie zehntausendfach durchs Fußballstadion hallen. Den Oberen ist's ein Graus, und so müht sich das städtische → *Amt für geistige Zivilisation* ebenso redlich wie vergeblich an der Umerziehung der Bürger. »Sagt Nein zu Peking-Flüchen!«, leuchtet es mittlerweile vor Beginn eines jeden Fußballspiels von der Videoleinwand des Arbeiterstadions. »*Sha bi*!«, schallt die Antwort von den Rängen. »Verfolgt zivilisiert das Spiel!«, lautet der nächste Slogan. »*SHA BI! SHA BI!*«, brüllen freudig zehntausend Kehlen. Das *Amt für g. Z.* möchte die Fans überreden, in gemeinsamer Ersatzhandlung »fröhliche Lieder« zu singen. Die Fans verweigern sich kollektiv und lustvoll. Die Peking-Flüche sorgten während der Fußball-WM 2002 für einige Verlegenheit, als sie im »Fifa Football«, dem offiziellen Computerspiel zur WM, auftauchten. (Bis heute bleibt 2002 das einzige Mal, dass Chinas Nationalmannschaft die Qualifikation zu einer Weltmeisterschaft schaffte.) Der amerikanische Hersteller des Spiels verteidigte sich lapidar, man habe die Soundkulisse für jede Nation »vor Ort und live« eingefangen.

素质 *Su zhi*

Qualität und Klasse.
Oder: Einwohnerveredelung

Das chinesische Wort für »Staat«, *guojia*, heißt eigentlich »Staatsfamilie«. Es stehen hier auch an der Spitze des Staates Patriarchen (ein Kaiser, ein Politbüro), die für ihre Kinder (das Volk) zu sorgen haben. So unwahrscheinlich das klingen mag, aber als der Kommunismus nach China kam, konnte er auch deshalb triumphieren, weil er uralte chinesische Utopien aufzunehmen schien.

Chinas Überlieferung weist dem Herrscher vor allem zwei Aufgaben zu. Das eine ist die leibliche Fürsorge für das Volk. Vielleicht waren die Kommunisten die erste Regierung in der chinesischen Geschichte, die den theoretischen Anspruch der alten Denker an den idealen Regenten einlöste: Ein jeder Chinese erhielt seine »eiserne Reisschüssel«. Nie schien China, für ein paar Jahre wenigstens, den alten Träumen vom »höchsten Frieden« (*tai ping*) und der »großen Gleichheit« (*da tong*) näher. Daher rührt die Sentimentalität, mit der heute nicht wenige einfache Chinesen an die Jahre unter Mao zurückdenken: »Zu Mao Zedongs Zeiten wohnten wir auf dreißig Quadratmetern, heute haben wir einhundert – trotzdem war es damals besser«, sagte mir ein Beamter der Provinz

Ningxia. »Weil wir damals alle gleich viel hatten. Neben uns leben heute Kollegen von mir in 150-Quadratmeter-Wohnungen – soll ich das nicht ungerecht finden?« Der Beamte, ein freundlicher Mittfünfziger, stammte ursprünglich aus Peking – und war nur deshalb in der bitterarmen Wüstenprovinz Ningxia gestrandet, weil er als Jugendlicher unter Mao dorthin zwangsverschickt worden war. Die Gleichheit in Armut von damals wog in seinen Augen jedoch offenbar den Irrsinn und die Brutalität von Maos Politik mehr als auf.

Noch heute spielt Chinas Regierung auf dieser Klaviatur – wenn sie westliche Kritiker bescheidet, erst einmal müsse sie alle Chinesen »warm und satt« kriegen, bevor an Menschenrechte zu denken sei. Die »Lösung des Warm-und-Satt-Problems« (*wen bao wen ti*) ist eine Standardfürbitte auf den Parteitagen der KP.

Wenn der Untertan dann einmal satt ist, sehen sich Chinas Herrscher und die ihr zuarbeitende Elite berufen, ihn zu erziehen. Einst war China die Zivilisation, und die Zivilisation war China. Dies war das Reich der Mitte. Das Zentrum der zivilisierten Welt. Die Sonne, die Licht, Weisheit und Zivilisiertheit ausstrahlte ins bekannte Universum. Quell dieses Lichts war der Herrscher, der Himmelssohn: im konfuzianischen Ideal ein Ausbund an Tugend, dessen Charisma die Menschen von nah und fern anzog und seine Untertanen durch die Macht des rechten Vorbildes allein auf den rechten Weg führte. Der edle Mensch handelte korrekt und moralisch, war höflich und zivilisiert, nicht um wie in Europa einem Gott zu gefallen – sondern weil er dadurch der Familie und dem Staat, der Welt und dem Universum zur rechten Ordnung verhalf.

Die Kaiser mahnten ihr Volk in zahlreichen Edikten zu kindlicher Pietät und Keuschheit und errichteten vorbildlichen Frauen, die sich beim Fall ihrer Stadt lieber entleibt hatten, als dem Feind in die Hände zu fallen, »Keuschheitstore«, die man noch heute besichtigen kann. So entstand der

Mythos vom höflichen Chinesen. Dann kamen die Kommunisten. Sie stürzten die alte Ordnung, verbrannten die alten Bücher, trieben die alten Gelehrten in den Tod und hetzten in der Kulturrevolution Kinder gegen Eltern, Ehemann gegen Ehefrau. Seither wundern sich Chinabesucher, warum Chinesen in der Öffentlichkeit fluchen, spucken und einander vor Fahrkartenschaltern die Ellbogen in die Rippen rammen. Weil aber aus den kommunistischen Revolutionären mittlerweile brave Reaktionäre geworden sind, haben auch sie gemerkt, dass da etwas schiefgelaufen ist. Jetzt mühen sie sich angestrengt, den alten Herrschern gleich ihrem Volk wieder Tugend einzuflößen. Die Kommunisten wollen dem Volk nun das Fluchen austreiben. Und das Vordrängeln. Und das Einkaufen im Schlafanzug. Deshalb gibt es im ganzen Land die »Komitees für patriotische Hygienekampagnen« und »Ämter für geistige Zivilisation«, deshalb gibt es in Peking die »Hauptstädtische Behörde für die Förderung der Moral«. Und deshalb findet man alle zwei Tage solche Schlagzeilen im Parteiblatt »Volkszeitung«: »Hebt die Qualität (*su zhi*) der Bürger an!«

Die Seufzer kreisen stets um das Wort *su zhi*, welches eine Melange aus Charakter, Bildung, Takt und Tugendhaftigkeit meint: alles, was den Menschen zu einem vermeintlich feineren Bürger macht. Zwei Gruppen mahnen heute die Untertanen am dringendsten, sich zu besseren Chinesen zu wandeln: a) Parteifunktionäre, oft selbst von niederem Stand und ebenso niederer Standfestigkeit, und b) Intellektuelle, gewöhnlich von besserer Herkunft und gleichzeitig traditionell von besonderer Fingerfertigkeit in der Technik des *pai ma pi*, des unterwürfigen »Pferdearsch-Streichelns« – was uns dann wiederum zu a) führt, weil die dicken Ärsche auch in China den mächtigen Herren gehören. Aber selbst Chinas versprengte Demokraten geben die Schuld am schleppenden Fortschritt ihrer Mission nicht selten der mangelnden *su zhi* des ihnen stets entschlüpfenden Volkes. Die Klagen gelten oft

Chinas Landbevölkerung, die noch immer mehr als zwei Drittel aller Chinesen stellt.

Von den Klageführern gern angeführtes Symptom fehlender Klasse ihres Volkes ist zum Beispiel der Zustand der öffentlichen Toiletten, ein Makel, den die Regierung unter anderem mit der Ausrichtung des vierten »Welttoilettengipfels« in Peking offensiv anzugehen suchte, auf dem etwa der Vorsitzende der taiwanischen Toilettenvereinigung referierte zum Thema »Das humane Klo«. Lange Jahre beschämender noch: das hartnäckige Ausbleiben des ersten Nobelpreises für das Land, oder vielmehr des ersten Nobelpreises, der der Regierung in den Kram passte. – Den Nobelpreis für Literatur im Jahr 2000 an den im Pariser Exil lebenden Gao Xingjian ignorierte sie ebenso hartnäckig, wie sie den Friedensnobelpreis an den inhaftierten Essayisten und Bürgerrechtler Liu Xiaobo im Jahr 2010 als »Blasphemie« verdammte. Liu, so die amtliche Nachrichtenagentur Xinhua, sei nichts als ein »verurteilter Krimineller«. (Liu Xiaobo starb im Sommer 2017 an Leberkrebs – der erste in staatlichem Gewahrsam zu Tode gekommene Nobelpreisträger seit Carl von Ossietzky. Ossietzky war 1938 in den Händen der Nazis und unter den Augen der Gestapo in einem Krankenhaus an Tuberkulose gestorben.)

Außerdem stört die beamteten Sittenwächter das ungenierte Spucken.

Es kann einen überall ereilen. Des Morgens, im Liegewagen nach Suzhou etwa, kann es dem Chinareisenden passieren, dass er geweckt wird von einem Chor frisch ausgeschlafener kleiner Drachen, die sich über Waschbecken und Spucknäpfen mit Feuer und Kraft die Kehle freimachen. Dass Ihnen vergönnt ist, einer Könnerkehle beizuwohnen, erkennen Sie für gewöhnlich an dem schmeichelnden Gurren, mit dem eine solche sich sammelt: Es ist Vorspiel und Signal zugleich und sollte Ihnen Warnung sein, nun Deckung zu suchen. Nicht mehr lang, und das Gurren schwillt an zu drohendem Gurgeln und Röhren, einem startenden Flugzeug nicht unähnlich. Wird schließlich, im gemeinsamen Hauruck fleißiger Muskeln von Bauch bis Gaumen, in ein fauchendes Crescendo gepresst. Dann, urplötzlich stoppt das Fauchen, für einen Lidschlag nur – um endlich in erlösender Eruption die Flugbahn freizugeben. Im Normalfall haben Sie zu dem Zeitpunkt schon das Weite gesucht oder Ihren Kopf unter dem Tischtuch vergraben, sodass Sie das Aufklatschen nur mehr als fernes Echo vernehmen.

Die Gewohnheit ist alt, »tief verwurzelt«, wie Chinas Zeitungen klagen. Schon der Abgesandte der britischen Krone, Lord MacCartney, notierte bei seinem Pekingbesuch 1793 beeindruckt, wie kaiserliche Mandarine »gnadenlos durch die Gemächer spucken«. Heute schämen sich die Mandarine dafür und möchten es ihrem Volk abgewöhnen. Nicht das erste Mal. Alle paar Jahre polieren die Saubermänner ihre Kanonen: »Es gilt einen Gedanken zu verankern«, schrieb beim letzten Feldzug ein Beamter der Kantoner Stadtverwaltung in der »Yangcheng-Abendzeitung«: »Spucken ist illegal!« Überall im Land setzten Städte die Strafen herauf: 50 Yuan kostet es in Kanton und Peking, wenn einer erwischt wird.

Wenn.

So einfach ist das nämlich nicht. Spurensicherung (die Regeln in Kanton verlangen ein Foto vom Tatort) und Beweisführung bereiten so viel Kopfzerbrechen wie die Bestrafung selbst: »Manche laufen davon, andere rufen: Geld hab ich! Bestraf mich doch! und werfen die Scheine unter unflätigen Bemerkungen zu Boden«, berichtet der Beamte Huang. Den meisten will einfach nicht in den Kopf, was an dem Brauch falsch sein soll. Der Alte im Pekinger Sonnenaltarpark etwa, der vor unseren Augen in hohem Bogen das Unkraut wässert. »Mich hat es halt im Hals gekratzt, na und?«, sagte er schulterzuckend.

In einer Pekinger Zeitung machten sie Werbung für eine Hotline gegen »unangemessenes Spucken«. Wenn man unter

68 51 61 10 anrief, meldete sich Frau Ye vom Oststadt-Überwachungsteam. Was also machen Sie, wenn ich jetzt einen Übeltäter melde, Frau Ye? »Dann schicken wir sofort eine Mannschaft los, in einer halben Stunde sind die da.« Ist da der Kerl nicht längst über alle Berge? »Dann stellen wir vielleicht ein Schild auf: Spucken verboten!« China ist übersät mit solchen Schildern, die meisten haben schon vor Jahren Rost angesetzt: Der Kampf gegen die Unsitte ist so alt wie die Republik. Sun Yat-sen, der Kaiserstürzer, wetterte in den Zwanzigerjahren des letzten Jahrhunderts ebenso gegen wildes Spucken (*luan tu*) wie später Deng Xiaoping, der Architekt von Chinas Öffnung. Es war vielleicht nicht hilfreich, dass Deng selbst vor Staatsgästen den leidenschaftlichen Spucker hervorkehrte, immerhin traf der zielsichere Patriarch stets seinen Spucknapf. Deng hing einem Glauben an, der auch in Europa lange Zeit Anhänger fand und in China heute noch verbreitet ist: dass man den Körper regelmäßig von aufgestauten Säften und Gasen befreien müsse – weshalb Spucken, nicht anders als Rülpsen und Furzen, der Gesundheit zuträglich sei.

Um fair zu sein: All das ist weniger geworden in den letzten Jahren. Es gibt immer mehr Konvertiten wie jenen Bekannten von uns, dem die Freundin die Angewohnheit vor fast einem Jahrzehnt ausgetrieben hat. »Das ist schon ein Erlebnis«, schwelgt er in Erinnerungen, »wenn man im Zug sitzt, und durch das offene Fenster kommt einem das entgegengeflogen, was der Mann zwei Reihen weiter vorne gerade hinausbefördert hat.«

Unser Bekannter leitet heute eines der besten Restaurants Pekings. Die Regierung belässt es heute nicht bei Strafen, sie appelliert an den Sinn für Hygiene. Die »Abendzeitung« druckte Antispuckgedichte (»Spucken ist sehr ungesund / böse Viren lauern tief im Schlund«) und verteilte kostenlos kleine Plastikbeutel – mobile Spucknäpfe gewissermaßen. Die Presse hat es in der Volksrepublik stets so gehalten wie die ihr einflüsternde Regierung – und sieht noch heute eine wesentliche Aufgabe in der sittlichen Belehrung ihrer Leser. Die »Pekinger Jugendzeitung«, die beste und meistgelesene Tageszeitung der Hauptstadt, veröffentlicht jeden Tag einen Cartoon unter der Überschrift »Zur Zivilisiertheit fehlt uns noch dieses bisschen«. Da sieht man dann zum Beispiel einen jungen Mann, der beim Einsteigen in den Bus links und rechts je einem Großmütterchen den Ellbogen in den Bauch rammt, was eindeutig nicht zivilisiert ist und im beistehenden Kommentar gebotenen Tadel erntet.

Haben all die Anstrengungen Erfolg? Mitten in der Hochzeit der Antispuckkampagne konnten wir an einem einzigen Tag beim Gesetzesübertritt beobachten: eine schicke, junge Verkäuferin aus der Tür ihrer Boutique heraus, einen Offizier vor den Augen seiner marschierenden Milizionäre sowie einen Radler direkt vor unsere Füße. Finden Sie alles ganz schauerlich? Sie gehören nicht zufällig zu jenen Leuten, die stets ein kleines quadratisches Tuch aus Papier oder Stoff bei sich tragen, um sich darin bei Bedarf die Nase zu schnäuzen, vielleicht am Esstisch gar, um alsdann den Auswurf zu einem Päckchen zu falten, welches Sie anschließend in die Hosentasche stecken und den ganzen Tag mit sich herumtragen? Oder lecken Sie vielleicht ab und zu die Briefmarken, die Ihnen die Pranke des Postbeamten gerade über den Schalter gereicht hat, mit der Zunge ab? Das finden Chinesen nämlich schauerlich. »Und mal ehrlich«, sagte mir unser Freund, der bekehrte Wirt: »Bei euch in Europa spucken sie doch genauso. Ich seh's bei jedem Fußballspiel: in Zeitlupe und Nahaufnahme.«

Spucken und Fluchen sind Nummer eins und zwei auf einer offiziellen Liste von schlechten Angewohnheiten, die die Stadt Peking ihren Bürgern austreiben möchte. In ihrem Bemühen um den olympiatauglichen Pekinger überraschte die Stadt ihre Bürger ein Jahr vor den Spielen mit dem Slogan »Es ist zivilisiert, Schlange zu stehen, es ist glorreich, höflich zu sein.« Gleichzeitig erklärte das *Amt für geistige Zivilisation* den Elften jedes Monats zum »Schlangesteh'-Tag«. »An diesem Tag werden die Bürger von nun an ermuntert, ordentlich anzustehen, anstatt sich vorzudrängeln«, erläuterte die Nachrichtenagentur »Xinhua«. »Wir sind die olympischen Gastgeber und sollten bei Besuchern von zu Hause und aus dem Ausland einen guten Eindruck hinterlassen«, zitierte »Xinhua« damals eine begeisterte Bürgerin namens Li. Ein paar Monate später dann erklärte das Amt, von nun an sei in Peking der 22. jedes Monats der »Platz-geb-Tag«: der Tag, an dem die Leute in Bus, Zug und U-Bahn ihren Sitzplatz an Alte, Schwangere und Behinderte weitergeben sollen. Und wieder zitierte »Xinhua« eine begeisterte Bürgerin: »Wir sind die olympischen Gastgeber und sollten bei Besuchern von zu Hause und aus dem Ausland einen guten Eindruck hinterlassen«, sagt die Dame. Diesmal heißt sie Bai. Zumindest das mit dem Schlange stehen hat übrigens funktioniert: In Pekings U-Bahn wird mittlerweile geradezu vorbildlich angestanden, und wenn mal wieder einer dazwischen springt und einem den Ellbogen gegen das Kinn rammt, dann ist das für gewöhnlich ein untrainierter Auswärtiger.

Peking und Shanghai nehmen zudem allerlei Gepflogenheiten aufs Korn, die auf den Listen nicht erwähnt sind. Die Hauptstadt zum Beispiel blies einen Sommer lang zur Jagd auf die *bang ye*, die »Oben-ohne-Kerle«: vornehmlich Familienväter und Opas, die an heißen Sommertagen mit hochgerolltem Hosenbein und entblößtem Oberkörper vor ihrer Hütte in der Altstadt sitzen, weil es ohne Klimaanlage im Haus kaum auszuhalten ist. Dabei klatschen sie sich abwechselnd mit der einen Hand auf den stolzen Bauch, wie um sich zu vergewissern, dass er noch da ist, und fächeln ihm mit dem Bambusfächer in der anderen Hand Kühlung zu. So hielten das wahrscheinlich schon ihre Großväter unter der Mongolenherrschaft, und so würden es wahrscheinlich noch ihre Enkel halten, hätte nicht in jenem Sommer die »Pekinger

Jugendzeitung« unter dem Beifall der Behörden beschlossen, Besuchern der Stadt in Zukunft den Anblick nackter Pekinger Bäuche nicht mehr zu gönnen. Es rückten Scharen von Freiwilligen und Reportern aus, um die zunächst völlig verblüfften Männer in Vor-Ort-Belehrungen über den Tatbestand der »Unzivilisiertheit« zu informieren und ihnen sodann ein ihre Mannespracht verhüllendes T-Shirt aufzunötigen. Auf dem T-Shirt stand: »Ein zivilisiertes Peking fängt bei mir an.« Als ich in jenen Wochen eine Fahrradtour durch die *hu tongs*, die alten Gassen, unternahm, konnte ich meine Kamera kaum aus der Tasche nehmen, ohne dass nicht sofort wenigstens drei *bang yes* hinter einen Kohlehaufen gehechtet wären. »Keine Fotos! Sonst kommen wir in die Zeitung und werden kritisiert, weil wir Peking ein schlechtes Image geben«, rief mir einer zu mit sichtbarer Panik in den Augen.

Während sie in Peking den Leuten etwas zum Überwerfen aufzwingen, versucht zur gleichen Zeit in Schanghai die Regierung, ihren Bürgern ein Kleidungsstück vom Leibe zu reißen: den Schlafanzug. Nicht, dass man im Rathaus dort grundsätzlich etwas gegen Pyjamas hätte. Nur auf der Straße will man sie nicht haben. Schließlich wäre man so gerne Weltstadt. Den Transrapid und die Formel 1 hat Schanghai schon geholt, im Jahr 2010 empfing die Stadt Millionen von Besuchern zur Weltausstellung. Tolle Glas- und Stahlspargel kratzen den Himmel über der Stadt. Aber unten auf der Erde, inmitten all der Weltläufigkeit, spazieren noch immer Schanghaier im Schlafanzug umher. Am helllichten Tag. Schlendern im Schlafanzug zum Markt, holen sich im Pyjama eine Portion gedämpfter Teigtäschlein in der Garküche. Die Klassiker Gefängnisstreifenmuster und Rüschenborte begegnen einem ebenso wie karierter Fleece und aufgestickte Teddybären. Wahrscheinlich hat auch diese Mode ihren Ursprung in heißen, schwülen Sommern. Die ließen den Leuten in den engen Gassen Schanghais oft keine andere Wahl, als ihr Nachtlager im Freien aufzuschlagen, auf dem

Gehsteig, wo sich bald enge Bekanntschaften mit des Nachbars Nachtgewand entwickelten – der Pyjama hatte neuen Lebensraum erobert, und im Laufe der Zeit wurde er für die Schanghaier Altstadtviertel das, was der Jogginganzug für Berlin-Neukölln ist. Heute gibt es in Schanghai eigene kleine Schlafanzugshops, die jeden Herbst eine Winterkollektion anpreisen: dick wattiert und mit neuen Mustern. Man hat als Schanghaier schließlich einen Ruf zu verteidigen. »Die Leute hier werfen sich nicht irgendeinen alten Pyjama über, wenn sie auf die Straße gehen«, hat die Moderedakteurin Li Yan beobachtet: »Sie ziehen den schönen an.«

Jenseits der Kleiderordnung hat die Stadtregierung vor allem einen Wunsch an ihre Bürger: »Sei ein liebenswerter Schanghaier!« Unter diesen Titel hat sie eine Kampagne gestellt, die bis zur Expo 2010 das Unmögliche möglich machen sollte. Als – noch vor der Expo – in einer amerikanischen Umfrage nach freundlichen Weltstädten gefragt wurde und Schanghai den achten Platz unter dreiundzwanzig Teilnehmern belegte, da fasste die Zeitung »Shanghai Star« die Reaktion in der Stadt auf das Ergebnis in diesem Satz zusammen: »Die Liste kann nur ein Ausländer erstellt haben.« Als ich das las, war mein erster Gedanke: Die Schanghaier fühlen sich ungerecht beurteilt und denken, sie hätten einen besseren Platz verdient. Von wegen. Der »Shanghai Star«-Artikel führte im Detail aus, warum Schanghaier in ganz China als arrogant, selbstsüchtig und kalt gegenüber ihren Mitmenschen gelten, dann erklärte er, warum diese Einschätzung durchaus ihre Berechtigung habe – warum also Platz acht im Gegenteil völlig unverdient sei. Die Reporter der Zeitung untermauerten ihre Beweisführung mit einem kleinen Experiment: Sie ließen, wie zufällig, adressierte und frankierte Briefe fallen, um zu sehen, wie lange es dauern würde, bis ein hilfsbereiter Finder sie in den Briefkasten stecken würde. »20 Minuten später kehrten unsere Reporter zurück und entdeckten zu ihrer Überraschung, dass der Umschlag geöffnet r – und die 60-Fen-Briefmarke gestohlen«, meldet die Zeitung. Zugegeben keine sehr repräsentative Untersuchung, aber in den Augen der Schanghaier Journalisten offenbar typisch für ihre Erfahrungen mit der eigenen Stadt.

Einerseits muss man ja froh sein, dass die Moralpredigten der Regierung nur mehr ein schwaches Echo sind von Maos Plänen für einen »neuen Menschen«, die ganz China in ein einziges Umerziehungslager verwandelten. Andererseits könnte man angesichts der moralischen Verfassung der KP und ihrer Kader laut »Heuchler!« rufen. Was wiederum mindestens zwei originelle Standpunkte zuließe. Den einen hat vor mehr als sechs Jahrzehnten der Schriftsteller Qian Zhongshu formuliert: »Nur ein Dummkopf schimpft ›Heuchelei‹, wenn die Unmoralischen sich zu Belehrungen aufschwingen. Meine Entgegnung darauf: Was soll daran schlecht sein? Geheuchelte Moral ist viel kostbarer als Ehrlichkeit. Wenn ein Prinzipientreuer Moralpredigten hält, dann ist das nichts Besonderes – wenn aber jemand ohne moralische Überzeugungen andere Menschen belehrt, das zeugt wirklich von Talent…« Das Problem mit diesem Standpunkt ist, dass dabei die Verderbtheit der Prediger ihrer Gemeinde nicht allzu offensichtlich sein darf. Für ein zweites Urteil sei hier Laozi bemüht, der Urahn der daoistischen Philosophie, dem die ständige Belehrungswut der Konfuzianer schon vor 2500 Jahren auf die Nerven ging: »Schafft ab die Heiligkeit, verwerft die Klugheit – die Menschen werden hundertfach gewinnen. Schafft ab die Güte, verwerft die Rechtschaffenheit – die Menschen werden wieder einander lieben. Schafft ab die Geschicklichkeit, verwerft die Gewinnsucht – keine Diebe und Räuber wird es mehr geben«, schrieb er im »Daodejing«. Laozis anarchistische und nicht unsympathische Utopie gipfelt in dem Urteil: »Der beste aller Herrscher ist der, von dessen Existenz man nichts weiß.«

Leider reichte der politische Einfluss der Daoisten nie weit über die Höhlen und Bergtäler hinaus, in denen sie ihren

Einsiedlergedanken nachhingen. Und so ist China noch immer ein Land, in welchem dem Bürger kein Begehren an den Staat zusteht, der Staat hingegen sich nicht nur im Recht, sondern geradezu in der Pflicht sieht, seine Untertanen zurechtzukneten. Bevor nun einer denkt, unsere Behörden seien von solchen Ideen Welten entfernt, sei kurz darauf hingewiesen, dass wir uns das schöne Wort »Einwohnerveredelung« für unsere Überschrift nur geborgt haben: von der Hauptversammlung des Deutschen Städtetags in Mannheim.

Die Erfolge bleiben übrigens nicht aus. »Das Benehmen der Pekinger in der Öffentlichkeit verbessert sich definitiv«, fand eine Studiengruppe der Volksuniversität Peking heraus. Die Forscher, berichtet »Xinhua«, hätten 320 öffentliche Plätze überwacht und 10 000 Pekinger interviewt. Das Ergebnis verkünden durfte Professor Sha Lianxiang, der Chef des Forschungsteams: »Der Pekinger ›Zivilisationsindex‹ steht nun bei 73,38 (von 100)«, meldete der Professor stolz: »Das sind 4,32 Punkte mehr als noch vor einem Jahr.« 4,32 Punkte. Wird das reichen? Und wie hoch ist der Index in Zhongnanhai, jenem Teil des alten Kaiserpalastes, der seit Maos Tagen Sitz der Staats- und Parteiführung ist?

乱 *Luan*

Chaos

1. Strukturelles Defizit im chinesischen Fußball, welches die Nationalmannschaft ein halbes Jahrhundert lang die Qualifikation zu einer WM gekostet hat.
2. Größter Albtraum des chinesischen Volkes. Eine Regierung ist dann gut, wenn sie für Ruhe und Harmonie sorgt. Perioden relativen Friedens wurden in China immer abgelöst von Zeiten des großen Chaos (*da luan*), in denen die Bevölkerung brutalst dezimiert wurde. Die KP setzt auf diese Furcht, wenn sie Konzepte wie Pluralismus und Pressefreiheit geschickt mit dem Ruch von *luan* beträufelt und gleichzeitig gebetsmühlenhaft → Stabilität (*wen ding*) beschwört, was übersetzt ihre unendliche Herrschaft bedeutet. Das ist auch deshalb nicht ohne Ironie, weil nur wenige das Land in verheerenderes Chaos gestürzt haben als diese Partei selbst. Nicht zu übersehen ist, dass die Chinesen *luan* auf dieselbe Weise fürchten wie ein Anonymer Alkoholiker die Flasche – die Anarchie steckt ihnen in den Knochen. Das macht sie zu einem ungleich fröhlicheren und spontaneren Völkchen als etwa die von

ihnen gleichzeitig bewunderten und als unheimlich empfundenen Japaner. Es begünstigt auch das Durcheinander, wie es sich nicht zuletzt auf den Straßen beobachten lässt: Viele Chinesen sind Chaosmagneten. Wo das Straßenbauamt in anderen Ländern Mittelstreifen malt, stellt es in Peking Zäune auf – die einzige Möglichkeit, die motorisierten Anarchisten auf ihrer Spur zu halten. Wer der vor allem in den USA populären »China-threat«-Theorie anhängt, der verbringe einen Tag auf Pekings Straßen: Eine Gefahr sind Chinesen noch immer vor allem für sich selbst.

3. Gegenteil von *luan* ist *he*, die Harmonie. Chinas Regierung hat die »harmonische Gesellschaft« ausgerufen. Doch die Harmonie, die die Partei im Sinn hat, ist keine zwischen Gleichen. Es ist jenes Korsett, das Chinas Herrscher seit Jahrtausenden ihrem Volke umschnürten, gemäß den Worten des Konfuzius: »Der Herrscher sei Herrscher, der Untertan sei Untertan.« Es ist die Harmonie zwischen Befehl und Gehorsam. Eine Harmonie, die sich nicht sattsehen kann an minutiös choreografiertem Folklorekarneval von Tibetern, Mongolen und Uighuren, die zur Erbauung ihrer Herrscher dankbar lächelnd singen und tanzen. Es ist eine Harmonie, in der sich unchoreografiert Denkende und Sprechende schnell der Subversion verdächtig machen. Die Ruhe, die sie schafft, ist Friedhofsruhe. »Ich bin harmonisiert worden«, heißt unter chinesischen Internetbenutzern: Mein Blog ist zensiert oder gelöscht worden. An der Pekinger Volksuniversität stand einst eine Statue von Mao Zedong, seit kurzem steht da eine von Konfuzius. Noch einmal also der alte Meister: »Die Tugend des Herrschers ist wie der Wind. Die Tugend des kleinen Mannes ist wie das Gras. Wenn der Wind bläst, beugt sich das Gras.«

公德 *Gong de*

Gemeinschaftssinn.
Oder: Das Volk der Gruppenegoisten

Es kursieren unter händeringenden chinesischen Intellektuellen die verschiedensten Erklärungen dafür, warum eine Moralkampagne nach der anderen an den Leuten abperlt. Die einen machen die Kulturrevolution dafür verantwortlich, welche Chinas alte Werte zerstört habe, die anderen zitieren den Reformer Liang Qichao, der schon im 19. Jahrhundert klagte, was den Chinesen am meisten fehle, sei Gemeinschaftsgeist. »Es braucht richtige Erziehung: Bildung, die in einem selbst verankert ist«, sagt ein Pekinger Filmer, »nicht bloß geheuchelten Gehorsam: Wenn die Kampagne vorüber ist, ist wieder alles so wie zuvor.« Der oft beklagte Mangel an Gemeinschaftssinn ist ein interessantes Phänomen. Der Spucker im Park würde sich hüten, in den eigenen Hausflur zu spucken. Chinesische Wohnungen sind selbst im Staubloch Peking meist so blitzeblank gewischt und poliert, dass jede schwäbische Hausfrau vor Neid erblassen würde. Und gleichzeitig finden viele Chinesen nichts dabei, nach dem Essen im Zug ihre leere Styroporschachtel aus dem Zugfenster zu werfen, und wenn man sie der Schaffnerin in die Mülltüte tut, dann wirft diese später die Tüte als Ganzes hinaus in die Felder.

146

Chinesen zeichnen sich gern als selbstlos im Kontrast zu den angeblichen Egoisten aus dem Westen. Das Selbstbildnis hält allerdings schon vor den eigenen Sprichwörtern nicht stand: »Ein Chinese für sich ist wie ein Drache«, heißt es da, »zehn Chinesen zusammen sind wie ein Sack Flöhe.« Von wegen Kollektiv. Chinesen blicken manchmal neidisch auf die Japaner, wären gerne selbst so diszipliniert, zögen gerne auch alle an einem Strang: Was man da alles erreichen könnte, wenn 1,3 Milliarden gemeinsam marschierten! Leider haben schon 13 Chinesen die größte Mühe, sich auf eine Richtung zu einigen – was sie in gewisser Weise sympathisch macht. Der behauptete Geist der Aufopferung und Selbstlosigkeit jedenfalls konzentriert sich in China im Normalfall auf die *zi ji ren*, die »eigenen Leute«, vor allem also auf die Familie und das sie einbettende Netzwerk von Freunden. Chinesen ziehen gerne Zirkel und teilen die Welt ein in »innen« und »außen«. Sie sind Gruppenegoisten: Für die eigenen Leute ist man bereit, alles zu tun; was außerhalb des eigenen Kreises geschieht, kümmert einen erst einmal nicht. Chinesen nehmen das Wort »Nächstenliebe« wörtlich: Man liebt natürlich seine eigene Familie über alles. Der verstorbene große Sinologe Wolfgang Bauer hat dies einmal auf Nachfrage als einen Punkt genannt, wo der Westen von China lernen könne: Schließlich ist derjenige schnell überfordert, dem wie im christlichen Kulturkreis aufgetragen ist, die ganze Welt zu lieben. Wer sich hingegen konkret um seine nächste Umgebung zu kümmern hat, der trägt leichter Wärme in die Welt – und tatsächlich erscheint einem China oft herzlicher und wärmer als etwa Deutschland. Ausländer sollten dabei allerdings nicht vergessen, dass Chinesen generell zu »Ausländerfreundlichkeit« neigen, dass zumindest jenen, die aus dem Westen kommen, privilegierte Behandlung widerfährt und Chinesen ihnen gegenüber oft um einiges freundlicher sind als zu ihren eigenen Landsleuten. Die Kehrseite der chinesischen Herzlichkeit gegenüber Verwandten und Freunden ist eine oft zu beobachtende Teilnahmslosigkeit gegenüber Fremden: bei den Schaulustigen an einer Unfallstelle zum Beispiel, wo alle glotzen und keiner hilft. Es vergeht in Peking kaum eine Woche, ohne dass eine Zeitung oder ein TV-Sender einen solchen Fall aufgreift und Expertenrunden die fehlende öffentliche Moral wortreich beklagen.

Eines lassen sie dabei meist aus: die Rolle des Staates. Die Chinesen seien »wie eine Schüssel loser Sand«, hat Sun Yat-sen einmal gesagt, der Vater der demokratischen Revolution von 1911: Milliarden von Körnlein, die nichts zusammenhält. Es ist mein Verdacht, dass es nicht die Unfähigkeit der chinesischen Gesellschaft zur Selbstorganisation ist, die nach einem starken Staat verlangt und ihn hervorbringt, sondern dass umgekehrt ein Schuh daraus wird: dass es der chinesische Staat ist, der sich die Gesellschaft bewusst als Krüppel hält. »Ein schwaches Volk bedeutet einen starken Staat, ein starkes Volk bedeutet den Untergang des Staates«, heißt es im »Buch vom Fürsten Shang«, einem Klassiker der Schule der Legalisten, die vor mehr als 2200 Jahren Chinas erstem Kaiser die Regierungsphilosophie lieferten: »Gut regierte Staaten setzen deshalb alles daran, das Volk zu schwächen... Ein schwaches Volk hält sich an Gesetze, ein zügelloses wird übertrieben eigensinnig.« Keinen Kaiser bewunderte Mao Zedong mehr als den ersten.

In dieses Muster passt die Verdummungspolitik Maos, der ein paar Jahre lang alles in den Staub prügeln ließ, was nach Intelligenz roch. Es passt auch das, was der in den USA lehrende chinesische Historiker Sun Longji die »Infantilisierung« der erwachsenen Chinesen nennt. Der Kaiser soll sein Volk nicht nur »wie ein Kind lieben«, er wird es auch als solches behandeln.

Die Patriarchen versuchen, das Volk »gerade zu richten«, wie es in den Klassikern heißt, und begleiten ihre Belehrungen mit der Androhung von Strafen (Chinas Justizministerium hieß zwei Jahrtausende lang »Strafenministerium«). Jeden Versuch der Gesellschaft, sich selbst zu organisieren, empfinden sie als Bedrohung: deshalb die gnadenlose Verfolgung der Falun-Gong-Sekte, deshalb die oft hysterischen Reaktionen der Behörden, wenn sich irgendwo auch nur eine Umweltschutz-gruppe ohne den Segen der Funktionäre bildet. Idealismus ist gefährlich, und gemeinschaftliches Zusammensein, das nicht der Befriedigung unmittelbarer und ausschließlich körper-licher Bedürfnisse (Essen, Sport) dient, ist automatisch ver-dächtig: Unangemeldete Rockkonzerte ziehen ebenso das Misstrauen der Behörden auf sich wie Freiwillige, die eine Gruppe zur Unterstützung von Aidskranken bilden.

Rechtes Verhalten erfolgt oft mehr aus Angst vor Sanktio-nen und vor dem Gerede der anderen denn aus moralischer Überzeugung oder verinnerlichten Prinzipien. Eines der chi-nesischen Zeichen für Charakter, *pin*, besteht nicht zufällig aus drei Mündern: 品。.

Gefährlich für ein Gemeinwesen aber kann es werden, wenn ein unter solchen Voraussetzungen existierendes Volk ebenjenes Korsett verliert, das für den Zusammenhalt sorgt. Wenn es Katastrophen erleidet, wie es die Kulturrevolution (1966–1976) war: In der Kulturrevolution haben Mao und seine Inquisitoren Kinder gegen ihre Eltern, Schüler gegen ihre Lehrer und Ehefrauen gegen ihre Männer aufgehetzt. Ein ganzes Volk hat sich Jahr um Jahr gegenseitig denunziert und ins Gesicht geschlagen; die eben noch einander Treuesten und Nächsten spuckten sich plötzlich an, und in nicht wenigen Fällen trieben sie einander in den Tod. Ein Lehrer schrieb sei-ner Frau ein Liebesgedicht, die Frau verriet ihn, er landete im Arbeitslager in der Wüste Ningxias, das Urteil: drei Jahre. Kein seltenes Schicksal. »So ist das jetzt: Ernste Dinge sind ein Witz, und das Absurde ist die Wirklichkeit«, heißt es in dem diese Zeit beklemmend wiedergebenden Roman »Die Hälfte des Mannes ist Frau« von Zhang Xianliang. Ein solch trauma-tisches Erlebnis verdaut ein Volk nicht so schnell. Oberfläch-lich mögen die Narben verheilt scheinen – unter der Haut

149

schmerzen sie weiter: Die Kulturrevolution hat die Balance des Zusammenlebens der Chinesen nachhaltig erschüttert. »Ihr Erbe wird uns auf eine lange, lange Zeit verkrüppeln«, schrieb Zhang Xianliang. Die Menschen, die damals jung waren, sind heute in ihren Fünfzigern und Sechzigern, und noch immer zirkuliert das Gift von damals in ihren Blutbahnen: ein tiefes Misstrauen. Bis heute erlaubt die Regierung keine öffentliche Auseinandersetzung mit jener Zeit, die an die Wurzeln reichte. »Keiner traut dem anderen«, findet eine 42-jährige Pekinger TV-Produzentin. Und eine taiwanische Rechtsanwältin, die in China Geschäfte macht, sagt, sie habe das Gefühl, im Moment herrsche hier »der absolute Egoismus«. Gemeinschaftssinn sei oft nur zur Schau gestellt: »Viele meiner Geschäftspartner würden, ohne zu zögern, auch gegen die Interessen ihrer eigenen Familie handeln.«

Hinter dem neuen Wohlstand verbergen sich orientierungslose Seelen. Wenn der Kaiser der Polarstern ist, nach dem sich alle richten; wenn er allein durch Ausstrahlung seiner Tugend, *de*, das Reich ordnen soll – was passiert dann, wenn es ihm an Tugend gebricht? Wenn die Funktionäre der glorreichen Kommunistischen Partei, die einst als Muster an Selbstlosigkeit, Aufopferung und Fleiß galten, plötzlich ein ganz anderes Vorbild liefern, nämlich wie man durch persönliche Bereicherung und Unterschlagung reich wird, wie man das Volksvermögen durch die Hintertüre aufs eigene Konto privatisiert? Dann denken viele einfache Chinesen das: »Du da oben unterschlägst vier Millionen? Na gut, stehle ich halt 400. Ich wäre doch dumm, wenn ich es nicht täte!« Der 74-jährige Kong Deyong sagte uns das, ein Nachkomme des Konfuzius in der 77. Generation, vor allem aber: einer, der sein Geld in Hongkong durch die harte Arbeit eigener Hände erworben hat. »Ein großes Stück Holz, an dem Millionen Ameisen nagen. Das ist China heute. So kann das Land nie gesunden«, seufzte er. Wir standen im Vorhof des Palastes der Familie Kong in dem gemütlichen Städtchen Qufu. Der

Geschäftsmann Kong Deyong war der Letzte der Familie Kong, der in diesem Palast zu Hause war, bevor die Japaner einmarschierten, aber er ist kein Moralapostel der alten Schule. Ein charmanter Lebemann. Mit dem Grüpplein der neuen Konfuzianer, die dem nach Orientierung dürstenden China die alten Rezepte verschreiben wollen, hat er nichts am Hut. Mit den Kommunisten, die ihn einst misshandelten und für Jahre ins Lager steckten, weil er den Namen seines berühmten Ahnen trug, allerdings noch weniger. »Die öffentliche Moral verfällt«, findet Kong. Am Morgen hatte die Zeitung erneut von einem Fall berichtet, in dem ein Kindergartendirektor den Kindern eines konkurrierenden Kindergartens Rattengift ins Essen getan hatte, weil sein eigenes Geschäft schlecht lief. »Mao hat Buddha, Laozi und Konfuzius totgeprügelt. Jetzt ist er selbst tot. Und an Jesus glauben wir nicht«, sagt Kong Deyong. »Was bleibt uns?«

Chinas Städte haben heute Wolkenkratzer, Internet und Hochgeschwindigkeitszüge. Aber wer gegen die Fassaden klopft, wird feststellen, wie hohl das oft klingt. Dahinter gärt etwas, was noch keine Form gefunden hat: ein Sehnen, ein Hunger. Da starren Löcher, klaffen Risse, harren Fragen ihrer Antwort, die sind doppelt so alt wie diese Volksrepublik, mindestens, aber es hat auf der Suche nach Antworten nicht geholfen, dass die Kommunisten fünf Jahrzehnte das Denken verboten haben und manchmal auch das Fühlen und Hoffen. Das Kantoner Hochglanzmagazin »New Weekly« hob einmal den großen Lu Xun als Holzschnitt aufs Titelbild. »Alles, was wir heute verfluchen möchten«, lautete die Titelzeile, »hat Lu Xun schon verflucht.« Es ist fast tragisch: Einen Kaisersturz, eine Republik, einen Bürgerkrieg, ein kommunistisches Experiment und Dutzende von Millionen Tote später prangen dieselben alten Fragezeichen an der Wand. Man kann sie ignorieren, man kann sie missdeuten, man kann sie verhängen an einem Tag mit politischen Parolen und am nächsten mit glitzernden Plakaten, die Sonderangebote versprechen, man kann sich berauschen an großen Utopien oder an Wandel und Profit – davon gehen sie nicht weg. Es sind Fragen, die den Kern des Wesens und Daseins dieser Nation berühren und bei deren Beantwortung China keinen Schritt weitergekommen ist: Den Wurzeln von Korruption und Machtmissbrauch stellen diese Fragen nach, legen Selbsttäuschung und Identitätssuche bloß, Größenwahn und Minderwertigkeitskomplex. Wie soll China umgehen mit der Welt, die sich ihm aufgedrängt hat und die es nie mehr wird wegzaubern können? Und immer wieder diese Frage: Wie gehen Chinesen miteinander um? Der hellsichtige Lu Xun also. Eine »Menschenfresserkultur« hat er sie genannt, die chinesische Kultur: Sie sei nichts als ein Festmahl aus Menschenfleisch, den Reichen und Mächtigen zum Genuss zubereitet. Die »Sklavenmentalität« seiner Landsleute hat er gegeißelt: »Wie leicht wir doch zu Sklaven werden können«, schrieb Lu Xun, »und wie äußerst zufrieden wir noch damit sind.« Ja, meinte er bitter, ab und zu flackere schon Hoffnung auf in den Herzen der Chinesen – nämlich die, »andere zu versklaven oder zu fressen und darüber zu vergessen, wie sie selbst versklavt oder gefressen werden«. Am Ende blieb ihm nur ein Satz: »Rettet die Kinder.«

Wenn sie nicht längst mit Lu Xun bei den Würmern liegen, sind die Kinder von damals heute uralte Greise. Mit dem bisschen Augenlicht, das ihnen geblieben ist, blicken sie auf ein China, in dem es vielleicht noch nie so viele Nischen gab wie heute, Freiräume, in denen die Menschen über ihr eigenes Tun und Lassen bestimmen können. Ob sie glücklich sind? Vieles ist anders, einiges ist wie damals. Noch immer jedoch lebt die Mehrzahl der Chinesen in den von Lu Xun beschriebenen Hackordnungen. Noch immer trifft man Leute wie jenen jungen Ingenieur, der mir in einem Hotel in Guangxi über den Weg lief. »Du willst ein Mensch sein, wo die anderen Tiere sind?«, sagte er. »Du kannst es schon probieren. Aber du wirst zu den Verlierern gehören.«

孔子 *Kong zi*

Konfuzius

Meister Kong lebte von 551 bis 479 vor Christus im ostchinesischen Staate Lu. Zeit seines Lebens war er ein eher erfolgloser Wanderphilosoph, der vergeblich versuchte, die Herrscher der sich bekriegenden Fürstentümer für seine Lehre zu interessieren.

Konfuzius war erst einmal ein Revolutionär: In einer von Schamanen gedeuteten Welt, die die Lebenden mit den Toten und den Geistern zu teilen glaubten, entdeckte Konfuzius den Menschen. Er machte *ren*, die Menschlichkeit, zu einer seiner zentralen Tugenden. Konfuzius ließ die Geister Geister sein und hieß den Menschen, an seiner Vervollkommnung zu arbeiten. Die goldene Regel – »Was du selbst nicht willst, das füge keinem anderen zu« – findet sich nirgends sonst auf der Welt so früh. Die von seinen Schülern aufgezeichneten »Gespräche des Konfuzius« (*Lun yu*) sind ein Schatzkästlein sinnreicher Sprüche (»Lernen ohne zu denken ist sinnlos, aber Denken ohne zu lernen ist gefährlich«), denen kein Besucher von Botschaftsempfängen in China entkommt.

Gleichzeitig schnürt die Lehre des Konfuzius den Menschen in ein enges Korsett von Ritus und Hierarchie: »Der

Herrscher sei Herrscher, der Untertan Untertan«. Kinder haben ihren Eltern zu dienen, Frauen ihren Männern, Jüngere den Älteren. Wenn jeder um seinen Platz in der Gesellschaft weiß, dann stellt sich die Ordnung im Reich von alleine ein. Kein Wunder, dass Chinas Herrscher bald Gefallen fanden an der Lehre. Schon in der Han-Zeit (206 vor bis 220 n. Chr.) wurde der Konfuzianismus zur Staatslehre, die nächsten 2000 Jahre lang regierten die konfuzianischen Gelehrtenbeamten das Reich – dem Herrscher stets in Loyalität bis hin zum Selbstmord aus Treue verbunden.

Vor allem der konfuzianisch begründete Untertanengeist und eine mit dem Gerede von »Menschlichkeit« bemäntelte Despotie erregte später den Widerwillen von Reformern. Lu Xun attackierte die »Sklavenmentalität« seines Volkes, sein Mitstreiter Hu Shi forderte 1919: »Zerschlagt den Laden des Konfuzius!« - keiner versuchte das anschließend gründlicher als Mao Zedong. Mao rühmte sich, den ersten Kaiser von China (221 – 210 v. Chr.) in den Schatten gestellt zu haben: Jener habe nur 460 Konfuzianer lebendig begraben lassen, ihm, Mao, seien dagegen 460 000 zum Opfer gefallen.

Jetzt, wo der Maoismus so mausetot ist wie Mao, erlauben die Parteiführer dem Konfuzianismus eine merkwürdige Wiedergeburt. In Anspielung auf Konfuzius haben sie das Ziel einer »harmonischen Gesellschaft« ausgerufen, westlichen Universitäten dienen sie mit erstaunlichem Erfolg die – von Peking finanzierten – »Konfuziusinstitute« an, und zum Bestseller wurden die »Reflexionen« der Pekinger Journalismusprofessorin Yu Dan über Konfuzius: »Viele Menschen beschweren sich, dass unsere Gesellschaft nicht fair ist und ihr Leben schwer«, sagt Yu Dan: »Anstatt die Schuld anderen zu geben, sollten wir uns vielleicht selbst unter die Lupe nehmen.« Zehn Millionen verkaufte Exemplare bislang – die KP wird's freuen.

有事 *You shi*

Etwas zu erledigen haben

Was denn? Egal. Will keiner wissen. Mit einem hingemurmelten *»You shi«*, »Ich hab noch was zu tun«, entschuldigt man sich in China immer und überall und stets höchst bequem. Egal, ob sich der Geschäftsfreund aus der laufenden Konferenz stiehlt oder der Gast sich vor dem Nachtisch drückt – die Zauberformel *you shi* wird jeweils mit verständnisvollem Nicken hingenommen und verbietet aufgrund einer mindestens → *5000 Jahre* alten kulturellen Übereinkunft jede Nachfrage. Was Ausreden in China wunderbar praktisch macht: Die in Deutschland unvermeidliche Stocherei (»Ach ja?«, »Was denn?«, »Wohin denn?«) entfällt, ebenso das damit verbundene qualvolle Sichwinden und schamhafte Erröten. In China wird keiner zur Rechtfertigung und damit zur Lüge gezwungen, das gebietet die Rücksichtnahme auf das → *Gesicht* des anderen und ermöglicht beiden Seiten einen harmonischen Abgang. Letztlich ist es Respekt vor dem freien Willen: Die Entschlossenheit des Gegenübers zur Ausrede, zum Sich-Davonstehlen wird konstatiert, akzeptiert und ggf. notiert – aber nicht thematisiert. Wie immer kommen Gepflogenheiten dieser Art nicht nur segensreich daher. Mir begegnete eine solch verdrießliche Ausnahme neulich auf einer ansonsten leeren Landstraße, wo ich in meinem Auto einem in der Mitte der Straße fahrenden Lastwagen hinterherrumpelte. Bis der LKW plötzlich – ohne Vorwarnung und ohne jeden ersichtlichen Grund – eine Vollbremsung hinlegte. Nicht auf der rechten Spur, nicht am Straßenrand, nein: praktisch auf dem Mittelstreifen. Mein Auto knallte ihm hinten drauf. Ausgestiegen, vorgerannt, Fahrer brüllend zur Rede gestellt: Was er sich dabei denke, Idiot, wie ihm bloß einfallen könne, lebensgefährlich usw. Seine Antwort, knapp und lässig: »*You shi!*« – »Ich muss hier was erledigen!« Ich: sprachlos.

宣传 *Xuan chuan*

Propaganda.
Oder: Wein, der kein Wein ist

In den »Jade-Aufzeichnungen«, einem alten daoistischen Buch, werden in einem detaillierten Plan die vielen Kammern und Stockwerke der Hölle beschrieben. Direkt unter dem zehnten Palast der Hölle steht der Turm des Vergessens. Der Turm hat 108 Zimmer, und in jedem Zimmer stehen Kelche mit »Wein, der kein Wein ist«. Frisch angekommene Seelen müssen ihren Kelch zur Neige trinken, bevor die Entscheidung über Ort, Zeit und Form ihrer Wiedergeburt fällt. Der Trunk nimmt ihnen all ihre Erinnerungen an ihr vorheriges Leben. Dann werden sie in den Höllenfluss geworfen und am Fuß einer roten Mauer wieder ans Ufer gespült. Auf der Mauer steht zu lesen: »Ein Mensch zu werden ist leicht. Das Leben eines Menschen zu führen ist hart. Sich ein zweites Mal zu wünschen, ein Mensch zu werden, ist noch härter.« Zwei Dämonen ziehen die Seelen dann an Land und weisen ihnen ihren Platz im neuen Leben zu. Der eine Dämon trägt den Namen »Das Leben ist kurz«, der andere heißt »Der Tod hat Abstufungen«.

Noch unter dem Eindruck des Gemetzels der Armee an friedlichen Demonstranten 1989 schrieb der junge Arbeiterführer Han Dongfang dies: »Wer mich hören kann, der merke sich, was ich sage. Ich möchte im nächsten Leben kein Chinese sein. Sei kein Chinese. Es ist zu schrecklich, Chinese zu sein. Zu traurig.« Es stimmt schon, diese Worte entsprangen extremem Aufruhr und Unglück, und doch schwimmen sie auf einem Strom, der große Teile des chinesischen Bewusstseins durchzieht. Viel zu lachen hatte dieses Volk nie, und noch heute, wo in den Städten bescheidener Wohlstand Einzug gehalten hat, kann man leicht den Eindruck bekommen, für viele Chinesen bestehe das Leben vor allem aus Leid und Prüfung. Das chinesische Wort für Glück ist *kuai le*: »die flüchtige Freude«, und wenn auch die Poeten fast aller Kulturen die Kurzlebigkeit jeden Glücks besingen und die Franzosen die gute Zeit in ihrem *bonheur* nach Stunden bemessen, so hat man doch das Gefühl, in China sei Glück ein besonders seltener und vergänglicher Schatz. Man braucht in China nur den Fernsehapparat anzuschalten oder ins Kino zu gehen, um festzustellen, dass chinesische Schauspieler sich noch heute vor allem durch zwei Dinge auszeichnen: durch schier unendliches Pathos und einen noch größeren Vorrat an Tränen. Traditionell enden chinesische Bücher und Filme gerne mit einer herzzerreißenden Trennung oder aber dem Dahinscheiden ihrer Protagonisten, und das Publikum darf froh sein, wenn sich bis zum Ende nur eine der Hauptdarstellerinnen entleibt hat. Die amerikanische Erfindung des *happy ending* hatte unter Chinas Literaten und Drehbuchschreibern nie viele Anhänger.

Man mag sich also kaum ausmalen, was für eine melancholische Angelegenheit in China das bedruckte Papier und der flimmernde Bildschirm wären, gäbe es nicht die KP und ihre Führer. Die nämlich haben beschlossen, dass das glückliche Volk zum Sozialismus gehört wie der Leberfleck zu Maos Kinn. Und was soll man sagen: Seit die Kommunisten an der Macht sind in China, hat das Glück einen Stammplatz auf der Titelseite aller Zeitungen. Vielleicht ist es ihre Art der Psychotherapie: Die um das Volk besorgten Herrscher versuchen es mit der Kraft der Suggestion und unzähligen Variationen der ewigen Schlagzeile »Morgen wird alles *noch* besser«. In China können sich nicht einmal die beklagen, deren letztes Stündlein geschlagen hat. »Zwei wegen Drogenhandels verurteilte Bauern aus der Provinz Yunnan kamen in den Genuss des neuesten Fortschritts in Chinas Justizsystem«, begann ein ganzseitiger Artikel in der Zeitung »Beijing Today«: »Anstatt vor dem Erschießungskommando zu stehen, wurden sie mit einer Todesspritze hingerichtet... Das zeigt, dass Chinas System der Todesstrafe immer zivilisierter und humaner wird.«

So wie sich die Yunnaner Bauern über die Todesspritze freuten, so glücklich waren die Tibeter über die Eisenbahnschienen, welche wagemutige chinesische Ingenieure über Permafrost und schroffe Schluchten Richtung Lhasa gelegt hatten. Ob sie es aber an Seligkeit aufnehmen können mit dem Fernsehpublikum, dem es vergönnt war, Zeuge einer musikalischen Ode an dieses Jahrhundertprojekt zu werden? Es trat auf bei einer Abendgala im chinesischen Staatsfernsehen ein Eisenbahnerchor: die Sänger alle Männer um die vierzig, gekleidet in Overall, gelbe Gummistiefel und Sicherheitshelme. Das Blaumannballett ist eine feste künstlerische Kategorie im chinesischen Fernsehen: Tanzende Proletarier haben im Abendprogramm ihren Stammplatz neben Polizisten im blauen Tutu und Soldaten in camouflagefarbenen Ballettstrümpfen, die auf der Bühne Schlachten nachtanzen (sowohl Polizei als auch Volksbefreiungsarmee haben eigene Gesangs- und Ballettgruppen, aus deren Reihen schon Mao Zedong gerne Bettgenossinnen rekrutierte). Diese hier begannen ihre Show, indem sie gemeinsam neckisch die rechten Gummistiefel lüpften, als stünden sie auf der Bühne des Moulin Rouge, nur etwas rheumatischer. Dazu sangen sie ungelogen: »Ramtatam, Ramtatam. Nach Tibet fährt 'ne Eisenbahn.« Anschließend tanzten sie eine Eisenbahnerpolka. In Zeitlupe, weil: Schwerstarbeit, Permafrost, schon klar.

Kein Kabarett war das, sondern eine feierlich gemeinte Hymne an den Aufopferungswillen von Arbeitern und Ingenieuren unter Führung der großartigen Kommunistischen Partei um der unzerstörbaren Einheit der chinesischen Volksgruppen willen. (»Die Kommunistische Partei ist wie Vater und Mutter zum tibetischen Volk, sie kümmert sich um alle Bedürfnisse ihrer Kinder. Die Partei ist der wahre Buddha der Tibeter«, so die frohe Botschaft des – chinesischen – Parteisekretärs der Autonomen Region Tibet. Und der Dalai Lama? Ist »ein Wolf in Mönchskutte«.)

Ich habe das Gummistiefelballett gerne gesehen, es war eine schöne Abwechslung zu all den ordenbehängten Tenören und Sopranistinnen von der Volksbefreiungsarmee, die sonst das Programm verstopfen. Chinas First Lady Peng Liyan, die Ehefrau von Parteichef Xi Jingping, ist eine von ihnen: Sie ist ein Sangesstar im Range eines Generalmajors. Einer ihrer Hits war das schon ältere »Wäsche-Lied«, das man sich auf YouTube ansehen kann: Da bringt Peng Liyan, als Tibeterin verkleidet, der Volksbefreiungsarmee singend den Dank des tibetischen Volkes dar, für die Befreiung und die tatkräftige Hilfe beim Wäschewaschen. Für gewöhnlich stehen diese knödelnden Weihnachtsbäume pathosschwanger und in voller Uniform vor einer Videowand voller startender Düsenjäger, blicken unter heroisch gezückten Augenbrauen in eine nicht näher definierte Ferne und bejodeln die süße Liebe des Vaterlands, für das sie so gern Leib und Leben gäben. Das möchte man doch mal erleben: ob diese Offizierstroubadoure unter feindlichen Truppen auch so viel Schaden anrichten wie auf den Sofas der Heimatfront.

Der Sozialismus hat also das *happy ending* eingeführt in China, und er freut sich darüber so, dass er es nicht eifersüchtig für sich behält, sondern großzügig weiterverteilt an Künstler, denen es auf Teufel komm raus nicht einfallen wollte. Für den populären Hongkonger Actionthriller »Internal Affairs« etwa (in Hollywood nachgedreht von Martin Scorsese unter dem Titel »Departed: Unter Feinden«), der um die Rivalität zwischen einem korrupten Polizisten und einem aufrechten, in Gangsterkreise eingeschleusten Undercoveragenten kreist, wurden zwei Schlussszenen gedreht: In Hongkong behält der Böse die Oberhand, und in Chinas Kinos gewinnt, na, wer halt immer gewinnt im Märchenland.

Die Propaganda der KP ist oft so offensichtlich absurd, gleichzeitig so unverdaulich formuliert, dass es leicht wäre, sich über sie lustig zu machen und für unerheblich zu halten. Ist schließlich ein neues China, oder? Wo die Leute bei Starbucks ihren Kaffee trinken und anschließend mit ihrem Smartphone-App bargeldlos bezahlen. Wo sich die Jungen für Sex, Essen, Geld und Konsum interessieren, nicht aber für Politik. Bloß: So einfach ist es nicht. Es ist mitunter erstaunlich, welche Macht die Erklärungsmuster dieser Partei heute noch ausüben, auch über Menschen, die sich kritisch oder gar zynisch über die KP äußern. Dass keiner mehr an den Kommunismus glaubt in diesem Land, ist unbestritten. Aber beginnen Sie einmal eine Diskussion über Tibet oder Taiwan mit dem jungen Geschäftsmann, den Sie eben noch für intelligent, witzig und offen hielten, und Sie werden schnell merken, was ich meine. Lehrreich ist ein Blick auf die Debatten in Chinas Onlineforen nach dem Blutvergießen in Tibet im Frühjahr 2008. »Wer hat euch denn all das Geld vom Vaterland geschickt?«, fragt einer fassungslos die Tibeter: »Habt Ihr das alles vergessen?« Ein anderer meinte, die Regierung tue gut daran, »diesen Krebstumor herauszuschneiden«. Ein dritter warnte die Tibeter: »Wenn Ihr euch schlecht benehmt, dann nehmen wir Eure Kultur und stecken sie ins Museum.« Ein Blogger klagte mit Blick auf die scharfe Kritik aus Europa und den USA, Ausländer seien alle »gehirngewaschen«. Und einer schrieb: »Warum reden wir hier überhaupt? Separatistischer Müll gehört getötet. Und wenn wir eines Tages Demokratie haben, dann will ich die Nationalisten an der Macht sehen.«

Was das zeigt? Erstens: Propaganda funktioniert. Der Siegeszug des Internets wird China ebenso wenig in ein freies Land verwandeln wie der des Kapitalismus. Und zweitens gibt das einen Vorgeschmack auf die Zukunft nach der KP – eine Erinnerung daran, dass die Kommunisten nicht nur ökologische und moralische Verheerungen anrichten, an denen künftige Generationen noch zu tragen haben. Warum Zensur und Propaganda auch heute noch so erfolgreich sind? Glaubensbekenntnisse würden nicht akzeptiert, weil sie vernünftig sind, sagte Oscar Wilde einmal. Sondern? Weil sie unablässig wiederholt werden. Wahrscheinlich ist er so simpel, der Mensch.

Natürlich sind sich die Leute bewusst, dass ihre Regierung darauf aus ist, sie über vieles im Dunkeln zu lassen, und dass es nicht die Hauptaufgabe von Chinas mittlerweile erstaunlich bunter Medienwelt ist, sie zu informieren. Umso größer ist die Lust auf Information, eine Lust, die sich in Krisenzeiten geradezu zu einer Gier auswächst – wobei es in der Regel ebendiese Krisenzeiten sind, in denen die Regierenden den Fluss der Information besonders streng kontrollieren, aus Furcht, die Zügel könnten ihnen aus der Hand gleiten. Es sind dies ideale Brutbedingungen für jenes ganz dem Volke eigene Medium: für das Gerücht.

China ist mittlerweile das Land mit den meisten Mobiltelefonen der Erde, in der Zahl seiner Internetnutzer hat es die USA überholt. Beim Ausbruch der tödlichen Lungenseuche SARS 2003 zum Beispiel, spielten Handy und Internet tatsächlich eine große Rolle – wenn auch nicht jene, die sie vielleicht in anderen Ländern gespielt hätten, wo sie als Werkzeug benutzt worden wären für den Austausch neuester Informationen. Das verhinderte in China die Zensur. Stattdessen sorgten E-Mail und SMS dafür, dass eine wahre Flutwelle von Gerüchten mit nie gesehener Wucht und Geschwindigkeit übers Land schwappte (Mikrobloggingdienste wie Weibo gab es damals noch nicht). Vor allem per SMS reisten diese *xiao dao xiao xi*, die »Nachrichten des kleinen Weges«, wie sie in China heißen. »Geht nicht vor die Tür heute Nacht!«, warnte mich eine Nachricht in den Anfangstagen der Epidemie. »Armeeflugzeuge werden über Peking aufsteigen und giftige Chemikalien versprühen.«

In einer faszinierenden zweiseitigen Titelgeschichte zeichnete ein paar Wochen später die Kantoner Zeitung »Südliches Wochenende« den Weg eines Gerüchtes nach, das sich mit rasender Geschwindigkeit innerhalb von nur vier Tagen über 14 Provinzen verbreitete und dabei die verschiedensten Metamorphosen erlebte. Schon gehört?, lautete die am häufigsten geraunte Version: Am Ort XY ist ein Baby zur Welt gekommen, das begann gleich nach seiner Geburt zu sprechen. Zündet Feuerwerk, sagte das Baby, und trinkt Suppe aus grünen Bohnen. Das wird das SARS-Virus vertreiben! Dann sei das Kind gestorben. In Orten, durch die das Gerücht zog, war es zu spontanen Menschenaufläufen und zum Abbrennen von Feuerwerk gekommen, Bohnen waren ausverkauft. Und so, wie das Volk das Virus fürchtete, so fürchtete die Regierung das Gerücht: Dutzende von »unverantwortlichen Gerüchteverbreitern« wurden von der Polizei aufgespürt und festgenommen, einige später zu mehrjährigen Haftstrafen verurteilt. Das Spannende an der Legende vom sprechenden Baby ist, dass sie in fast identischer Version schon Hunderte von Jahren alt ist. Das Spannende an der Reportage im »Südlichen Wochenende« (die sich vor allem aus Polizeiquellen speiste), dass beim Nachzeichnen der Reiseroute des Gerüchts Telefongespräche und SMS-Mitteilungen einfacher und bis dahin unauffälliger Bürger in den abgelegensten Ecken des Landes bis auf die Minute genau angegeben wurden: »Am Abend des 5. Mai, um 21 Uhr 31, sprach Frau Kong aus dem Bezirk Wenquan in der Provinz Hubei am Telefon: Ich habe gehört, dass eine Schwangere im Kreis Xian'andan-Berg ein Baby zur Welt brachte...« – was einen unfreiwilligen Einblick in das Ausmaß der Überwachung in China erlaubte.

Beim verheerenden Erdbeben im Frühjahr 2008 war die anfängliche Reaktion schon eine andere: Zeitungen und Fernsehen berichteten in den ersten Tagen mit erstaunlicher Schnelligkeit. Es war eine kontrollierte Offenheit, serviert mit Bildern von einem sich kümmernden Premier, der als »Großväterchen« auftrat. Die alten Reflexe setzten jedoch schnell wieder ein: Reporter, die recherchierten, wie es überhaupt dazu kommen konnte, dass so viele miserabel gebaute Schulen einstürzten und Tausende von Kindern unter sich begruben, wurden zum Schweigen gebracht. Eltern, die nachfragten oder gar gegen Korruption und Schludrigkeit in den Behörden protestierten, fanden sich im Polizeigewahrsam wieder. Der bekannte Künstler Ai Weiwei, der den Eltern bei ihrer Suche nach Gerechtigkeit zu Hilfe eilte, wurde von Polizisten so verprügelt, dass er eine Hirnblutung erlitt und Monate später nur durch eine Notoperation in München gerettet wurde.

Hauptaufgabe der Propaganda ist es heute, den längst vollzogenen Abschied der Partei von der kommunistischen Utopie – also von ihrem eigentlichen Daseinsgrund – zu verschleiern und allmählich vergessen zu machen. Zu verhindern, dass es ihr ergeht wie dem Kaiser im Märchen von des Kaisers neuen Kleidern, wo schließlich ein kleines Kind den Mut findet, angesichts der nackten Majestät laut auszurufen: »Aber er hat ja gar nichts an«, und so den Bann bricht, unter dem das furchtsame Volk bis dahin stand. In China regiert heute nicht mehr der Kommunismus, sondern die nackte Macht. Ja, es gibt politischen Wandel in China, aber es ist nicht der vom Westen erhoffte. Es ist Zeit für den Westen, sich von einer lieben Illusion zu verabschieden: der Legende, dass der wirtschaftliche Aufstieg das Land demokratischer macht, dass mehr Wohlstand automatisch zu mehr Freiheit führt. Noch immer sind europäische Staats- und Geschäftsleute, die in Peking aufkreuzen, Anhänger dieser These. Vielleicht weil sie wirklich daran glauben, vielleicht weil sie bequem ist. Sie stimmt bloß nicht. »Chinas Erfolgsgeschichte ist die ernsthafteste Herausforderung für die liberale Demokratie seit dem Faschismus der 1930er-Jahre«, schreibt der Chinakenner Ian Buruma. Denn in China ist zwar der Kommunismus tot – aber die Herrschaft der Partei quicklebendig. Das Regime ist dabei, sich zu häuten: Aus einer linken wird eine rechte Diktatur, eine Metamorphose, deren Resultate ebenso beeindruckend sind (städtischer Wohlstand, Rückzug der alten Ideologie) wie frustrierend (Selbstbereicherung der Elite, Entrechtung von Arbeitern und Bauern, Siegeszug eines neuen Nationalismus). Die Farbe der Macht hat sich geändert. In einem Manifest sprach eine Gruppe zwangsenteigneter Bauern aus Fujin in Nordostchina von der Verwandlung »von Kadern in Großgrundbesitzer und von Bauern in Leibeigene«. Wie vor der Revolution. Die Parteiführung nennt es »Sozialismus mit chinesischen Besonderheiten«. Derweil sie auf der Suche ist nach neuen Rechtfertigungen ihrer selbst, soll die Propaganda auf der einen Seite mit formelhaften Beschwörungen der toten Geister die Sentimentalen im Land beruhigen, gleichzeitig aber – einer lang gezogenen Überblendung im Film nicht unähnlich – allmählich die Herkunft verschwimmen lassen und mit neuen Bildern und Parolen ersetzen. Die Bäuche ihrer Untertanen suchen die gewandelten Herrscher dabei zu gewinnen mit einem steten Anstieg des Wohlstands. Auf der einen Seite kann man es durchaus als Fortschritt und als ermutigend empfinden, dass dieser Staat und diese Partei eine Rechtfertigung ihrer selbst heute überhaupt für nötig halten. Auf der anderen Seite haben sie sich als neues Opium für die Köpfe den großchinesischen Nationalismus ausgeguckt.

Die Gleichung ist wieder eine recht simple, sie lautet: Wir machen China groß und stark, und wer gegen uns ist, der liebt sein Vaterland nicht. Vor allem der Zorn gegen Japan, der aus den Kriegsverbrechen des Landes gegen China herrührt, zu denen sich Japan bis heute nicht ausreichend bekennt, wird heute von der KP bewusst manipuliert und kultiviert. Von einer KP, die gleichzeitig mit japanischen Investoren wunderbar zusammenarbeitet. Nun ist blinder Nationalismus eine Flamme, die man nicht ungestraft schürt, und es ist nicht ausgeschlossen, dass es Chinas Herrscher dereinst so geht wie Goethes Zauberlehrling, der seiner Besen nicht mehr Herr wird. Manche fühlen sich schon jetzt berufen, auf eigene Faust zu kehren. Das bekamen japanische Austauschstudenten zu spüren, die an der Nordwest-Universität in Xi'an einen Sketch aufführten, bei dem sie ausgestopfte rote BHs über ihren T-Shirts trugen. Der Sketch, der nach Auskunft der Japaner mit einer Freundschaftserklärung an China hätte enden sollen (sie hatten auf die Rückseite ihrer T-Shirts geschrieben »Japan liebt China« und »China liebt Japan«), wurde vom aufgebrachten Publikum unterbrochen. Schnell machte das Gerücht die Runde, die *ri ben gui zi*, die japanischen Teufel, hätten sich über China lustig gemacht, und tausend chinesische Studenten zogen über den Campus, Japaner jagen. Hernach marschierten sie in die Stadt und belagerten dort japanische Restaurants. Solch hässliche Szenen wiederholten sich 2005, diesmal mit einem viel größeren Mob, in Hangzhou und Schanghai. Und im Sommer 2012, als der Streit um die unbewohnten Senkaku-Inseln (chinesisch: Diaoyu) im Ostchinesischen Meer eskalierte: Landesweit gingen Randalierer auf japanische Restaurants und Firmenniederlassungen los, ja gar auf die chinesischen Fahrer japanischer Kleinwagen, Demonstranten in Peking forderten auf Bannern die »Bombardierung Tokios« und trugen – erstmals seit der Kulturrevolution – das Konterfei Mao Zedongs durch die Straßen. Die Proteste waren bemerkenswert gut organisiert und wurden von Zehntausenden von Polizisten wohlwollend begleitet.

In Chinas Schulen, Universitäten und Massenmedien wird die jüngere Geschichte des Landes noch immer gelehrt als eine einzige Abfolge nationaler Demütigungen (*guo chi*): ein endloser Zirkel von Scham und Schande, aus dem nur die weise Führung der KP einen Ausweg weist. Warum das beunruhigend ist? Mehr als drei lange Jahrzehnte ist Chinas Wirtschaft nur gewachsen, aber auch China kann nicht ewig den Gesetzen der Schwerkraft trotzen. Irgendwann kommt die Rezession – und was passiert dann? Wie werden die Kommunisten von der Krise abzulenken versuchen? Es gibt heute junge Chinesen, die halten einen Krieg mit den USA für unausweichlich. Weil sie so die Insel Taiwan ins heilige Vaterland zurückholen möchten. Weil die USA China seinen Aufstieg nicht gönnen.

Das ständige Herunterbeten der Demütigungen Chinas durch das Ausland in den letzten eineinhalb Jahrhunderten geht seit Maos Tod Hand in Hand mit der ebenso instrumentalisierten Verherrlichung dessen, was man unter Mao noch in Stücke geschlagen und in die Fäkaliengrube geworfen hatte, nämlich des eigenen kulturellen Erbes: Wieder nimmt man Zuflucht bei der alten Versicherung, dass man im Prinzip schon immer allen überlegen war (und bei der unausgesprochenen Übereinkunft, dass man es im Kern eigentlich immer noch ist und dass die Welt es schon bald wieder merken wird).

Hierzu gehört das oft amüsante, auf Dauer aber ermüdende Bemühen der roten Patrioten, ständig belegen zu wollen, dass die Chinesen immer und überall die Ersten waren: Den Fußball und den Golfsport haben sie schon als chinesische Kulturleistung reklamiert, bald werden sie in Xi'an ein Snowboard aus der Han-Zeit ausgraben.

Solches Bemühen ist natürlich umso ertragreicher, je länger sich die chinesische Geschichte zurückverlängern lässt. Bis zur kommunistischen Revolution war es unter Chinas Gelehrten üblich, von der »dreitausendjährigen Geschichte Chinas« zu sprechen. Die KP hat es geschafft, in nur 50 Jahren Herrschaft zwei ganze Jahrtausende draufzulegen – und so bringt mittlerweile kaum ein Redner in China den Mund mehr zu, ohne zuvor den heiligen »5000 Jahren« seine Huldigung erwiesen zu haben. Als Ergebnis eines archäologischen Kraftaktes darf sich die Behauptung mittlerweile wissenschaftlich untermauert nennen: Von der Regierung bestellte Archäologen und Historiker entdeckten nämlich genau das, was die Regierung schon vorher wusste. Puh! China gebietet von nun an also auch offiziell über »5000 Jahre Gartenkultur« ebenso wie über »5000 Jahre Sport in unserem Land« (alles Zitate aus chinesischen Zeitungen). Selbstredend lassen sich auch die anderen Markenzeichen chinesischer Kultur – Tee, Seide und Jackie Chan – auf dieses Alter datieren, wobei die frühen Kung-Fu-Filme des Jackie Chan zu Recht in Vergessenheit geraten sind. 5000 Jahre Geschichte sind Anlass zu großem Stolz, oft aber auch ein rechtes Kreuz: Dann werden sie vom Gesprächspartner unter großem Seufzen angeführt und für mangelnde Frische und Beweglichkeit der Nation verantwortlich gemacht. Das muss nicht so sein. Wie die Kommunisten bewiesen, die zunächst »das Volk zum ersten Mal in 5000 Jahren zum Herren des Landes« (KP-Politbüro) gemacht und dann »die ersten Olympischen Spiele in 5000 Jahren« (Stadt Peking) nach China geholt haben. Selbst die Taiwaner möchten da nicht zurückstehen und haben laut Eigenauskunft »die ersten freien Wahlen in 5000 Jahren« zustande gebracht, allerdings stehen die archäologischen Beweise dafür noch aus. Anders bei US-Boxpromoter Don King, der den Chinesen kurz nach Eintritt ins neue Millennium »den ersten Weltmeisterschaftskampf im Schwergewicht in den 5000 Jahren der großen Volksrepublik« versprach. Don King präsentierte sich erst einmal selbst, und Historiker wie Aerodynamiker waren sich schnell einig in ihrem Urteil, wonach nie zuvor eine solche Mähne in den chinesischen Luftraum eingedrungen war. Der Maestro schenkte China schließlich einen abgesagten Weltmeisterschaftskampf im Schwergewicht: der erste in 5000 Jahren, ein ziemlich großes Ding.

金盾 *Jin Dun*

Goldenes Schild.
Oder: The Great Firewall of China

Ein Projekt zur Kontrolle des Internets unter der Ägide des Ministeriums für Öffentliche Sicherheit in Peking. Das Goldene Schild operiert seit 2003 und soll »eine Internetkultur mit chinesischen Besonderheiten zu schaffen«. Zu diesen Besonderheiten zählen

- die Tatsache, dass sämtlicher Internetverkehr zwischen China und dem Ausland durch wenige Knoten geleitet wird: einen für die Gegend um Peking, einen in Schanghai und einen in Kanton.
- die vielen Zehntausend Beamten der Internetpolizei, die an diesen Knotenpunkten und im Land selbst den Datenverkehr überwachen.
- all die Chinesen, die im Gefängnis sitzen wegen einer unvorsichtigen E-Mail oder eines kritischen Blogs. Dreieinhalb Jahre lang etwa saß der junge Familienvater Hu Jia wegen seiner im Internet veröffentlichten Aufsätze. Hu Jia hatte von seiner Regierung unter anderem gefordert, »den Geist der Olympischen Idee« zu respektieren«. Das Urteil: »Versuchter Sturz der Staatsgewalt«.

Das Erstaunliche an dem Goldenen Schild ist nicht seine Undurchdringlichkeit. Im Gegenteil, es lässt sich mit verhältnismäßig einfachen technischen Kniffen umgehen. Verblüffend ist vielmehr, wie erfolgreich die Zensur trotz aller ihrer Löcher ist. Ihre Wirksamkeit widerlegt Internetoptimisten wie Rupert Murdoch und Bill Clinton. Der Verleger Murdoch hatte 1993 die neuen Kommunikationstechnologien stolz zur unüberwindbaren »Bedrohung für totalitäre Regime« erklärt. US-Präsident Bill Clinton wiederum prophezeite im Jahr 2000, die Freiheit werde sich überall auf der Welt unweigerlich »über Handys und Modems« verbreiten. Das Beispiel China hingegen zeigt, wie verblüffend gut Gedankenkontrolle auch im Zeitalter des Internets funktioniert, wenn Manipulation und Scheinfreiheit Hand in Hand gehen.

Die Internetüberwachung in China ist vielfältig und wird ständig – auch mithilfe westlicher Firmen – verfeinert. Portale und Anbieter innerhalb Chinas verpflichten sich zur Selbstzensur und löschen kritische Nutzerkommentare im Minutentakt. Das US-Webportal Yahoo lieferte gar den Autoren Shi Tao an die chinesische Polizei aus, nachdem der eine anonyme E-Mail versandt hatte.

Bestimmte ausländische Webseiten wie Facebook, Twitter oder die der Falun-Gong-Sekte werden ganz blockiert. Andere wie Wikipedia sind zu bestimmten Zeiten gesperrt. Bei wieder anderen Portalen werden nur jene Seiten blockiert, auf denen sich Stücke über bestimmte Themen wie Taiwan oder Tibet finden. Die populären chinesischen Suchmaschinen wie Baidu blockieren die Suche nach Wörtern wie »4. Juni« (Tag des Tiananmen-Massakers) oder, merkwürdigerweise, »gelbe Gefahr«. Eine Suche nach Begriffen wie »Demokratie« oder »Menschenrecht« funktioniert augenscheinlich – führt jedoch ausschließlich auf offizielle Webseiten wie jene der Regierung in Peking, wo man informiert wird, dass »Menschenrechte in China besonderen politischen

Schutz genießen«. Eine Suchmaschine mag eine Trefferzahl angeben, die in die Hunderttausende geht bei der Suche nach einem Wort wie »Demokratie« – wenn man die einzelnen Links dann durchgeht, ist jedoch nach ein paar Hundert zensierten Webseiten Schluss. Die Liste der blockierten Webseiten ändert sich ständig, auch die Tabuwörter werden regelmäßig aktualisiert.

All diese Hürden wären jedoch zu umgehen: etwa mithilfe von kostenlos zugänglichen Proxyservern oder sogenannten VPN (virtuellen privaten Netzwerken), die gegen eine Abogebühr verschlüsselten Datenverkehr mit dem Ausland erlauben. Und doch macht das kaum einer. Die einen, weil es ihnen zu mühsam ist. Die anderen, weil Einschüchterung und soziale Kontrolle funktionieren: Man weiß, dass man überwacht wird. So hat die lückenhafte Zensur eine viel effektivere Selbstzensur zur Folge.

Viele Chinesen, vor allem in der Stadt, haben heute das Gefühl, so viel Freiheit zu genießen wie nie zuvor. Auch in der Informations- und Bilderflut des gesäuberten chinesischen Internets kann man noch hundertmal ersaufen. Und tatsächlich findet online so viel Debatte statt, wie es das nie gegeben hat in der Geschichte des Landes. Mit der Tatsache, dass es eine meist gelenkte Diskussion ist (die Regierung beschäftigt zigtausende Auftragsschreiber, die in Blogs und Foren unermüdlich Beiträge und Kommentare absetzen), haben sich die meisten Nutzer abgefunden. Gleichzeitig hat die Regierung bestimmte Themen erfolgreich aus dem öffentlichen Gedächtnis gelöscht und aus der öffentlichen Wahrnehmung verbannt. Von vielen Dingen, die die Diskussionen im Westen bestimmen, wissen junge Chinesen – auch solche, die sich als kritisch einschätzen – einfach nichts. Nichts von den nächtlichen Verhaftungen Andersdenkender. Nichts von der Geschichte Taiwans oder Tibets, was von der großchinesischen Propaganda abweicht. Selbst das Massaker vom Platz des Himmlischen Friedens 1989 ist so der kollektiven

Amnesie anheimgefallen. Das Ereignis, das die Welt erschütterte – in China ist es einfach vergessen.

Eine Bresche in den dichten Zaun zu schlagen, den die Partei um das Internet von ihren Gnaden aufgezogen hat, gelang erst einem noch jungen Medium: dem Mikrobloggingdienst Weibo. Weibo ist Chinas Version von Twitter, war für vier Jahre jedoch für das Land ungleich wichtiger, als es Twitter jemals für uns sein kann. Die staatlich bestallten Zensoren gaben auch bei Weibo ihr Bestes, bloß mussten sie feststellen, dass Zensur bei einem Medium, das in Echtzeit arbeitet, ungleich schwerer ist: Bilder von Tausenden toten Schweinen in Shanghais Huangpu-Fluss oder von verprügelten Bauern in Südchina reisen auf Knopfdruck durchs Land, werden in Sekundenschnelle zehn- und hunderttausendfach weiterverbreitet. Weibo gibt es erst seit 2009, aber es veränderte das Land schnell. Weibo-Nutzer machten etwa Jagd auf korrupte Kader, indem sie deren goldene Rolex-Uhren ins Netz stellten, und sie alarmierten die Netzgemeinde, wenn Bagger und Polizei anrückten, um ihr Häuschen abzureißen. Für ein paar Jahre schuf Weibo etwas, was das Land noch nie gesehen hatte: den Keim einer bürgerlichen Öffentlichkeit. Bürger schlossen sich miteinander kurz, informierten einander, diskutierten miteinander. Zu gefährlich für die KP. Im Sommer 2013 schlug die Zensur mit ganzer Macht zu: Prominente Blogger wurden verhaftet und öffentlich bloßgestellt, die Verbreitung von »Gerüchten« wird nun mit Gefängnis bestraft. Seither ist Weibo als Medium der Informationsfreiheit wieder tot. Gleichzeitig hat die KP mittlerweile gelernt, wie sie Internet und soziale Medien nicht nur kontrollieren, sondern geschickt für ihre eigenen Narrative nutzen kann. Die Zeiten, da die Partei den neuen Technologien nervös oder bang gegenüberstand, sind längst vorbei. Heute liebt die KP das Internet.

老城 *Lao cheng*

Altstadt

Zum Beispiel Chengdu. Einst eine der großartigsten Altstädte des Landes. Als ich sie das letzte Mal besuchte, da waren dort das Älteste die von Chiliflocken rotgesprenkelten Bratkartoffeln, die ich mir gerade gekauft hatte und von denen das längst kalte Öl herabtropfte. Die Kuanzhai xiangzi, die »breite« und die »schmale Gasse«, sind seit der Qingzeit bekannt. In ihrer jüngsten Reinkarnation sind die Gassen eher eine Nagelneustadt. Ein Schild heißt den englischsprachigen Touristen willkommen in einer »Rest assured comfort scenic spot consumption«-Zone. Im Original steht da: »Besichtigungszone für unbeschwerten und behaglichen Konsum«. Das ist modernes Chinesisch für: Altstadt.

Jede größere Stadt in China hat heute da, wo früher ihr Herz schlug, ihre Tourimeile für behaglichen Konsum. Geht ganz einfach: Altstadt abreißen und neu wieder aufbauen. Noch größer, noch schöner. Unten eine Tiefgarage druntergraben und oben Schnickschnack und kostenloses Wifi drüberstreuen. Fertig. Es ist dies, unter Führung der Partei, ein geschichtsvergessenes Volk geworden, und das Bild der Städte ist die äußere Entsprechung für die befohlene kollektive

Amnesie. Dieser Staat schafft sich seine Vergangenheit selbst, jeden Tag aufs Neue. Und füllt die Leere mit Selfie-Kulissen.

Man muss es mit der Suche nach Authentizität nicht übertreiben. Chinesen haben von jeher ein lockereres Verhältnis zu Baudenkmälern als wir Europäer. Aber ein Verbrechen bleibt auch hier ein Verbrechen. In Chengdu hieß der Verbrecher Li Chuncheng. Bürgermeister, Parteisekretär. Die Chengduer nannten ihn »Abrissbirne Li«. Heute sitzt er im Gefängnis: Korruption. Er ließ sich den Abriss vergolden, klar. Er riss Chengdu die Seele heraus, nahm den Chengduern selbst ihre geliebten Nachtmärkte. Li und seine Kollegen überall im Land haben Chinas Städten die Moderne eingeprügelt und alle Eigenart ausgetrieben. Heute gleichen sich die Städte in ganz China fast wie ein Ei dem anderen. Dass ich Chengdu noch als Chengdu erkenne, liegt erstens an dem ausnehmend entspannten Menschenschlag. Und zweitens daran: In Chengdu schlägt das Herz der Sichuanküche. Ich will nur so viel sagen: Ich habe hier am Straßenrand eine gegrillte Aubergine gegessen, die mich zu einem besseren Menschen hat werden lassen.

假 *Jia*

Alles gefälscht.
Oder: Die Schwindlerrepublik

Unter Chinesen in Schanghai und Peking machte eine E-Mail die Runde, die überschrieben war mit dem Seufzer »Warum wir in den Siebzigerjahren Geborene in der Patsche sitzen«. »Als wir klein waren, hat man uns beigebracht, aufrichtige Kinder zu sein«, begann der Text. »Seit wir aber erwachsen sind, können wir gar nicht anders, als gefälschte Zigaretten zu rauchen, falschen Wein zu trinken und heuchlerische Rede zu führen. Wir fallen auf Leute mit gefälschten Diplomen herein und setzen unsere Unterschrift unter gefälschte Quittungen. Das Schlimmste ist: Selbst die Fußballspiele, die wir zu sehen bekommen, sind Schiebung.«

Das Unbehagen junger Chinesen teilen auch Ausländer, und das nicht erst, seit die einst in Hongkong herausgegebene »Far Eastern Economic Review« hinter dem Staatskürzel PRC die »People's Republik of Cheats« vermutete: die Schwindlerrepublik China. »Die Chinesen sind sehr raffiniert in der Imitation«, schreibt ein Reisender aus Portugal, durchaus beeindruckt. »Was auch immer aus Europa sie in die Hände bekommen, das imitieren sie bis zur Perfektion. In der Provinz Kanton haben sie Dinge so exakt nachgeahmt, dass sie sie

175

im Rest des Landes als europäische Waren verkaufen.« Der Name des Reisenden ist Domingo Navarette, er war Dominikanerpater – und in China unterwegs von 1659 bis 1664.

Die Klage ist also nicht neu – und doch war sie nie so laut wie heute. Draußen wie drinnen. Kaum ein Wort hört man in Diskussionen mit chinesischen Intellektuellen und Künstlern so oft wie *Jia*, das den doppelten Boden in all seinen Schattierungen meint: *Jia* ist Falsches, Gefälschtes, Kopiertes, Geheucheltes und Vorgegaukeltes. Das Fake ist zu einem der Leitmotive dieses Landes im Übergang geworden, wie das viel bestaunte Wachstum, wie der unbeirrte Geist des Wandels selbst – eine der wenigen Konstanten im turbulenten Drunter und Drüber: Alles fließt, alles sprießt, nichts ist, wie es scheint. China: Land der unbegrenzten Möglichkeiten, Reich der unverschämten Piraten und Simulanten, Heim der ungezählten potemkinschen Dörfer.

Die Zuspitzung hat vor allem zwei Gründe: die Globalisierung des Warenverkehrs und die politische Struktur des Landes. Die Moderne also und den Anachronismus – vor allem die merkwürdige Koexistenz der beiden; eine Überlagerung, die den an den Gesetzen der Logik und der Eindeutigkeit geschulten, also ebenso knochentrockenen wie prinzipientreuen Mitteleuropäer recht fremd anmutet: Zwar schnappen die zwei – das Gestrige und das Morgige – in diesem Land schon mal mit gefletschten Zähnen nacheinander, doch mindestens so oft erlebt man sie in erstaunlicher Eintracht aneinander geschmiegt oder ineinander verknäuelt. Manchmal springt einen die Absurdität dieser Komödie direkt an, dann wieder verlangt sie den geschulten Zuschauer.

Vertraut ist dem Abendländer das Abkupfern von Rolex, Goretex-Anorak und Herr-der-Ringe-DVD, da ist er immer häufiger selbst Akteur: als unfreiwilliger Helfer wie als williger Kunde. Sechs von zehn Fälschungen, die in der Europäischen Union 2010 beschlagnahmt wurden, stammen aus China, bei gefälschten Schuhen waren es 90 Prozent. Nicht zuletzt deshalb, weil China zur Werkstatt der Welt geworden ist – und die Blaupausen für die Originale mittlerweile frei Haus geliefert bekommt. Zur Vordertüre gehen die von Nike bestellten und in China ordnungsgemäß fabrizierten Turnschuhe hinaus in die Welt, an der Hintertüre warten die Händler des »Yaxiu-Markts«, des bei Touristen wie Diplomatengattinnen gleichermaßen beliebten Raubkopienparadieses Pekings. Manchmal wartet auch ein leibhaftiger Außenminister: Italiens Franco Frattini wurde eines schönen Oktobertages von Journalisten dabei erwischt, wie er in Peking eine gefälschte Rolex erwarb. Was der Minister in Peking machte? Er war angereist zum EU-China-Gipfel, auf dem die EU den Schutz des geistigen Eigentums in China anmahnen wollte.

Es gibt mittlerweile kaum ein Produkt, für das findige chinesische Produzenten nicht ein Duplikat liefern würden, die Palette reicht vom Golfschläger für den Touristen über das Dinosaurierskelett fürs europäische Naturkundemuseum bis hin zum originalgetreu kopierten Weißen Haus, das sich ein reich gewordener Bauer in Hangzhou hat hinstellen lassen. Besonders geschäftstüchtige Kopisten haben das Spiel schon eine Stufe weitergetrieben: Sie kopieren nicht mehr bloß ein Produkt, sie kopieren gleich den ganzen Laden. In der Stadt Kunming wurden einmal drei komplett nachgebaute falsche Apple Stores und eine vierstöckige Ikea-Kopie entdeckt. Oder sie klonen die ganze Firma, samt Fertigungshallen, Bürogebäuden, Logo und Visitenkarten. So geschah es dem japanischen Elektrokonzern NEC, der in der chinesischen Provinz auf einen Doppelgänger mit mehr als 50 Fabriken stieß, der weltweit operierte und unter dem Namen NEC sogar Lizenzen an Dritte weitervergab. Das US-Magazin »Time« wiederum erzählte die schöne Geschichte vom amerikanischen Industrieklebemittel-Hersteller Abro, der sich in einem 100 Prozent chinesischen Double wiederfand, geklont von einer Firma mit dem schönen Namen »Hunan Magic Power«. Als der verblüffte Abro-Chef Timothy Demarais auf

177

der Kantoner Messe den Magic-Power-Chef zur Rede stellte, da zog dieser umfangreiche Beweise hervor, die ihn als rechtmäßigen Inhaber der Marke Abro ausweisen sollten, darunter eine Musterkarte, auf der eine Amerikanerin zu sehen war, die Epoxydharz auf ein Fahrrad aufträgt. Geschlagen gab der Fabrikant aus Hunan sich erst, als Demarais seinerseits seine Geldbörse zückte und daraus ein Foto hervorzog. Das Foto zeigte die Dame auf der Musterkarte des Chinesen – Demarais' Ehefrau.

Wenn es auch stimmt, dass der Geist kostbar ist, der in vielen der Originale steckt, so wird ein positiver Aspekt dabei bislang recht wenig diskutiert: der zwar von den Fälschern nicht beabsichtigte, aber gleichwohl fruchtbare Beitrag ihrer kriminellen Aktivitäten zur Entwicklungshilfe. Die Tatsache also, dass auch unbezahlter Geist segensreich wirken kann.

Die »Internationale Allianz zum Schutze des geistigen Eigentums«, ein Verein der US-Industrie, schätzt ihre Verluste durch Chinas Raubkopien von Filmen, Software und Büchern auf mehrere Milliarden Dollar im Jahr. Praktisch jeder chinesische Computer läuft mit Raubkopien, jeder, der sich eine DVD anschaut, hat sich den Film als Raubkopie für sechs bis zehn Yuan das Stück besorgt. Der Umkehrschluss bedeutet im Noch-immer-Entwicklungsland China aber: Wären nur die Originale zu haben – die überwältigende Mehrzahl der jetzigen Konsumenten würde darauf verzichten müssen. »Mit Raubkopien habe ich die gesamte Popgeschichte des Westens nachgeholt, angefangen bei den Beatles«, erzählt ein befreundeter Musiker: »Und alle Fassbinder- und Fellini-Filme angeschaut.« Die Raubkopiererei ist wahrscheinlich das heute mächtigste und nachhaltigste Programm zur Einführung von Chinas Massen in die westliche Kultur, kein geringer Beitrag also zur Verständigung der Völker. Zugegeben: auf Kosten der westlichen Kulturindustrie. Aber nicht ohne die Sympathie mancher ihrer Akteure: »Je mehr

Leute einen Film sehen, umso besser«, urteilte der Regisseur Michael Winterbottom, bei einem Pekingbesuch nach Raubkopien seiner Filme befragt.

Natürlich steckt hinter den meisten Fälschungen schlicht die Gier nach leicht verdientem Geld. Immerhin: Manche der Imageschmarotzer verleihen ihren Kreaturen noch einen Hauch von Kreativität. Da gibt es die Verschmelzer, etwa die Fast-Food-Kette, die sich in Symbiose ihrer amerikanischen Vorbilder »McKentucky« (chin.: *Mai Kenji*) nennt. Oder die Autofirma *Geeli*, der ihr altes Modell wohl selbst etwas zu gewagt schien, das über einen von Mercedes kopierten Kühlergrill auch noch einen Stern nach Art der Stuttgarter setzte. Das Nachfolgemodell kombinierte dann den Mercedes-Kühler mit einem BMW nachempfundenen Logo. Nicht weniger originelle Ausgeburt der Markensucht ist das »Armani«-Hemd, das mit »Boss«-Preisschild in der »Ralph-Lauren«-Schachtel verkauft wird. Neben den Verschmelzern gibt es die Hochstapler: Kulturparasiten, die berühmten Namen eigene Werke unterzujubeln suchen. Während der Rest der Welt noch sehnsüchtig auf Band sechs der Harry-Potter-Serie wartete, durften Leser in China längst unter einem Dutzend Potter-Abenteuern wählen (»Harry Potter und die goldene Schildkröte«, »Harry Potter und der Leopardendrache«), deren chinesische Herkunft nicht nur der »süß-saure Regen« verrät, welcher den armen Harry in einem der Bücher erwischt. Der junge Bestsellerautor und Rennfahrer Han Han, den beißende Abrechnungen mit Chinas Schulsystem berühmt gemacht haben, erzählte mir, dass er schon mehr als zwanzig verschiedene Romane gesammelt habe, die unter seinem Namen erschienen seien. »Wenn einer meine Bücher illegal nachdruckt und verkauft, ist mir das eigentlich egal«, sagt er. »Aber einen grottenschlechten Roman verfassen und meinen Namen draufschreiben – das ist Rufschädigung.«

Die Sache ist nicht nur zum Lachen. Die chinesische Billigtrüffel (Tuber indicum) mag auf dem der Tuber melanosporum entgegenfiebernden französischen Gaumen nichts Schlimmeres als einen Schock der Enttäuschung auslösen, andere Fälschungen jedoch sind eine Gefahr für Leib und Leben: Es explodieren an Chinas Ohren falsche Nokia-Handybatterien und zwischen Chinas Lippen gefälschte Zigaretten – und falsche Medikamente bringen Regierungsstatistiken zufolge jährlich 200000 Chinesen um.

Und die immateriellen Folgen? Den Schaden hat nicht nur die Kasse großer Konzerne, den Schaden hat auch die Gesellschaft.

Millionen von Chinas Kindern sitzen über billigen, weil gefälschten Schulbüchern, in denen es laut »China Daily« vor fehlerhaft geschriebenen Schriftzeichen nur so wimmelt. Falsch gelernt, Uni nicht geschafft? Nicht weiter tragisch: Ein gut gefälschtes Universitätsabschlusszeugnis kostet in Peking im Moment 200 Yuan (20 Euro). Kaum eine Woche vergeht, in der Chinas Mobiltelefonbesitzer nicht eine Kurznachricht erhielten, die »Zeugnisse, Quittungen und Stempel aller Art« anpreist, Lieferung frei Haus. Mehr als eine halbe Million falsche Magister und Doktoren laufen im Land umher, zwei Drittel aller Staatsbetriebe manipulieren ihre Bilanzen, Zehntausende amtlicher Statistiken werden im Jahr gefälscht. Die hier genannten Zahlen kann man nun glauben oder auch nicht – sie stammen allesamt von der Regierung, die am Ruf ihres Landes nicht unschuldig ist: In diesem faulen Apfel nistet der Wurm im Kerngehäuse.

Mehr als einmal schon verkündeten die Staatsmedien eine »nationale Kampagne, die Partei- und Regierungskader mit gefälschten Diplomen zur Strecke bringen soll«, welche zur Plage geworden seien. »Skandalösen Betrug«, ortete die »Volkszeitung« und schrieb: »Wenn ein Kader bei seinen Zeugnissen zu Schwindel und Trickserei Zuflucht sucht, könnte derselbe Kader nicht auch die Implementierung der Parteirichtlinien und -politik mit Schwindel und Trickserei betreiben?« Kein falscher Gedanke, aber nicht zu Ende gedacht. »Ist der Firstbalken krumm, liegen auch die unteren Balken schief«, lautet ein chinesisches Sprichwort. Übersetzt für unseren Fall: Wenn die größten Schwindler in der Zentrale in Peking sitzen, mag man da all jenen einen Vorwurf machen, die sich an ihren Oberen ein Beispiel nehmen: den einfachen Chinesen, den kleinen Kadern?

Des Regimes aufwendigstes Maskenspiel: Es simuliert den Sozialismus, wo in Wirklichkeit die nackte Macht herrscht. Und während viele Ausländer mittlerweile entdeckt haben, dass der dem eigenen Volke gegenüber stur behauptete Kommunismus in China Attrappe ist, so stimmt leider ihr – von cleveren chinesischen Investitionssammlern geförderter – Umkehrschluss genauso wenig: dass das Land sich nun dem Kapitalismus westlicher Prägung verschrieben habe. Zwar sind die Chinesen Kaufleute mit Leib und Seele und stürzen sich mit Enthusiasmus ins Geschäftemachen. Doch ist die ihnen als Spielfeld bereitete »Marktwirtschaft« keine echte: Im China von heute sind nicht Ideen, Fleiß und Leistung die Münze – es ist die politische Macht, die getauscht wird gegen wirtschaftlichen Vorteil. »Kaderkapitalismus« haben Chinabeobachter das Phänomen getauft: Es regieren Beziehungen und Bestechungsgelder, nicht der freie Markt. Da, wo freilich die politische Patronage ihre Zustimmung gegeben hat, treiben geradezu urkapitalistische Zustände Blüte, sodass man sich an Lenin erinnert fühlt, der einmal gesagt hat, je weiter der Kapitalismus nach Osten vordringe, desto schamloser werde er.

Manches ist Pragmatismus: Unter Vorspiegelung falscher Tatsachen (»wir sind immer noch die Alten«) schleppt die KP verkrustete Brocken der alten Gesellschaft in die neue Zeit: jene Fossilien, die noch Mao und Marx im Herzen tragen. Anderes ist Täuschung um des Prestiges willen: wenn Heerscharen von Tagelöhnern vor Ankunft einer Inspektorenruppe des Internationalen Olympischen Komitees im Februar Pekings braune Grashalme entlang der großen Straßen mit grüner Farbe besprühen. Oder wenn die chinesischen Schriftzeichen auf dem Olympiaplakat »ein neues Jahrhundert und ein neues Peking« versprechen, die an sentimentale Ausländer gerichtete englische Fassung auf demselben Plakat direkt unter den chinesischen Schriftzeichen hingegen »ein neues Jahrhundert und ein *altes* Peking«. Das meiste ist Lüge im Dienste des Machterhalts: etwa die Geiselnahme der eigenen Sprache, das Fälschen der Wörter. Das chinesische Fernsehen: ein einziger schriller falscher Ton. Wo die Kader »Nachrichten« sagen, meinen sie Propaganda, wo sie das »Volk« im Munde führen, sich selbst. »Stabilität« bedeutet ihre ewige Herrschaft, und von ihnen seit einigen Jahren gerne benutzte Begriffe wie »Rechtsstaat«, »Menschenrechte« oder »Demokratie« leiten sich von diesem Ziel ab.

Früher ging es der Macht um Kontrolle, heute geht es ihr ebenso sehr ums Geld. Unterwegs hat sie ihr herrscherliches Charisma verloren, jene von den Konfuzianern beschworene königliche Tugend. Einst vermochte die Partei, ihrem Volk ein Korsett aus einer Ideologie zu schnüren, die sich im Nachhinein als verrückt, gar mörderisch erwiesen haben mag, die damals aber religiösen Glauben hervorrief und mit manchen ihrer Postulate − spartanischer Lebensstil, Aufopferung für das Kollektiv, Ablehnung jedes Gewinnstrebens − auch moralischen Halt bot. Heute durchschaut das Volk die Autorität als verrottete, von der man sich Stabilität, Frieden und Wohlstand erhofft, deren Vertretern man ansonsten aber die Jagd nach persönlichem Vorteil unterstellt, welche sie mit hohlen Worten maskieren. Die alten Werte sind über Bord gegangen, neue haben sich noch nicht aufgetan.

Wen also wundert's, wenn das Gscherr es dem Herrn nachtut, wenn man im ganzen Land über Kopien, Attrappen und Illusionistenbühnen stolpert? Einige in China lebende Westler haben sich aus Freude an der Sache und aus unternehmerischer Findigkeit ein Doppelleben als »Mietausländer« zugelegt: Wann immer eine chinesische Firma oder Organisation anruft, werfen sie sich in Anzug und Krawatte, springen auf die Bühne und unterzeichnen im Blitzlicht der herbeigeorderten Presse als »ausländischer Investor« Geschäftsverträge oder verleihen offiziösen Veranstaltungen Glamour und Vertrauenswürdigkeit. Und dies beileibe nicht nur in der Provinz: Ein kurzfristig einbestellter deutscher Sinologiestudent hielt in der Großen Halle des Volkes bei einer Umweltschutzkonferenz als »ausländischer Experte« eine Lobesrede auf die Errungenschaften chinesischer Umweltpolitik. Daneben verdiente sich derselbe Student ein gutes Taschengeld, indem er für ein Pekinger Architekturbüro bei Präsentationen als dessen original deutscher Architekt auftrat, um die Schultern stets lässig einen Kaschmirschal geworfen. Seine chinesischen Chefs bezahlten ihm 1000 Yuan pro Auftritt und verboten ihm ausdrücklich, zu erkennen zu geben, dass er Chinesisch spricht. »Das Ausländische ist immer das Bessere«, erklärt sich der Student das Motiv seiner Chefs: »Als Ausländer bist du Trophäe und Beute zugleich.«

Meist sind die Schauspieler Chinesen. Im Örtchen Yangshuo in der Provinz Guangxi kann man sich einen Ehrfurcht einflößenden tausendjährigen Banyanbaum ansehen. Die Würde des alten Giganten steht in starkem Kontrast zu dem Vergnügungspark, mit dem ihn die Kreisregierung eingezäunt hat, damit sie Eintritt kassieren kann. An einem Ort, der vor Errichtung des Parks selbst herrliche Natur war: gelegen an einem träumerisch mäandernden Fluss, dazu Büschel von Riesenbambus an den Bergfuß drapiert wie Gamsbartpinsel auf einen Tirolerhut. Im Preis inklusive ist eine der bei chinesischen Touristen beliebten Tanz- und Singvorführungen von ethnischen Minderheiten, die alle zehn Minuten wiederholt wird: in diesem Fall eine Mischung aus Tanz und Geschicklichkeitsspiel, bei dem Frauen des Mulao-Volkes zwischen zwei rhythmisch gegeneinandergeschlagene Bambusrohre springen müssen. Nach der Showeinlage dürfen sich die Touristen mit den in bunten Trachten und Turbanen steckenden

Frauen gegen ein Entgelt von zehn Yuan fotografieren lassen. Nur: Es sind gar keine Mulao-Frauen. »Nein, wo denkst du hin, wir sind alle Chinesinnen von hier«, erzählte mir eine der Tänzerinnen, eine 17-Jährige. »Weißt du«, sagte sie unbekümmert, »die richtigen Mulao sprechen doch gar kein gutes Chinesisch. So ist es doch viel bequemer für die Touristen.«

Die vielerorts wuchernden Minderheiten- und historischen Vergnügungsparks sind nur ein Auswuchs eines Phänomens, das mittlerweile das ganze Land erfasst hat: die Disneyfizierung Chinas. Dabei befruchten sich drei Faktoren aufs Ärgste: erstens das China durchwehende Profitstreben. Zweitens das von jeher unverkrampfte Verhältnis der Chinesen zum historischen Original: Chinas Architektur war meist aus Holz, die Bauten brannten deshalb regelmäßig ab oder verwitterten sehr schnell, wurden also regelmäßig durch neue ersetzt – und galten dennoch weiterhin als Original, da der Geist, in dem ein Gebäude errichtet war, mehr zählte als das Alter des Materials. Die beiden eben genannten Phänomene könnten allerdings nicht halb so viel Schaden anrichten, ginge ihnen nicht drittens jene Geschichtsvergessenheit zur Hand, die die Herrscher diesem Volke seit einem halben Jahrhundert verordnet haben. Kein kommunistisches Regime kann überleben ohne die regelmäßig wiederkehrende kollektive Amnesie, ohne den Zwang zum Kurzzeitgedächtnis: damit seine Vergehen vergessen werden, seine Lügen nicht zu monströs erscheinen. Vor allem: damit das Muster verwischt wird, der Mechanismus der Macht, der all den traumatischen Ereignissen zugrunde liegt, egal, ob Großer Sprung, Kulturrevolution oder Massaker auf dem Platz des Himmlischen Friedens. Dass dem chinesischen Volk im politisch-historischen Areal kein Gedächtnis erlaubt ist, das auch nur zwei Monate zurückreicht, zeigte sich regelmäßig bei dem Propagandatrommelfeuer, das die Partei auf Katastrophen aller Art folgen lässt. Zum Beispiel auf die verheerende Explosion eines illegalen Gefahrengutlagers inmitten der Hafenstadt Tianjin 2015, die für ein paar Tage die Bürger im ganzen Land erschütterte. Oder auf das SARS-Desaster: Wer sich aufgerafft hätte, nur acht Wochen zurückzudenken (die Regierung hatte die SARS-Epidemie über Monate verschwiegen und geleugnet), hätte laut »Lüge!« rufen müssen – so einigte man sich auf die öffentliche Formel, dass die großartige Kommunistische Partei das Land einmal mehr vor dem Untergang gerettet hat, und feierte den Brandstifter als Feuerwehrmann. Nur geheuchelt, diese Loyalität? Vielleicht, aber genau das ist es ja, was in der E-Mail vom Anfang dieses Kapitels anklingt: dass einem die Heuchelei in diesem Staat zur zweiten Natur wird. Auf die Frage, was ihm am meisten zu schaffen mache in seinem Land, sagte mir Chinas Rockstar Cui Jian: »*Zhuang sha*«, das allgegenwärtige »Sich-dumm-Stellen«.

Im Stadtbild findet die Melange von traditioneller Unbekümmertheit, Profitsucht und erzwungener Geschichtsvergessenheit ihren Ausdruck in so heillosen Parodien wie der »Altstadt« von Schanghai, die in Wirklichkeit eine Nagelneustadt ist: Häuser im »traditionellen Stil«, aufgeblasen zu Monstern des Pittoresken. Ähnliche Karikaturen erobern das ganze Hoheitsgebiet, man findet sie im heiligen Kern von Lhasa ebenso wie im Schatten von Pekings Verbotener Stadt, wo sich die Rosstäuscher vom Amt gerade die letzten verbliebenen »Denkmalschutzgebiete« vorknöpfen. Versprochen war an Pekings Nanchizi-Straße eine »Modellsanierung«. Vorher waren da mustergültige Exemplare der ›siheyuan‹, der alten Pekinger Hofhäuser – jetzt stehen da nagelneue, mehrstöckige Mehrfamilienhäuser mit Doppelgaragen für die Mercedesse und Audis der Neureichen. »Altstadtsanierung« in China heißt: abreißen und neu wieder aufbauen. Der Unterschied zum lockeren Umgang der Ahnen mit ihrer Bausubstanz: Die Ehrfurcht vor der Tradition ist dahin, der ehrwürdige Geist ausgetrieben. An seine Stelle setzen die Stadtväter profitable Immobilienprojekte und pflegeleichtes Disney-China, durch das sie die Touristenhorden treiben. Gespenstisch.

Ein Bekannter, dem man mit jedem Seufzer anmerkt, wie gerne er Patriot wäre und wie schwer sein Heimatland ihm dies macht, hat ausgerufen: »Falsch! An diesem Ort ist alles falsch! Nur eine Sache ist echt: die Betrügerei, die ist echt.« Was natürlich übertrieben ist: China ist voll von ehrlichen und rührend aufrichtigen Menschen. Aber es spiegelt deren Stimmung wider: Wer ehrlich bleibt, der fühlt sich oft für dumm verkauft. »Das Traurige ist«, sagt eine im Ausland lebende Chinesin, »dass es dir dieses Land unmöglich macht, simpel und geradeheraus zu sein. Das schmerzt.«

In China erzählen sie sich eine Anekdote von grimmigem Humor, die von dem armen Bäuerlein, das sich für sein letztes Geld ein paar Sack Samen kauft. Er sät und wartet: Nichts wächst – es waren gefälschte Samen. Der Bauer ist verzweifelt, will nicht mehr leben. Er geht in den Schuppen, nimmt die Flasche Rattengift, die da steht, und trinkt sie auf einen Schluck leer: Nichts passiert – der Giftverkäufer hatte ihn übers Ohr gehauen. Überglücklich über den folgenlosen Selbstmordversuch, beschließt die herbeigeeilte Familie zu feiern. Sie öffnet eine Flasche vom guten Reisschnaps. Jetzt fällt der Bauer tot um – es war gefälschter Schnaps, hochgiftig.

Das sagt Konfuzius: Wer die Ordnung im Staat herstellen möchte, der müsse zunächst die Begriffe richtigstellen. Denn: »Wenn die Begriffe nicht richtiggestellt sind, dann sind die Worte nicht gehorsam, und wenn die Worte nicht gehorsam sind, dann gelingen die Dienste nicht. Wenn die Dienste nicht gelingen, dann nehmen Riten und Musik keinen Aufschwung, und wenn das passiert, dann treffen Strafen und Bußen nicht zu. Wenn Strafen und Bußen nicht zutreffen, dann weiß das Volk nicht, wohin mit Hand und Fuß.«

So ist das in China heute: Die Dinge sind nicht so, wie sie scheinen, und die meisten wissen nicht so recht, wohin mit Hand und Fuß.

人权 *Ren quan*

Menschenrecht

Ist im Chinesischen auch lesbar als Menschen*macht*: Das Zeichen *quan* kann sowohl »Recht« als auch »Macht« bedeuten.

1. »Die Sache der Menschenrechte erlebte in China zwei große Durchbrüche: Der erste war die kommunistische Revolution von 1949, der zweite die Reformpolitik Deng Xiaopings.«
   (Originalzitat aus dem chinesisch-deutschen → *Menschenrechtsdialog*, in diesem Falle gesprochen von einem Vertreter der regierungstreuen chinesischen »Gesellschaft für Menschenrechte«)
2. »Wenn man sich erst an den falschen Zungenschlag gewöhnt hat, ist es ganz wunderbar zu beobachten, wie unmöglich es ist, davon wieder loszukommen.« (Michel de Montaigne, *Die Essais*)
3. Alle Menschen haben das Recht zur Lüge. Aber nur die Herren nehmen es unwidersprochen in Anspruch und lächeln dabei ganz ungeniert. Das ist das Recht der Herren.
4. In China herrscht Herrenrecht. (Auch: Herren*macht*.)
5. »Suchen Sie sich zehn Leute auf der Straße, die zu einem

Polizisten gehen und die ihm zehnmal oder hundertmal ins Gesicht sagen: ›Menschenrechte sind wichtiger als die Olympischen Spiele‹... Wenn die Leute müde werden vom langen Reden, dann wird der Polizist ihnen wahrscheinlich eine Tasse Tee anbieten.« (Der chinesische Außenminister Yang Jiechi, kurz vor den Spielen)

6. Eine »Einladung zu einer Tasse Tee« ist in China ein sarkastisch gebrauchtes Synonym für ein Verhör durch die Geheimpolizei.

没有 *Mei you*

Hamwer nich'

Wird hier nur aus Sentimentalität aufgeführt. *Mei you* war noch vor wenigen Jahren der erste und meist einzige chinesische Begriff, den jeder Chinabesucher beherrschte: eine gefürchtete, weil einem von morgens bis abends schlecht gelaunt entgegengeraunzte Erwiderung, egal, ob im Kaufhaus, im Hotel oder am Ticketschalter. Entschlüpfte meist dem Munde zerstrubbelter Angestellter, die noch beim Reden den Kopf schon wieder auf ihre Ärmelschoner fallen ließen, welche nur zu dem einen Zweck geschaffen worden zu sein schienen, ihre meist blauen Polyesterjacken beim Dauernickerchen vor der Staubschicht auf der Theke zu schützen. *Mei-you*-T-Shirts gewitzter chinesischer Straßenhändler waren Verkaufshits unter Touristen. *Mei you* ist inzwischen Geschichte, es sank gemeinsam mit der Plan- und Mangelwirtschaft ins Grab. Mittlerweile fließen Chinas Läden und Märkte über vor Waren, und die Verkäufer winken einem schon von Weitem, denn sie arbeiten jetzt auf eigene Rechnung oder bekommen Provision. Mit dem Wandel vom Nachfrage- zum Angebotsmarkt und dem Aufkommen von vor Eifer schier platzenden Ärmelzupfern und Strickwarentoreros, die sich mit ihren Häkeldecken den vergeblich Haken schlagenden Touristen in den Weg werfen wie der Stierkämpfer mit seiner roten Capa dem Stier (*»Tschiipa tschiipa! Looka looka!«*), schlich sich eine andere Phrase ins Vokabular der Chinatouristen, nämlich → *bu yao*, dt.: »Will ich nicht. Will ich nicht!! WILL ICH WIRKLICH NICHT!!!«

劳模 *Lao mo*

Helden der Arbeit.
Oder: Dem Volke dienen

Ich weiß nicht mehr genau, wann ich die Idee zu diesem Kapitel hatte. War es, als mir die Kellnerin an jenem frostigen Dezemberabend zur Begrüßung mit einer kleinen Zange und einem großen Lächeln ein dampfend heißes Frotteetuch reichte, in das ich mein Gesicht so traumselig versenkte, dass ich darüber beinah das Essen vergessen hätte? War es in dem Teehaus in Chengdu, wo ein eifriger und geschickter Ohrenwerker, wie es der Brauch ist vor Ort, mir und meinen Freunden mit einem langen Bambusschäufelchen den Schmalz aus den Gehörgängen bohrte, derweil wir über einer Kanne Wulongtee Gott und die Welt vergaßen? Nein, ich glaube, es war an jenem Tag, als ich nach drei Tagen Skifahren und Frostbeulenpflege in der Mittleren Mandschurei mitternachts am Pekinger Flughafen landete, hundemüde zu meinem Auto stapfte und in Vorfreude auf mein Bett die Zündung betätigte. Nichts passierte – ich hatte das Licht brennen lassen, die Batterie war leer. Heulen hätte ich mögen.

In Deutschland rufen Sie an dieser Stelle den ADAC. Und in China? Überreden Sie einen Taxifahrer, Sie bis ins nächste Dorf abzuschleppen, wo sich eine Reihe Autowerkstätten befinden. Es war Mitternacht, alles war pechschwarz, als wir einrollten. Kein Problem, sagte der Taxifahrer und donnerte mit der Faust gegen ein heruntergelassenes Garagentor. Bald tauchte ein zerzauster Kopf auf, der in einem ölbefleckten Pyjama steckte. Keine zwei Minuten später gingen die Lichter an, und es umringten drei sich den Schlaf aus den Augen reibende Männer und die Chefin mein Auto. Fix setzten sie mir eine neue Batterie ein, dann entspann sich eine heftige Debatte: Sie hatten kein Starterkabel in der Werkstatt. Es dauerte nicht lange, da hatte einer der drei eine Idee: Er packte einen Drahtschneider, rannte über die Straße zur friedlich schlummernden Nachbarwerkstatt, kletterte an deren Außenwand hoch – und zwackte kurzerhand drei Meter Stromkabel ab, die dort am Dach baumelten. Strahlend kam er zurück, in der Hand: unser Starterkabel. Eine halbe Stunde später war ich zu Hause. Ich weiß, der bestohlene Nachbar mag da anders denken, aber mich drängt es seit dem Tag, der Welt zuzurufen: China ist ein Serviceparadies.

Es ist dies keine ungefährliche Behauptung. Ich habe auch deshalb lange gezögert damit, sie publik zu machen, weil einer meiner Kollegen mir in diesem Falle mit dem Entzug der Freundschaft gedroht hat, mindestens aber mit dem Verfassen des ersten Leserbriefes seines Lebens, in dem er mich als manipulativen Ignoranten entlarven wird.

Dann aber hatte ich wieder einmal den Kopf auf einen Packen Kuschelhandtücher des Friseursalons »Kleopatra« gebettet und schickte mich an, der Welt zu entgleiten. »Kleopatra« war auch deshalb zu meinem Stammsalon geworden, weil sich unter den deutschen, französischen und russischen Damen der Nachbarschaft ein erbitterter Wettbewerb um die Gunst des Friseurs entsponnen hatte und es höchst kurzweilig war zuzusehen, wie das zu toupierende Völklein um die begnadeten Hände des jungen Mannes buhlte und wie sie erröteten unter einem, ach nur einem Blick aus seinen Kohleaugen, der sich mit dem ihren im Spiegel traf. Unfaire Vorteile in diesem Wettbewerb erstritten sich regelmäßig die zahlreichen russischen Kundinnen, die nach vollbrachtem Aufpumpen ihres blonden Atompilzes dem Friseur nicht selten einen Geldschein in den Ausschnitt schoben, die etwas vorwitzigen in die vordere Tasche seiner engen Jeans, wo sie mit ihrer Hand natürlich nachhelfen mussten, bis der Schein sicher verstaut war. (Unsere ans südliche Botschaftsviertel angrenzende Straße ist so sehr russisches Territorium, dass die Rikschafahrer hier jeden Europäer wie selbstverständlich auf Russisch ansprechen. Um die Ecke befindet sich der sogenannte Russenmarkt, wo sich die Kundschaft aus Moskau und Nowosibirsk eindeckt mit turmhohen Ballen neonlila und schlumpfblau eingefärbter Pelzmäntel und Lastwagenladungen von Büstenhaltern, so geräumig, dass man in einen von ihnen drei Chinesinnen gleichzeitig stecken könnte.)

Da lag ich also, diesmal ganz bei mir selbst, mit geschlossenen Augen, während mich zwei resolute Hände in selige Trance kneteten: trommelten meine Schultern, kratzten meinen Skalp, zwickten meine Ohrläppchen, boxten meine Rippen, klöppelten gegen meine Schläfen, zogen mir die Finger lang. Wo auf der Welt gibt es das sonst, dass man beim Friseur vor dem Haarschnitt eine halbstündige Nackenmassage angeboten bekommt? In China ist das üblich. In China können Sie sich auch bei einem Spaziergang im Park massieren oder auf dem Gehsteig vor Ihrem Haus die Haare schneiden lassen. Selbst wenn das Resultat sich nicht immer mit Ihren Vorstellungen decken mag: Der gute Wille ist erstaunlich. In Peking können Sie sich das Mineralwasser ebenso nach Hause liefern lassen wie das Zugticket oder den Doktortitel jeder gewünschten Eliteuniversität, und zwar eine Stunde nach Bestellung. Und der Obstverkäufer schält einem an Ort und Stelle die Ananas. Versuchen Sie das mal Ihrer Standlfrau am Viktualienmarkt nahezubringen.

Natürlich haben viele der neuen Dienstleistungen damit zu tun, dass China über ein unerschöpfliches Reservoir an billigen Arbeitskräften verfügt: Allein das Heer der städtischen Arbeitslosen wird auf 30 Millionen geschätzt, auf dem Land warten noch einmal mindestens 200 Millionen auf jede noch so kleine Chance, etwas zu tun. Wenn Ihr Taxi am Pekinger Flughafen ankommt, wird sich eine Gruppe rot uniformierter Dienstmänner darum balgen, Sie und Ihr Gepäck gegen eine Gebühr von zehn Yuan (ein Euro) zum Einchecken zu lotsen: allesamt ehemalige Arbeitslose (wie übrigens auch die Ampelmännchen in ihren braunen Schlotteruniformen, die mittlerweile an jeder zweiten Kreuzung Pekings die Radfahrer terrorisieren mit so wunderlichem Verlangen wie: Bei Rot stehen bleiben!). Besonders gern fuhr ich einige Jahre mit Besuchern zum Autowaschen am Liangma-Kanal. Den meisten blieb die Sprache weg: Kaum war der Wagen in die Garage eingefahren und einmal grob abgespritzt, fiel wie auf Kommando ein wild rotierendes Wäschergeschwader vom Himmel und warf sich auf das Auto wie ein Schwarm Piranhas auf eine ins Wasser gefallene Bergantilope: Einmal zählte ich acht Männlein gleichzeitig. Ein Wirbelwind aus Tuch und Leder hüllte einen ein, eine Gischt aus Schaum und Wasserfontänen prallte an die Fenster, hier tauchte ein glotzendes Auge aus der Gischt, dort wischte ein Haarschopf vorüber, und kaum hatte man sich die Augen gerieben, war der Spuk auch schon vorbei und das Auto blitzblank: für 15 Yuan. Die Garage gibt es übrigens nicht mehr, die Stadtregierung hat sie geschlossen, wie so viele andere Läden und Lokale auch, in denen vor allem Zugereiste von außerhalb ihr Auskommen fanden; Peking will schrumpfen und glänzen, die Auswärtigen sollen vergrault werden. Den Servicesektor in der Hauptstadt wird das hart treffen.

China ist ein Entwicklungsland, als Ausländer ist man für die meisten Chinesen unvorstellbar reich. Muss man also ein schlechtes Gewissen haben, wenn man solche Dienstleistungen in Anspruch nimmt? Ich finde nicht: Die Leute sind nett zu einem, man ist nett zu den Leuten und trägt dazu bei, dass sie ihren Unterhalt verdienen. Die Autowäscher sind im Hauptberuf Torwächter bei Häusern reicher Leute und verdienen sich an ihrem freien Tag etwas dazu; der schöne Friseur hat sich mittlerweile selbst ein Auto geleistet. Es ist auch mehr als nur das Geld. Geld verdienen wollen die Leute bei uns ja auch. Es ist eine Frage der Einstellung.

Kellnerinnen in China werden nun wirklich ausgebeutet, sie verdienen oft keine 3000 Yuan im Monat plus Kost und Logis für sieben Tage Arbeit die Woche – und verrichten ihre Aufgabe doch meist so strahlend und eifrig, dass die mürrischen Matronen aus Münchens Wirtshäusern ihnen sofort die Gewerbeaufsichtsbehörde an den Hals schicken würden. Wenn Sie Ihr Baby mithaben, werden sich die Kellnerinnen darum streiten, welche von ihnen den krähenden Balg entführen darf, während Sie gemütlich speisen. Und wenn Sie sich auf Fischduft-Aubergine gefreut haben, und es ist gerade keine Aubergine in der Küche, dann passiert es nicht selten, dass Koch oder Kellnerin losrennen zur Markthalle oder zum Nachbarrestaurant, um Ihren Wunsch zu erfüllen. In den Weich-Sitzen-Waggons der Züge schenken Ihnen die Schaffnerinnen ungefragt Tee nach. Dabei nehmen Schaffnerin wie Kellnerin nicht einmal Trinkgeld. Weil sich das aus maoistischer Zeit stammende Gebot, ein stolzer Proletarier akzeptiere keine Almosen, erstaunlich hartnäckig hält.

Ein paar Ausnahmen gibt es schon: Der Gepäckträger im Hotel zum Beispiel lässt sich mittlerweile ganz gern durch einen Dollarschein erniedrigen. Ebenso der Dienstmann auf der Herrentoilette in Pekings »Get Lucky«, einer Musikkneipe. Um dem Gast die Pinkelpause möglichst kurzweilig zu gestalten, hat die Geschäftsführung der Bar über jedem Pissoir Flachbildschirme angebracht, die in raschem Wechsel bunte Bilder aus der Speisekarte zeigen: Steak mit Pommes frites vor Rosenvase, Hamburger auf blauem Plastiktischtuch, fettglänzende Hotdogs. Und während Sie noch versunken an Reißverschluss und Hosenknopf herumfingern, tauchen in der Klotüre ein blütenweißes Hemd und eine korrekt sitzende Fliege auf: »Huhu!«, ruft der dazugehörige Kopf mit breitem Lächeln. Das ist der Klomann. Dass er tatsächlich Sie meinte, merken Sie kurz darauf vor dem Waschbecken: Zuerst fährt der eifrige Kerl eine ganze Batterie Seifenfläschchen, Lotionen und Parfüms vor Ihnen auf, und Sie haben mit dem Händewaschen kaum begonnen, da steht er schon hinter Ihnen und verpasst Ihnen, ungelogen, eine Schulter- und Nackenmassage. Gegenwehr zwecklos, Trinkgeld erwünscht. Vor der Tür grölt derweil Pekings neueste Mädchenpunkband von der Bühne.

Nicht vergessen: Wir reden hier über ein Land, das sich noch immer »kommunistisch« nennt. Das eben noch von graugesichtigen, nylongewandeten Damen und Männern regiert wurde, denen die Theken in den staatlichen Läden und Kaufhäusern vor allem zur kollektiven Ablage ihrer vom Kundenignorieren erschöpften Köpfe dienten.

So war China früher: das ganze Land ein höhnischer Kommentar zu Mao Zedongs Kampfruf »Dem Volke dienen«. Ein Land, in dem die Bedürfnisse der Menschen so realsozialistisch traurig behandelt wurden, dass es sich zum Trost Märchen schuf samt Prinzen in schimmernder Rüstung: Arbeiterhelden nannte man die. Die Pekinger Busschaffnerin Li Suli war so eine. Sie war, das wusste wenigstens die »Volkszeitung« dem staunenden Volk zu berichten, »immer freundlich zu den Fahrgästen« (was reichte, um sie beim nächsten Volkskongress ins Parlamentspräsidium zu heben). Oder der Schanghaier Klempner Xu Hu: Ihm widmeten die Parteidichter Mitte der Neunzigerjahre Verse, Chinas Komponisten schrieben ihm Hymnen (»Xu Hu, wo bist du?«): weil Xu Hu in seiner Freizeit kostenlos verstopfte Toiletten reparierte, so die tausendfach ausgeschmückte Legende. Während draußen in der sanitären Wirklichkeit die Republik verzweifelt von einem Fuß auf den anderen hüpfte, weil die Schüssel mal wieder überfloss und dem Tage später herbeischlurfenden Kombinatstechniker auch nichts anderes einfiel, als das Porzellan in Stücke zu schlagen. Und heute? Haben die Kaufhäuser dieser Volksrepublik sieben Tage die Woche geöffnet, abends bis neun. Rufen Sie in Peking morgens China Telekom an, um einen Breitbandanschluss zu bestellen, und nachmittags stehen die Techniker auf der Matte: dauert zehn Minuten, kostet 400 Yuan. Gehört, Deutsche Telekom?

Jetzt hör ich aber auf. Ich seh schon, wie sie die Haare raufen in Pekings deutscher Botschaft und Gemeinde, weil zu Hause Staatssekretäre, Vorstände und Chefredakteure auf die Idee kommen könnten, China von der Liste der »Hardship-Postings« zu streichen: fort der Gehaltszuschlag, fort die zusätzlichen Urlaubstage, fort die Streicheleinheiten mitfühlender Kollegen. Zudem ist auch mir die andere Seite Chinas nicht fremd. Auch ich erhielt schon im Restaurant auf meine Frage nach Reis vom Personal die ungerührte Antwort: »Den Reis haben wir gerade selber aufgegessen.« Auch ich habe einen Scheck schon fünfmal hintereinander zurückbekommen: einmal, weil der Angestellte behauptete, seine Bank hätte noch nie Schecks angenommen, und mich dabei ansah wie einen Geisteskranken; einmal, weil mein Stempel das falsche Feld anriss; einmal weil wir den September als Monat Nummer »9« abkürzten statt wie korrekt als »09«; einmal weil wir verbotenerweise Kugelschreiber benutzten; und zu guter Letzt, weil wir ihn mit blauer Farbe ausfüllten statt wie vorgeschrieben mit Schwarz.

Ich habe ja den Verdacht, dass wir Schreiber gerade deshalb dieses Land so lieben: Für jede Behauptung, die einer beim Frühstück über China aufstellt, wird er Ihnen beim Abendessen mühelos das Gegenteil beweisen. Ohne die Frühstücksthese aufzugeben natürlich. Kein Yin ohne Yang. Im nächsten Buch also: »China – die Servicehölle«. Bis dahin finden Sie mich im Salon »Kleopatra«, Haarwurzelkraulen.

共产主义 *Gong chan zhu yi*

Kommunismus

»*Shenme dongxi?*« − »Was für 'n Ding?« (Neulich im Politbüro).

Wandelt sich das Land, häutet sich die Sprache. Chinas Wörter marschieren mit in die Moderne, und manche ihrer prominenten Vertreter legen sich dabei eine neue Bedeutung zu: Wegmarken des Wandels. Das hat mit der Politik zu tun, weil vor noch nicht allzu langer Zeit alles Politik war in diesem Land, und so ist es der Macht geschuldet, wenn viele Begriffe heute ihres Sinnes entkernt sind, zuschanden geritten, zu Tode geheuchelt: rissige, trockene Hüllen, die nur darauf warten, beim nächsten anständigen Hauch zu Staub zu zerfallen. »Kommunismus« ist so ein Wort. Gleichzeitig ist es ein Zeichen der Emanzipierung der Gesellschaft, dass sie viele Begriffe heimholt, ihnen ihre ursprüngliche Bedeutung wiedergibt − oder sie füllt mit frischem, originellem Sinn. Schwerter zu Pflugscharen also. Vgl. → *tong zhi* (nächste Seite)

198

同志 *Tong zhi*

Genosse Geliebter

1. Genosse.

Einst in China allgegenwärtige Anrede, mittlerweile jedoch ähnlich rar wie der rote → *Kommunist* und der weiße Jangtse-Delfin. Ihre Stelle zurückerobert haben sich die über Jahrzehnte als bourgeois verpönten *xiao jie* (»Fräulein«), *xian sheng* (»Herr«) oder gar: Mao hilf!, *lao ban* (»Chef«). Gleichzeitig mit seinem Dahinscheiden als Ausweis der rechten bzw. linken Gesinnung jedoch hat *tong zhi* eine Wiedergeburt in einer anderen Welt erlebt und heißt heute:

2. Homosexueller.

Der wundersamen Wandlung den Boden bereitet haben mag das Lied »Genossin Geliebte« (1988) des taiwanischen Rockpoeten Luo Dayou. Endgültig eingeführt wurde das Wort in seiner neuen Bedeutung wenig später von dem Hongkonger Autor und Filmemacher Edward Lam, bevor der neu programmierte Begriff dann den Weg zurück aufs chinesische

199

Festland fand. Heute ist *tong zhi* die gebräuchliche Selbstbezeichnung von Chinas Schwulen und Lesben. Von Urheberrechtsstreitereien mit der KP ist bislang nichts bekannt, im Gegenteil erleben Chinas Homosexuelle gerade eine Periode relativer Toleranz und als gesellschaftliche Gruppe ihr Coming-out. Noch Ende der Neunzigerjahre verwies mich ein bekannter Schanghaier Sexualforscher, den ich nach einem Experten für Homosexualität gefragt hatte, an einen Arzt aus der Hirnchirurgie des Nanjinger Psychiatrischen Krankenhauses. Im Jahr 2001 dann strich Chinas Psychiatrische Vereinigung das gleichgeschlechtliche Liebesleben erstmals aus dem Kapitel »Perversionen« ihres Handbuches der Geisteskrankheiten, und heute verkauft man mit *tong-zhi*-Titelgeschichten Hochglanzmagazine. Wörtlich bezeichnet *tong zhi* Menschen, die »das gleiche Ziel / Anliegen« haben.

中山装 *Zhong shan zhuang*

Mao-Anzug

Zuerst gilt es, eines der hartnäckigeren Missverständnisse der Modegeschichte auszuräumen. Es hat diesen Anzug tatsächlich der größte Revolutionär seiner Zeit erfunden. Ein Mann, der die alte Ordnung stürzte, der als Chinas Retter bejubelt und zum Präsidenten des Landes gewählt wurde. Zeitlebens stolzierte der Mann in dem von ihm entworfenen Kleide umher, bald taten es ihm Unzählige nach. Deshalb trägt das gute Stück in China bis heute seinen Namen.

Aber nein, der Mann war nicht Mao Zedong, und es heißt korrekt auch nicht »Mao-Anzug«.

Fragen Sie in China nach einem »Mao-Anzug«, so werden Sie verständnisloses Schulterzucken ernten − von so einem Ding hat hier noch nie einer gehört. Sprechen Sie dagegen vom *Zhongshan*-Anzug, dann werden die Augen aufleuchten: die einen vor sentimentaler, die anderen vor schmerzlicher Erinnerung. Also: Mao trug ihn, aber nicht er hatte den Anzug entworfen, nein, das war Jahrzehnte zuvor Sun Yat-sen gewesen, der Nationalist und Demokrat, der 1911 den letzten Kaiser stürzte. Und weil der im Westen als Sun Yat-sen bekannte Mann im Hochchinesischen stets mit seinem zweiten Namen »Sun Zhongshan« gerufen wurde, heißt der von ihm erfundene Zweiteiler in China bis heute *zhong shan zhuang*, Zhongshan-Anzug.

Der Anzug musste dem Schneider regelrecht abgerungen werden, zumindest wenn wir dem chinesischen Fernsehen glauben wollen, das die Stunde seiner Geburt in der historischen Seifenoper »Der Weg zur Republik« nachgestellt hat. »Was soll denn das werden?«, grummelt da der Schanghaier Schneider: »Dieser Kragen – da ersticken Sie doch … und die vier Taschen außen, so was Komisches: Wollen Sie etwa Zauberkunststückchen vorführen?« So meckert und so kichert der Schneider, bis seinem Kunden der Kragen platzt: »Zahl ich oder du?«, schimpft Sun Yat-sen. Ein recht prosaischer Anfang für ein Gewand, das von seinem Schöpfer schon als Signal verstanden worden war, nach seinem Tod 1925 aber noch auf ganz andere, von ihm nicht vorher gesehene Weise zum Symbol werden sollte für das Schicksal dieses Volkes.

»Sun wollte China retten«, sagt der alte Meister Ding voller Ehrfurcht, »für uns ist er der ›Vater der Nation‹ – ein guter Mann.« Dieser Anzug hat seinen Schöpfer überlebt, er wird auch Ding Kuai'an überleben, das kleine Schneiderlein, das ihm sein Leben gewidmet hat. Waren es Tausende? Zehntausende? Immer die gleichen vier Taschen mit immer den gleichen, wie eine Klammer nach unten geschwungenen Klappen, immer die fünf Knöpfe am Revers, immer die drei an der Manschette. Zu tragen ist der Anzug hochgeschlossen, so packt er seinen Träger in Halt und Würde, vom Hemd darunter darf nur der Rand des Kragens sichtbar sein. Keine Falte ist erlaubt. »Es ist eine Kunst«, sagt Meister Ding. »Viel schwieriger als ein westlicher Anzug.«

Ding Kuai'an, der 75-jährige Schneider, und Sui Jianguo, der Bildhauer, der eine Generation später zur Welt kam: Beide haben sie sich abgearbeitet am Zhongshan-Anzug, beide auf ihre Art. Und bei beiden war Mao schuld. Der für sich in Anspruch nahm, der wahre Erbe des verehrten Sun

Yat-sens zu sein, und deshalb in seinen Anzug geschlüpft war. »Das Land zu retten. Darum ging es immer«, sagt Bildhauer Sui. Um den Zusammenprall von West und Ost. Um den verzweifelten Versuch, China mit Anleihen westlichen Denkens und westlicher Technik zu modernisieren und gleichzeitig sein Erbe zu bewahren. »Dafür steht der Zhongshan-Anzug«, sagt Sui: »Für die ganzen letzten hundert Jahre.« Bei Sun war er Sinnbild für Avantgarde, unter Mao Zeichen totaler Konformität und Unterwerfung. »Und am Ende war Deng Xiaoping der einzige Mann im Land, der den Anzug noch getragen hat«, sagt Sui.

Ende? Moment – das sah nur aus wie das Ende, da ahnte noch keiner, dass Jahrzehnte nach Maos rotem Buch plötzlich Maos graues Tuch hipp werden würde, als »China Chic«.

Sun Yat-sen wollte alte Zöpfe abschneiden. Das ist wörtlich gemeint. Das Kaiserhaus der Mandschuren wollte er auslöschen. Und so schnitten seine Revolutionäre zuerst den verhassten, allen chinesischen Männerköpfen anbefohlenen Mandschurenzopf ab – und tauschten sodann die traditionelle Robe ein gegen eine neue Kleidung, die Modernität symbolisieren sollte. Es finden sich in Sun Yat-sens Entwurf Züge japanischer Studentenuniformen (der Stehkragen) ebenso wie Anleihen bei der deutschen Militärkluft (die Außentaschen). »Aber die Falte, die er dem Anzug hinten gab, die hat er sich bei den Bauernjacken seiner Heimat Kanton abgeschaut«, das glaubt zumindest Sui Jianguo.

Die Kuomintang (KMT), die von Sun gegründete Partei, machte den Anzug 1923 zur Pflichtkleidung aller Beamten. Zwei Jahre später starb Sun. Und bald schlüpfte der Kommunist Mao Zedong in das Kleid: Es war der am Leib getragene Anspruch, der wahre Nachfolger Sun Yat-sens zu sein. (In seinen Privatgemächern hingegen schlurfte Mao am liebsten im Schlafanzug umher, wie Leibarzt Li Zhisui berichtet.)

Ein Vierteljahrhundert später, es war 1948, die Rotarmisten hatten die KMT eben aus Peking vertrieben, da erreichte den jungen Schneiderlehrling Ding Kuai'an und seinen Meister Wang Ziqing der Ruf, schnell in die »Duftberge« am Stadtrand zu kommen, wo die KP ihr Lager hatte: Ein Führer benötige ihre Dienste. »Wir wussten nicht, wer es war. Man sagte uns keine Namen – und damals waren keine Fotos von den Kommunisten im Umlauf, gab es noch kein Fernsehen«, erzählt Meister Ding. Sie sahen ihren Kunden nur aus der Ferne, konnten ihn nicht einmal vermessen: »Die Leibwache ließ uns nicht ran.« Sie schneiderten quasi per Fernblick, und ein paar Monate darauf mussten sie einen zweiten Anzug liefern. Den zog der Mann aus den Duftbergen dann an, als er am 1. Oktober 1949 das Tor des Himmlischen Friedens im Herzen Pekings bestieg und dort die Gründung der Volksrepublik China ausrief. Was fühlte er damals, der Schneiderlehrling? »Aya! Viel zu groß war das Teil!«, ruft Ding. »Aber Mao zog es noch jahrelang an. Mao war so sparsam. Später hat er uns gesagt, wir sollen die Innentasche weglassen, weil er eh nie Geld bei sich trage.« Nicht, dass er das gebraucht hätte. Sie änderten noch andere Details, machten etwa aus dem Stehkragen des Originals einen schmalen Rundkragen.

Mao hatte kaum seinen Thron bestiegen, da versteckten Chinas Schneidereien ihre alten Schnittmuster: Die feinen Läden in Shanghai, die noch eben den letzten Schrei in Frack und Smoking angepriesen hatten, stellten über Nacht um auf des neuen Kaisers Kleider. Man trug nun Mao. »Wenn der Bräutigam damals für die Hochzeit keinen Zhongshan-Anzug auftreiben konnte«, erzählt Sui Jianguo, »dann weigerte sich die Braut, ihn zu heiraten.« Und es dauerte nicht mehr lange bis zu jenen Jahren, in denen China zum Irrenhaus wurde und das hier zu seiner Zwangsjacke. »Mao war unser Gott«, erinnert sich Sui. »Er war der Berg, auf den ich mich stützte.« Es war Kulturrevolution (1966–1976), und der 16-jährige Sui Jianguo zog aus als Rotgardist, Reaktion und Feudalismus zu zerschmettern. Unter die Räder des Rotgardistenterrors kam auch Schneider Ding; sein Vater war ein reicher Bauer gewesen, das genügte als Verbrechen: 13 Jahre lang fegte Ding nun den Boden und putzte Latrinen. Welche Ironie: Ding durfte keine Zhongshan-Anzüge mehr schneidern in einer Zeit, da plötzlich das ganze erwachsene Volk einen trug (die Jüngeren bevorzugten die grüne Armeekleidung). »Wir waren selbstlose Schräubchen im Werk des Sozialismus«, sagt Sui Jianguo. »China war ein Meer von grau, grün und blau«, sagt Meister Ding.

Im fernen Westen sahen sie »blaue Ameisen«, die alle im »Mao-Anzug« umherliefen. Wie die kleine rote Mao-Bibel hatte auch der revolutionäre Schick seine Anhänger im Ausland: Der Sozialist Julius Nyerere brachte den Anzug zurück in seine Heimat Tansania, wo er als »Ki Mao« bis heute bei offiziellen Anlässen getragen wird und erst allmählich dem blumigen Mandela-Hemd Platz macht. Auf seine Art sei Mao ein Modezar gewesen, schreibt die Hongkonger Designerin Vivienne Tam: »Mao war Antimode... Wo sonst konnte ein Mann mehr als einer Milliarde Menschen sagen, was sie anzuziehen hatten?« Letztlich wurde das dem Zhongshan-Anzug zum Verhängnis: Die Chinesen sind zwar längst erwacht aus dem Mao-Rausch, aber die meisten laborieren noch an ihrem Kater – und sind des Gewandes noch immer bis zum Erbrechen überdrüssig.

Die Parteibonzen tragen heute Krawatte und Anzug westlichen Zuschnitts, den Zhongshan-Anzug holen sie nur noch hervor, wenn mal wieder eine Rede über die alten Zeiten, über Opfergeist und Selbstlosigkeit ansteht, also nicht mehr oft. Das »Hongdu«, die staatseigene Schneiderei nahe beim Tiananmen-Platz, in der einst nur bestellen durfte, wer vom Rang eines Ministers war, ist heute trostlos verwaist. »Heute kaufen viele der Führer im Ausland«, seufzt Meister Ding: »Italienische Stoffe...«

Ding Kuai'an hat bis zu seiner Pensionierung 2001 im »Hongdu« gearbeitet, hat dort genäht für Premier Zhou Enlai

(»der Netteste«) wie für Deng Xiaoping (»noch kleiner als ich«). Nie etwas anderes als Zhongshan-Anzüge. »Am Schluss hatte ich mehr ausländische Kunden als Chinesen«, sagt er. Findet er das traurig? »Hilft auch nix, das Traurigsein«, sagt Ding. Die Jungen, meint er, würden den Anzug selbst geschenkt nicht mehr anziehen. Und er selbst? Besitzt nicht einmal mehr einen: »Schnürt einen viel zu sehr ein«, sagt Ding und greift sich mit der Hand an die Kehle.

Ob Ding sich leise wundern würde, bekäme er einmal die Chance, eine feine Abendgesellschaft in Hongkong zu beobachten, in Taipeh oder gar in Schanghai und Peking? Ganz langsam kommt er nämlich zurück, der Zhongshan-Anzug. In seiner neuesten Wiedergeburt: als Fashion-Statement, nicht als Revolutionsfanal. Sie finden ihn wieder schick, die Jungen und Neureichen – gerade weil man sich heute damit von der Masse abhebt. »Praktisch ist er, da braucht man keine Krawatte«, sagt Max Yang, ein junger Medieninvestor, der sich gleich fünf Stück zugelegt hat – einen davon in Knallrot. »Und wenn ich zu Verhandlungen nach Europa fahre, erinnern sich die Leute hinterher zwar weder an mein Gesicht noch an meinen Namen, aber an den Anzug erinnern sich alle.« Liu Peng, ein Maler, findet, China sei schon ein seltsames Land: »Wenn du in die feinen Restaurants guckst, siehst du heute reiche Hongkonger im Zhongshan-Anzug – und wenn du aufs Feld schaust, dann stehen da unsere Bauern, die tragen mitten im Schlamm westliche Anzüge.« Auch das mag man als Sinnbild nehmen: In diesem Land des Umbruchs fügt sich kaum mehr etwas der ihm ursprünglich zugewiesenen Bedeutung.

Sui Jianguo, der Bildhauer, wittert Revolutionskitsch: »Der Anzug ist Konsumgut geworden. Man trägt ihn so, wie man sich ein Che-Guevara-Poster an die Wand hängt.« Suis Studio im Pekinger 798-Fabrikgelände ist voller gewaltiger Plastiken: Marx und Jesus hat er ebenso in Zhongshan-Anzüge gesteckt wie Michelangelos »David«. Und dann stehen da Anzüge aus Gips, ganz hohl: »Ohne Hand und ohne Hirn«, sagt Sui. Götteraustreibung, darum geht es ihm bei seiner Arbeit. Klappt es? »Ich kämpfe noch«, sagt Sui: »Mit mir und mit Mao.«

Da geht es ihm wie seinem Land. Oben erwähnte Seifenoper »Marsch in die Republik« endet mit einer leidenschaftlichen Ansprache Sun Yat-sens, in welcher er die Symbolik seines Anzugs erklärt: die drei Manschettenknöpfe, die für Freiheit, Gleichheit und Brüderlichkeit stünden, die vier Taschen, die die vier grundlegenden Rechte des Volkes symbolisierten. Die Innentasche, die er die »Geheimwaffe des Volkes« nennt: »Sie steht für das Recht zur Amtsenthebung korrupter und unfähiger Politiker«, ruft der Fernseh-Sun. Er rief nur einmal. Die Serie wurde nach der Erstaustrahlung auf dem Staatssender CCTV eingestellt, die DVD ist heute verboten.

美 *Mei*

Schönheit. Oder: Weiße Haut, große Augen

Die moderne Wissenschaft lehrt uns, die Empfindung von Schönheit habe zu tun mit Symmetrie und Ebenmaß der Gesichtszüge. Innerhalb dieses uns in die Gene eingestanzten Rahmens scheint die Vereinbarung einer Gesellschaft darüber, was schön sei und was nicht, immer wieder neu verhandelbar, das war in China nie anders. Die fülligen Palastdamen mit den Mondkuchengesichtern, die uns in den Figurinen der Tang-Zeit entgegentreten, haben mit den Chinesinnen von heute vielleicht nur noch eines gemein: die Vorliebe für vornehme Blässe, die in den meisten vorwiegend bäuerlichen Gesellschaften als Ausdruck des sozialen Status wirkt: Sieh her, ich bin keine Landfrau, ich habe es nicht nötig, in der Sonne zu arbeiten. Werden diese Frauen Mütter, so verkünden auch heute noch nicht wenige von ihnen, sie wollten ihren kleinen Balg *bai bai pang pang* heranziehen: »weiß und dick«, in unseren Ohren kein sonderlich attraktives Erziehungsziel, in China jedoch auch das ein Ausfluss der kollektiven Erinnerung an hartes, entbehrungsreiches Bauernleben.

In China wird selbst einfacher Körperlotion ein Bleichmittel zugefügt, bevor sie ins Regal kommt. Von den 250 Mit-

208

gliedern des Pekinger Golfclubs Green Links, den ich einmal besuchte, waren gerade fünf Frauen. Was keinesfalls an mangelnder Emanzipation lag, sondern schlicht an der »Angst vor der Sonne«. Das sagte Clubmanagerin Angela Liu, die selbst mehr als ein Jahr lang mit ihrer Eitelkeit kämpfte, bevor der Spaß am Sport schließlich die Oberhand gewann. Die fünf Damen unter den Mitgliedern lösten das Dilemma schließlich, indem sie nur noch nachts spielen, bei Flutlicht.

Dieselbe Funktion der gleichsam körperlichen Abgrenzung vom arbeitenden Bauern- und Proletariervolk erfüllt bei chinesischen Männern der Nagel des kleinen Fingers, den manche zu einem regelrechten Schäufelchen heranwachsen lassen. Lange Fingernägel – auch das war früher das Privileg der Aristokratie, die mit ihren Händen nicht das Reisstroh zu bündeln und nicht den Bewässerungskanal auszumisten, also keine körperliche Arbeit zu verrichten brauchte. Edelfräulein stülpten sich schon damals falsche Nägel aus Silber oder Gold über, Krallen, lang wie Spinnenbeine. Heute kann man den langen Nagel bei nicht wenigen Taxifahrern und sogar Bauarbeitern finden, die damit ihren sozialen Ehrgeiz demonstrieren, im Übrigen aber mit dem Pragmatismus der einfachen Leute das Utensil beim ungenierten Freischaufeln verstopfter Nasen und verschmalzter Ohren einer nützlichen Verwendung zuführen.

Es wird niemanden verwundern, dass Chinesen auch Schönheit für essbar halten, dass sie sogar ein Sprichwort haben, welches wortwörtlich genau das verkündet: *Xiu se ke can*. Die »Mandelaugen« und der »Kirschmund«, die der Schriftsteller Cao Xueqin (wahrscheinlich 1715 – 1763) einer von ihm beschriebenen Protagonistin andichtete, sind auch uns vertraut. Und das Näschen, »so weiß und glänzend wie Seife aus dem weißesten Gänsefett«? Das müssten wir vielleicht erst einmal zu Gesicht bekommen. Andere Poeten beschrieben die Wangen ihrer Geliebten so süß und glatt wie eine »zum Aufschneiden bereite Melone«, ihre Finger so schlank wie frisch geschälte Frühlingszwiebeln und ihre Brüste – die Trefflichkeit dieser Schmeichelei dürfte auch unter Landsleuten nicht unwidersprochen geblieben sein – als »Hühnerköpfchen«.

Kein Attribut weiblicher Schönheit erschien dem Europäer jedoch fremder als jenes, das fast ein Jahrtausend lang imstande war, den chinesischen Mann in lustvolles Entzücken, nicht selten in Raserei zu versetzen: der Lotusfuß. Jene »zarten Bambussprossen«, jene »weißen Teigtäschlein«, jene »bleichen Mondsicheln«, die im Idealfall geschwungen waren wie die Augenbrauen, klein wie der Mund und geheim wie das Geschlecht. Dem Körper vier- und fünfjähriger Mädchen in jahrelanger Tortur abgerungen von wohlmeinenden Müttern (»Du willst doch nicht als alte Jungfer enden!«). Von den Töchtern Chinas bezahlt mit gebrochenen Knochen, mit Eiter, Blut und verfaulendem Fleisch, mit durchheulten Nächten, mit einem Leben als Krüppel, nie weit von den inneren Gemächern (*nei ren* hießen Frauen auch: »Die im Inneren«). Barbarisch? Den Chinesen schien das Füßebinden lange Zeit im Gegenteil Ausdruck höchster Zivilisation und Verfeinerung. Schließlich war es ein Brauch, der im Kaiserpalast seinen Ursprung und seine Vollendung gefunden hatte – Barbaren, das waren all die Stämme und Völker an den Grenzen des Reiches, deren Frauen sich die Füße *nicht* banden.

Und welcher Lohn. Keinen berauschenderen Anblick konnte sich der Lotusliebhaber Fang Xun vorstellen als einen »goldenen Lotus«, nicht länger als drei Zoll (zehn Zentimeter also): geborgen in der Hand eines Mannes, seine Silhouette vor dem flackernden Schein einer Laterne. »Oh! Der kleine Fuß! Ihr Europäer könnt nicht verstehen, wie delikat, wie angenehm und aufregend er ist!«, musste sich der gegen Ende des 19. Jahrhunderts in Peking praktizierende französische Arzt J. J. Matignon wieder und wieder sagen lassen. Matignon gab sich Mühe beim Verstehen – und den Ausländern, die nichts als Spott und Ekel für den Brauch übrighatten, begegnete er mit der Frage, was lächerlicher sei: die Deformierung, welche Frauen das Laufen schwermache, oder aber jene, welche ihnen die Nieren verschiebe, die Leber zerquetsche und sie nicht selten unfruchtbar mache? Das europäische Korsett also.

Manchmal sieht man sie noch, in den alten Höfen der Städte, in den Gassen entfernt gelegener Dörfer, wo bis in die Vierzigerjahre des 20. Jahrhunderts hinein den Mädchen die Füße gebunden wurde: die Letzten der Lotusfüßchen, die, der Tag ist nicht mehr fern, ein Jahrtausend chinesischer Kulturgeschichte mit sich ins Grab nehmen werden. Das heutige China steht der Praxis des Füßebindens mit dem gleichen Unverständnis gegenüber wie wir dem Korsett. Mao Zedongs Revolutionäre waren es, die endgültig »die Füße befreiten«, wie sie es damals tatsächlich nannten. Die gleichen Revolutionäre, die keine zwei Jahrzehnte später, in der Kulturrevolution (1966–1976), dem Schönen an sich den Garaus machen wollten: War Schönheit nicht ein »dekadentes«, ein »reaktionäres« Konzept, wie die Liebe auch, wie Musik und Tanz der Alten: Ausdruck kranken Individualismus, den es auszumerzen galt im Interesse der künftigen Gesellschaft? Das waren so »neue Menschen«, die der Vorsitzende Mao da heranzüchtete: »Geschlechtslos waren diese Frauen, noch tiefer gesunken als wir«, heißt es im Buch eines Zeitgenossen. »Der Begriff ›Frauen‹ wurde nur aus Gewohnheit gebraucht. Sie hatten keine Taille, keine Brüste, keinen Hintern.« Der Bericht beschreibt die gespenstische Parade von Neuankömmlingen in einem Lager, aber die Sätze dürfen darüber hinaus Gültigkeit beanspruchen: Ganz China war zu jener Zeit ein gigantisches Umerziehungslager, erloschen der spielerische Blick für den anderen, erstickt der Respekt für sich selbst. »Liebt nicht Schminke und bunte Röcke!«, hatte der Große Vorsitzende befohlen: »Liebt die Uniformröcke!«

Der Irrsinn ist vorbei, aber Menschen, die es sich zur Aufgabe gemacht haben, dieses Volk umzuerziehen, findet man auch heute nicht wenige. Wer der Frage nachgeht, warum China heute so aussieht, wie es aussieht, draußen auf der Straße, drinnen in den Büros, der landet irgendwann bei Yue-Sai Kan. Diese Frau, die vor ihrer Karriere als Schönheitsmissionarin in diesem Land jahrelang TV-Journalistin in den USA war, verändere China, hat einer einmal bemerkt, Lippenstift für Lippenstift. Kan hat mitgemalt am Gesicht des neuen China, oder vielmehr: am Gesicht der neuen Chinesin. Das kann man ruhig wörtlich nehmen: Der Schatten auf den Lidern der Frau, die einem auf dem Gehsteig entgegenschlendert, das glänzende Rot auf ihren Lippen, der elegante Bogen über ihren Augen, geschwungen wie die Zweige einer Trauerweide – mit großer Wahrscheinlichkeit made by Yue-Sai. Leserinnen der Pekinger Zeitschrift »Global« wählten Yue-Sai Kan zur »einflussreichsten Frau im China der letzten 20 Jahre«, weit vor der Tischtennislegende Deng Yaping.

Yue-Sai – sagt Yue-Sai – hat zuerst die Welt ins Land gebracht und dann die Lust an der Schönheit. Und das Publikum nickt und bedient sich aus den Schminktöpfen, von denen ihr markantes Gesicht grüßt, von Grafikern zu einem zeitlos blassen Klassiker stilisiert: die ausladende Frisur, die großen Augen und darunter ein Mund, so rot, ach so rot: ein Feuertropfen im Schneeland. »Wir waren die Ersten«, sagt dieser Mund. »Sind wir nicht schön?«, fragen die Augen und funkeln kokett. »Komm schon, sind wir nicht schön?«, stimmen auch die Lippen ein: »Wir Asiatinnen?«

小资 *Xiao zi*

Kleinbürgertum

Früher: Schimpfwort, Dorn im Auge der Revolution. S. a. → *Mao Zedong*: »Der Schwanz des K. ist noch nicht vollständig abgehackt.« Heute: das Gegenteil. Mit der Verwandlung des Kommunismus in den Konsumismus erlebte das Wort *xiao zi* in Chinas Städten einen erstaunlichen Bedeutungswandel: »Kleinbürger« bzw. »kleinbürgerlich« zu sein gilt nun unter jungen Städtern nicht nur als erstrebenswert, sondern geradezu als *ku* (cool) und *lang man* (romantisch). Anders als im deutschen Milieu besitzt der neue chinesische K. dabei in der Regel weder Opel Corsa noch Bausparvertrag. Der Pekinger *xiao zi* trinkt vielmehr Cappuccino, spricht ein paar Brocken Englisch, schaut die richtigen Filme (»Die wunderbare Welt der Amélie«), hört die richtige Musik (Bebel Gilberto), liest die richtigen Bücher (Milan Kundera) und besucht die richtigen Bars (»Suzie Wong«). Pekings U-Bahn-Kioske verkaufen ein Ratgeberbuch, das verrät, wie man ein »kleinbürgerliches Fräulein« wird. Im Internet kursiert ein Test, der einem verrät, ob man schon eines ist: Ein echter Kleinbürger trinkt demzufolge Mineralwasser statt Cola, schläft gerne nackt und hat ein Regal mit mindestens dreißig Flaschen Rotwein im

Schlafzimmer. Er trägt nie helle Hosen und streut seine Anglizismen sparsam, aber wirkungsvoll: »Entschuldige, mir fällt gerade nicht ein, wie man das auf Chinesisch sagt.« Chinas moderner Kleinbürgergeist ist mehr Haltung als Klassenzugehörigkeit und ebenso Ausdruck eines neuen – vorgestanzten – Individualismus wie zunehmender Konsumfreude. Eine gewisse Zaghaftigkeit kommt ihm dennoch nie abhanden: Aus seiner Welt bricht er letztlich nicht aus. »Es fehlt ihm der Mut«, schreibt die Kantoner Zeitschrift »New Weekly«. »Klein« (*xiao*) bleibt dieser Bürger auch heute, sein Geist ein Feind aller Revolution, da hatte Mao schon recht. China aber verändert er auch so.

十三亿 *Shi san yi*

1 300 000 000. Oder: Aufsteigen aus der Masse

Was bedeutet es eigentlich, einer von 1,3 Milliarden, einer von eintausenddreihundert Millionen, einer von einhundertdreißigtausend mal zehntausend zu sein? In einem aufstrebenden, aber noch immer armen Land, in dem Glück und Wohlstand nur einem Bruchteil davon vorbehalten zu sein scheinen? Aufzuwachsen ohne Geschwister, weil die Regierung findet, das Land sei schon übervoll – und hat sie nicht recht? Ein Tropfen im Ozean zu sein, nicht Herr über die eigene Reise? Landser zu sein in jenem unendlichen Heer zu Hause längst überflüssiger Bauernsöhne, die die Scholle verlassen und losziehen, sich auf den Baustellen der Städte und in den Fabriken der Ausländer zu verdingen? Zu wissen, dass diese Löhne auf Jahre und Jahrzehnte die niedrigsten der Welt bleiben werden, weil im Hinterland noch Brüder und Vettern harren, Hunderte von Millionen, die lauern auf ihre Chance, ein Dutzend für jede frei werdende Stelle? Oder in den Städten von der Schule zum Schwimmkurs zum Klavierunterricht zur Englisch-Nachhilfe zur Abendschule zu eilen, weil es gilt, das Nachbarkind auszustechen, unzählige Nachbarkinder? Sich Morgen für Morgen in einen aus allen Nähten platzenden Bus

215

zwängen zu müssen, um tagsüber im Klassenzimmer und später zu Hause beim Pauken bis Mitternacht unter den wachsamen Augen der Eltern für den Wettstreit gedrillt zu werden: um die wenigen Plätze auf die weiterführende Schule, die allein die Teilnahme an der gefürchteten Hochschulaufnahmeprüfung garantiert, die allein einen Platz an einer guten Universität ermöglicht, der allein gute Arbeit und Geld verspricht? Denn das ist es doch, was hier alle ein gutes Leben nennen: wenn einer am Ende zu der Handvoll gehört, die Zugang hat zu den wenigen Honigtöpfen.

Weit verbreitet in China ist das Konzept der *tai jiao*, der »Fötenerziehung«: Babys werden dabei schon im Bauch der Mutter mit Tang-Gedichten und den Streichkonzerten von Mozart beschallt, um ihnen eine bessere Startposition in dem Wettlauf zu sichern; schließlich teilt sich ein kleiner Chinese den Tag seiner Geburt mit 25 000 anderen Neugeborenen im Land. Eine Bekannte kaufte sich zu dem Zweck eigens produzierte CDs von einer Firma mit dem Namen »Nanjinger Ungeborene-Babys-Universität«.

Tang Xiaoyan ist eine Schanghaierin, die zum Studium nach Neuseeland ging. Zwei Monate nach ihrer Ankunft schrieb sie einen Brief an eine Schanghaier Zeitung, in dem sie der Frage nachging, warum die chinesischen Studenten an ihrer Universität so wenige neuseeländische Freunde hatten. »Der Fehler liegt bei den Chinesen«, meinte Tang Xiaoyan: »Sie studieren so hart wie nur möglich und haben keine Zeit mehr für andere Dinge.« Für ihre Landsleute sei das Studium nur Teil des Ringens ums nackte Überleben: »Der starke Konkurrenzkampf und der hohe Druck lassen junge Chinesen sehr pragmatisch werden, und sie opfern oft ihr Glück als Preis für ein besseres Leben.« Schanghaier Mädchen, hat Tang beobachtet, stellten heutzutage drei Forderungen an ihren prospektiven Ehemann: Geld müsse er haben, ein eigenes Haus und ein eigenes Auto. »Das hat die Bedeutung von Liebe komplett verändert – aber die Mädchen wissen, dass ihnen ohne Geld, Haus und Auto ein schweres Leben bevorstünde.«

Wenn Sie in einen chinesischen Buchladen gehen, werden Sie feststellen, dass die prominenteste Auslage nicht der schönen Literatur vorbehalten ist, sondern Bergen von marktschreierisch beworbenen, oft aus dem Englischen übersetzten Selbsthilfetiteln à la »Wie ich es auf die Harvarduniversität schaffte«, »Millionär werden in einer Minute« oder »Chinas Juden: Die Geschäftsstrategien der Unternehmer aus Wenzhou«. Das liegt natürlich auch an der Natur des noch immer sensiblen Verlagsgeschäftes in China: Solche Titel verkaufen sich gut *und* sind politisch problemlos. Es passt aber auch zum gnadenlosen Konkurrenzkampf: »Der Prozentsatz von Chinesen, die vorankommen wollen, ist viel höher als in etablierten Ländern wie Amerika«, meint Peggy Yu, die Chefin von Dangdang.com, Chinas größtem Onlinebuchversand.

Vorankommen in China: Die einen lernen dazu ein Fach, die anderen studieren die Wege der Partei. Ich möchte hier Hao Lulu vorstellen. Hao Lulu hat sich schön gemacht.

Das dauerte ein halbes Jahr, aber dafür fühlt sich die 24-Jährige nun wie ein neuer Mensch. Drei habe sie schon erlegt, erzählt sie mir aufgekratzt. Ehrlich! Wahrscheinlich schnitzt sie mittlerweile Kerben ins Handschuhfach. Aber nein!, wehrt sie kokett ab. Gelangweilt habe sie auf dem Beifahrersitz gesessen und lediglich ihren Blick über Pekings kriechenden Verkehr schweifen lassen. Den zwischen neu gefalteten Lidern kunstvoll gefassten Blick. Bis der hängen blieb. An einem anderen Blick, aus einem vorübergleitenden Auto. Nichts anderes habe sie getan, beteuert Hao Lulu, als diesen fremden Blick festzuhalten. Ein wenig. Bis es krachte: Auffahrunfall. Drei Männer an drei Tagen, die lieber ihren Wagen riskierten, als den Blick dieser Frau zu verlieren. Sie habe beim Wegfahren jedes Mal fürchterlich lachen müssen. Sagt sie. »Ich bin ein schlimmes Mädchen, oder?« Schürzt unschuldig die Lippen. Die echten. Lacht. Und das Beste, platzt sie heraus: »Es waren ein Lexus und zwei Mercedes.« Nur vom Teuersten. Alles in allem, sagt Hao Lulu, fühle sie sich fantastisch.

Die Lippen also sind unberührt: das Geschenk der Eltern. Ebenso die Zähne, das Kinn und ihre Hände. Der Rest dieser Erscheinung jedoch, die da vor uns sitzt, ist Menschenwerk, so viel Skulptur wie Natur. Dazu brauchte es ein Kabinett voller Skalpelle und eine junge Frau: Hao Lulu, Pekingerin, aus einfachen Verhältnissen. Der Vater ist Fußballtrainer, die Mutter Buchhalterin. Sie selbst hat das Edelsteingewerbe gelernt. Und das Hinschauen. »Schöne Menschen haben mehr Chancen«, sagt sie. So einfach ist das. Und dann: »Frauen sollten wissen, was sie wollen.« Die Frau hat sich nicht unters Messer gelegt, weil sie sich Selbstbewusstsein erkaufen wollte, sondern weil sie es hatte. Sie macht keinen Hehl daraus: Ich will etwas vom Leben, und ich weiß, wie ich's kriege. Kein Wunder, dass Hao Lulu zum Medienereignis wurde: So eine passt in diese Zeit, an diesen Ort.

Hao Lulu war nicht hässlich. »Gewöhnlich« wäre das Schlimmste, was man über sie hätte sagen können. Aber sie träumte von einer neuen Nase, mindestens seit sie 16 war, und die vor einem Jahr eröffnete Spezialklinik für Schönheitsoperationen brauchte dringend einen Energieschub für das sich zäh dahinschleppende Geschäft. Bao Huai, Marketingmanager der Pekinger Evercare-Klinik, hatte die Idee: Man suche sich ein nettes Mädchen, erneuere es von Kopf bis Fuß – und sammle anschließend die Schlagzeilen ein. Er sprach seine Bekannte Hao Lulu an, und die war begeistert. Ihre lebhafte Persönlichkeit war wie geschaffen für die Kameras der Fernsehsender, die sich auf die Geschichte stürzten: Das erste Mal ließ sich in China ein Mensch generalüberholen.

Wie oft also haben sich die Ärzte in dem halben Jahr an ihr zu schaffen gemacht? Neu sind Augen, Nase, Hals, Busen, Bauch, Taille, Hintern, Ober- und Unterschenkel. »Wohl ein Dutzend Mal«, sagt die so Beschenkte. Stets verfolgen sie die

Kameras. Und der Umsatz von »Evercare« legt mit jedem Mal so zu, dass Direktorin Li Jing sich auf Hao Lulu stürzt, wenn diese die Klinik betritt, und ihr mit spitzem Lachen entgegenruft: »Meine Kostbare! Meine Chefin!«

Drei Kliniken hat »Evercare« mittlerweile in Peking, 120 Angestellte, drei Millionen Yuan Umsatz im Monat. »Fürs nächste Jahr planen wir eine Steigerung auf 40 bis 50 Millionen Yuan«, erzählt Direktorin Li. Im Ernst, eine Verdreizehnfachung? »Nur der Drogenhandel ist im Moment lukrativer«, sagt Bao Huai, auch er leicht berauscht.

Längst beherrscht die Sorge um Aussehen und Schick den Alltag junger Frauen auch hier. Chinesinnen wie Hao Lulu sagen heute solche Sachen: »Ich träume von einem Leben als *xiao zi*, als Kleinbürgerin. Die trinken Tee mit Freunden, gehen ins Fitnessstudio, einkaufen – auf jeden Fall müssen sie sich keine Sorgen machen und nicht hart arbeiten.« Wenn Hao Lulu also Bewunderung gebührt, dann für ihren unbedingten Willen zum bürgerlichen Hedonismus – der in diesem Land den einen schicksalhaften Fang voraussetzt: den richtigen Ehemann. »Machen wir uns nichts vor«, sagt Hao Lulu: »Dies ist noch immer eine von Männern dominierte Gesellschaft.«

Was stimmt. Und eigentlich ganz und gar ungerecht ist, wenn man sich die chinesischen Frauen ansieht. Starke Frauen, die Firmen gründen und Labors leiten und Busse fahren und störrische Wasserbüffel durchs Reisfeld treiben. Schlagzeilen macht die heute 50-jährige Zhang Yin, die mit dem Handel von Altpapier zwischen den USA und China zur Milliardärin wurde und die von einige Zeitungen zur »reichsten Selfmade-Frau der Welt« ernannt wurde (die Queen soll noch reicher sein). Mancherorts sind jedoch Rückschritte zu vermelden: Im Zentralkomitee der KP sitzen im Moment dreizehn Frauen unter 191 Männern. Auch bei den Massenentlassungen der maroden Staatsbetriebe trifft es ungleich mehr Frauen als Männer. Vielleicht die eindrücklichste Zahl: Noch immer ist China das einzige Land der Erde, in dem mehr Frauen Selbstmord begehen als Männer. Es sind vor allem Bäuerinnen, die Gift schlucken.

Eine der wenigen Erfolg versprechenden Strategien für den sozialen Aufstieg also lautet: Angle dir ein Alphamännchen. Und die Helfer von »Evercare« formen den Köder. »Seit Hao Lulu ist die Nachfrage nach Ganzkörperdesign hochge-schnellt«, berichtet Direktorin Li. Vier von zehn Kunden seien allein stehende, oft entmutigte Frauen. »Das Kapital einer Frau ist nun einmal ihre Schönheit.« Und der begehrte Preis, den man sich dafür einhandelt? »Ein Mann mit Auto und Haus soll es schon sein«, meint die Journalistin und Drehbuchautorin Meng Danfeng. »Als Mädchen in China ist deine einzige Chance ein wohlhabender Mann. Wenn du keinen ergatterst, dann schuftest du noch mit vierzig Jahren als Arbeiterin in einer Fabrik oder als Bäuerin auf dem Feld«, sagt eine befreundete Pekinger Malerin, die selbst nicht ein-mal Make-up auflegt: »Es gibt hier Eltern, die essen nur noch gedämpfte Brötchen und sparen sich so die Operation für ihre Tochter vom Munde ab. Ich kann das verstehen.«

二奶 *Er nai*

Mätresse

Accessoire wie das lederne Herrenhandtäschchen und die schwarze Audi-Sänfte mit den dunklen Scheiben. Die neue Elite gleicht sich immer mehr den alten Mandarinen an, die Wiederbelebung des Konkubinats war ein folgerichtiger Schritt. Unter Reichen und Mächtigen gehört es heute zum guten Ton, sich neben der Ehefrau eine *er nai* (wörtl.: Zweit-frau) zu halten, der man ein eigenes Appartement, einen eige-nen Kleinwagen und eine Unmenge von Frauenhandtäsch-chen bezahlt. Die dann auf Drängen der Geliebten wiederum der Mann zu tragen hat als Signal an andere Frauen: schon vergeben. Ist nicht Liebe, ist Geschäft: Sex und Selbstbestäti-gung gegen Unterhalt. Auf der chinesischen Seite der Grenze haben Hongkonger Männer ganze »Mätressendörfer« einge-richtet. Bauernmädchen aus Sichuan oder Anhui dürfen sich dort eine Neubauwohnung aussuchen, in der sie im Gegen-zug geduldig auf ihren ehemüden Pendler aus dem reichen Hongkong warten. Der Chinesische Frauenverband forderte für die untreuen Männer öffentlich Arbeitslager, kam jedoch mit dieser Forderung nicht weit: »Weil in diesem Land dieje-nigen, die sich Mätressen halten, identisch sind mit denen, die

die Gesetze machen«, vermutet ein Blogger. Die Regierung tut jedenfalls so, als sorge sie sich: »Bigamie und Konkubinat untergraben die soziale Moral«, klagte die Nachrichtenagentur »Neues China«, »und die Verwicklung von Beamten beschmutzt das Bild unserer Regierung.« In Kanton wurde der Mätresse des ehemaligen Vize-Polizeiminister Li Jizhou der Prozess gemacht, der wegen Korruption im Gefängnis sitzt. Am Schmuggel von 262 Luxusautos soll sie beteiligt gewesen sein. In der Stadt Jinan musste der Parteisekretär ins Gefängnis, weil er seine Geliebte in die Luft gesprengt hatte: Sie habe unablässig Geld gefordert, berichteten die Zeitungen. Den vorläufigen Rekord hält der abgesetzte Eisenbahnminister Liu Zhijun. Er soll nicht nur umgerechnet knapp 150 Millionen US-Dollar unterschlagen, sondern auch nicht weniger als 19 Mätressen ausgehalten haben. Die Parteipresse schlägt Alarm: In nicht weniger als neun von zehn Korruptionsfällen seien Konkubinen im Spiel. Was, wenn am Ende die Frauen die KP zu Fall brächten?

自由 *Zi you*

Freiheit. Oder:
Der Vormarsch des Privaten

China. Ein Land, in dem eine 22-jährige Studentin noch immer für ein Jahr im Gefängnis verschwinden kann, ohne Haftbefehl und ohne Gerichtsverfahren, ein Mädchen, das sich nicht mehr zuschulden hatte kommen lassen als einen feinen Sinn für Ironie (sie hatte im Internet vorgeschlagen, es sollten doch einmal alle in China für 24 Stunden aufs Lügen verzichten, oder noch besser: auf die Straße gehen und Marx und Lenin predigen, um so die Popularität des Sozialismus auszutesten).

China gleichzeitig: ein Land, in dem sich Freiheit findet. Wenn einer nur schräg genug hinschaut, kann er sogar behaupten, auf eine Art sei man hier sogar freier als anderswo: »Du kannst hier aus vollem Halse singen, während du Fahrrad fährst oder dich im öffentlichen Badehaus abschrubbst – und wirst keine Aufmerksamkeit erregen«, sagte mir ein Pekinger Freund: »Du kannst tagsüber im Schlafanzug auf die Straße gehen, du kannst rückwärts durch die Stadt laufen oder im Park Bäume umarmen – und wirst nur einer unter vielen sein. Das alles ist in China normal. Außerdem kannst du nur hier alles essen, was auf Erden kreucht und fleucht.«

Du kannst außerdem mit der Dampfwalze Schweineköpfe platt fahren und unter Glas legen, lebende Krebse zu einem sich bewegenden Vorhang zusammennähen oder ein paar Dutzend weiße Mäuse paarweise an den Rippen zusammenoperieren, sie in ein Goldfischglas setzen und dir so einen Namen als Avantgardekünstler machen. Wenn es mit der Aufmerksamkeit durch europäische Kuratoren trotzdem noch nicht so klappt, dann bietet sich der Gang in die Pathologie eines Krankenhauses an, wo sich immer Personal findet, das dir einen frischen Leichnam verkauft. Wenn es tote Babys sind, dann kannst du sie in eine Installation einbauen und dein frisch gezapftes Blut in ihre Münder fließen lassen, wie wir das an einem Karsamstag am Pekinger Bildhauerinstitut erleben durften. Du kannst dir auch ein Stück von dem toten Baby abschneiden und hineinbeißen. Der Künstler Zhu Yu hat das in seiner »Menschenfresser« benannten Performance in Schanghai getan und hinterher erklärt: »Ich habe mein Werk auf die Lücke zwischen Moral und Gesetz aufgebaut.«

China hat mittlerweile eine rührige Szene moderner, junger Kunst, die sich in Vororten und in stillgelegten Fabrikhallen der Städte zusammenrottet und dort Farben und Formen derart konterrevolutionär und wunderbar individualistisch zu Leibe rückt, dass man sich wundern muss, warum sich der auf dem Platz des Himmlischen Friedens einbalsamierte Mao noch nicht zur Wiederauferstehung samt anschließendem Jüngsten Gericht entschlossen hat. Chinas Avantgarde hat sogar begonnen, nicht mehr nur ausschließlich für europäische und amerikanische Sammler zu produzieren, sondern sich ins öffentliche Bewusstsein des eigenen Landes einzuschleichen: Eine kleine Sensation für sich, und es soll hier nicht behauptet werden, diese Künstler hätten sich alle dem Schock um des Schocks willen verschrieben, Gott bewahre. Nur so viel: In dem Land, in dem die Künstler noch vor Kurzem »mit dem Fühlen und Denken der Massen eins« zu sein hatten (Mao Zedong), passieren mittlerweile Dinge, die würden bei uns sofort verboten. Nicht, dass sie in China ausdrücklich erlaubt wären – es kümmert oft bloß keinen mehr. Vielleicht hat die Polizei auch gemerkt, dass es den meisten der jungen Künstler ohnehin mehr um Ruhm und Reichtum geht als um Rebellion und dass sich auch der viel umraunte »Untergrund« Ertrag bringend in dieses Streben eingeordnet hat: Wo er noch auftaucht, ist er mehr Marketingmasche als Ausfluss wirklicher Repression – Ausländer lieben den Kitzel des Verbotenen, und der Kunde ist heute auch in diesem Lande König. Auch die Freiheit der Kunst ist also eine vielschichtige Sache in China. Die chinesische Sprache kennt das Wort *zi you*, »Freiheit«, erst seit Mitte des 19. Jahrhunderts. Der Begriff war damals über Japan nach China importiert worden, gemeinsam mit seinen Vettern »Demokratie« (*min zhu*) und »Menschenrecht« (*ren quan*). Die ganze Immigrantenbande hat noch heute für einige Chinesen – vor allem für die an der Macht und für die konfuzianischen Schlags – einen negativen Ruch. Freiheit, das schmeckt nach: unverantwortlich, asozial, auf jeden Fall bedrohlich. Aber auch das ewige China ist einem ständigen Wandel unterworfen. »Seide, die man in blaue Farbe taucht, wird blau. Taucht man sie in gelbe Farbe, wird sie gelb«, sagte schon der Philosoph Mozi (486 – 376 v. Chr.): »Das gilt nicht nur für Seide, sondern auch für eine Person und für ein Land … Ein Land kann sich wandeln durch die Einflüsse, denen es ausgesetzt wird.«

Freiheit setzt Individuen voraus. *Zi you* bedeutet wörtlich: »Sich selbst folgen«, »von sich selbst ausgehen«. Auch das ein Grund, warum das Wort in schlechtem Leumund stand. Vor ziemlich genau einhundert Jahren schrieb ein Chinese diese Zeilen: »Obwohl es erst drei oder vier Jahre her ist, dass der Begriff des ›Individuums‹ in China eingeführt worden ist, betrachten ihn Leute, die angeblich die Zeichen der Zeit verstehen, als eine unerträgliche Schande. Wenn jemand als Individualist betitelt wird, dann gilt er gleich als Volksverräter.«

Und das singt eine Chinesin heute: »Lebe dein Ich aus /
jeden Tag / du hast immer dein unverwechselbares, wunder-
bares Ich, oh, Ich / du willst Freiheit / keine Angst vor dem,
was die anderen reden / Sei einfach du selbst.« »Scheine jeden
Tag«, heißt dieses Lied des Hongkonger Schlagersternchens
Kelly. Ich sah sie im chinesischen Staatsfernsehen bei einem
Open Air in der Stadt Kunming. Und dass sie ihre Hymne an
das Individuum vor Zuhörern sang, die vom Veranstalter alle
in das gleiche T-Shirt gesteckt worden waren, alle die gleiche
rote Baseballkappe trugen und alle im gleichen Takt kleine
chinesische Nationalfähnlein hin- und herschwenkten, das
machte die Szene noch mehr zu einem Bild für die miteinander kollidierenden Welten in diesem Land.

Im Pekinger Universitätsviertel Haidian traf ich Hao Feng.
Der ehemalige Philosophie- und Politikstudent Hao hatte vor
einigen Jahren ein Buch über die amerikanische Grungerock-
band »Nirvana« und deren Sänger Kurt Cobain geschrieben
und – bezeichnend für die Umtriebigkeit der Chinesen – den
Buchladen gleich dazu eröffnet. In seinem Laden lagen Werke
aus von Albert Camus, Gedichtbände von Jack Kerouac und
Arthur Rimbaud: ein Verlustgeschäft, das er mit den Gewinnen seines sich anfangs erstaunlich gut verkaufenden Nirvana-
Buches finanzierte. »China ist noch immer sehr hierarchisch,
und der Staat hat noch überall seine Finger drin. Es kann nur
besser werden«, meinte Hao Feng. »Die von den Führern so
oft beschworene ›Modernisierung‹ – was für ein Hundefurz.
Das funktioniert nicht, ohne dass die Menschen zu sich selbst
finden. Wie sollen sie sonst kreativ sein? Ich zeige in meinen
Büchern den jungen Leuten, dass es noch andere Wege gibt als
Schule, Uni, Abschluss, Job. Individualismus war hier ein
Schimpfwort bis vor Kurzem. Ich sage: Es ist der Fortschritt.«
Wie auf Vertreter seiner Generation im Westen übte der
Typus des jung an Drogenexzessen zerbrochenen Poeten und
Rockstars eine besondere Faszination aus auf Hao Feng: Zur

Zeit unseres Treffens schrieb Hao gerade an einer Biografie von Jim Morrison und den Doors. Nebenher arbeitete er für den Chinaableger von MTV. »Ich bin optimistisch. Die Gesellschaft koppelt sich ab von der Politik, die Menschen werden allmählich gesünder«, meinte er. »Die Leute schaffen sich eigene Räume, die mit der Partei nichts zu tun haben: gehen zur Uni, verdienen Geld, schreiben Bücher, besuchen Schwulenbars. Ist mittlerweile alles kein Problem, auch wenn die Partei noch immer Angst hat vor der Pluralisierung, Angst hat vor Büchern. Wie dumm von ihr: Wenn die Menschen viele Ventile haben, wenn es Auswege und Nischen gibt, dann explodiert auch nichts.«

Es geht heute bunt zu in China. Gedichte lesen nur mehr wenige, Gedanken über Gesellschaft und Politik machen sich auch nicht viel mehr, das hat die Partei den Leuten schon erfolgreich ausgetrieben, aber ihre eigenen Räume tapezieren vor allem die jungen Leute täglich neu. Reinreden lassen sie sich dabei nicht mehr von der Politik, wohl aber von den gleichen Trendsettern, die auch die Möblierung des Lebens ihrer Altersgenossen in Hongkong oder Taiwan bestimmen: Es erobern jene vom Konsum diktierten Individualitätsschablonen das Land, die wir auch im Westen kennen, die aber in Asien um einiges hemmungsloser nachgelebt werden. Starbucks und Ikea für die aufstrebenden Officeladys, Korea-Schick für die Teenager.

Chinas städtische Jugend hungert nach Trends aus dem reichen, entwickelten Ausland: Das eigene Fernsehen ist noch immer zu grau und schulmeisterlich, die Schauspieler sind zu pathetisch, die Sänger zu steif. Fernsehserien aus Korea waren dagegen frisch und cool – und gleichzeitig der asiatischen Gesichter und der gemeinsamen Traditionen wegen vertrauter als Hollywood-Importe: »Die Mädchen sind wunderschön, und die Jungen sehen alle aus wie gemalt«, schwärmt eine Studentin. Mit Sex und Drogen haben Koreas Retortenstars nichts am Hut, auch das kam an in China.

Konservative Chinesen waren fassungslos, wie sich der Strom des Kulturaustausches umkehren konnte, wie die jungen Erben ihrer 5000 Jahre alten, großartigen Kultur plötzlich verkommen zu Konsumenten von »Kultur-Kimchi«, wie ein Kommentator in Anspielung auf Koreas scharf eingelegtes Nationalgemüse maulte: »Geschmacklich minderwertiges Zeug ohne großen Nährwert.« Ein Kommentator wies nicht zu Unrecht darauf hin, dass viele der koreanischen Kulturphänomene eigentlich Reimporte aus dem Westen seien: die blonden Haare, die Nasenringe, die weiten Hip-Hop-Hosen. Er unterstellte dem »neureichen Korea« ein »Minderwertigkeitsgefühl« gegenüber dem Westen – und China folglich einen »doppelten Minderwertigkeitskomplex«. Und deckte mit seiner sauertöpfischen Argumentation einen entscheidenden Grund auf für den sehnsuchtsvollen Blick der Jungen über die Grenzen: Chinas doppeltes Spaßdefizit. Als die Südkoreaner dann daran gingen, sich von den USA einen Raketenschirm in ihrem Land installieren zu lassen, machte die Regierung in Peking dem Kimchi-Import schließlich den Garaus. Koreanische Soaps wurden aus dem Fernsehen, koreanische Schlager aus dem Radio gekippt, und mit einem Mal war es erste Patriotenpflicht, alles Südkoreanische zu boykottieren.

Der Hedonismus aber hat sich Bahn gebrochen bei der jungen Generation, vielleicht wird dies nirgends deutlicher als bei der Einstellung zum Sex. »Von wegen sexuelle Revolution«, staunte der aus dem Londoner Exil zu Besuch in Peking vorbeischauende Poet Yang Lian in dichterischem Überschwang: »Zur Revolution kommen sie hier vor lauter Sex schon gar nicht mehr.« Eben noch staatlich verordnete Prüderie – und mit einem Mal: Alles geht.

Es ist nicht so lange her, da konnte einen eine außer- oder voreheliche Affäre ins Arbeitslager bringen. Heute erwischt die Polizei drei Hotelgäste bei einer Ménage à trois (so geschehen in Shenyang) – und lässt sie laufen, weil sich die Staatsanwaltschaft nicht mehr sicher ist, ob das nun in dieser

Volksrepublik noch einen unzüchtigen Akt darstellt oder aber die Privatsache der drei ist.

Die neue sexuelle Freiheit geht einher mit der Entdeckung des Privaten. Das Chinesische kennt schon länger ein Zeichen dafür: *si*. Wie das Private in China jedoch angesehen ward, mag man daraus ersehen, dass *si* gleichzeitig »privat« und »egoistisch« bedeutet und dass bislang fast alle Wörter, die *si* als Bestandteil haben – von »selbstsüchtig« über »schmuggeln« bis »Vetternwirtschaft« –, negativ besetzt waren. Der Totalitarismus Maos trieb die Geringschätzung des Privaten in der chinesischen Kultur ins Extrem und radierte jede Trennung zwischen privatem und öffentlichem Raum aus: Noch die letzte Windung deines Hirns hatte sich dem Großen Vorsitzenden zu Gefallen zu krümmen. Die neue Wertschätzung, die das Private jetzt erfährt, ist Zeichen dafür, dass Chinas Gesellschaft dabei ist, die Erinnerung an jene Zeit abzuschütteln. Es ist kein Zufall, dass sie einhergeht mit der Rehabilitierung der Privatwirtschaft durch die Kommunisten (die Partei ließ den Schutz der Privatwirtschaft sogar in die Verfassung schreiben). Karl Marx hatte schon recht: Das Sein bestimmt das Bewusstsein.

中国梦 *Zhong guo meng*

Der chinesische Traum

Doch, geträumt haben die Chinesen auch schon früher. Schön ist Zhuangzis »Schmetterlingstraum«, wo der Philosoph sich fragt, ob er nun eigentlich Zhuangzi ist, der von einem Schmetterling träumt, oder aber in Wirklichkeit der Schmetterling, der von Zhuangzi träumt. Wenn man Pekings Propaganda glaubt, träumt ganz China heute vom starken Mann Xi Jinping, und der wiederum revanchiert sich mit seinem »Chinesischen Traum«. Anders als beim American Dream steht nicht das Individuum und sein Streben nach Glück im Mittelpunkt, sondern »die großartige chinesische Nation«, und zwar ihre »Wiedergeburt«. 200 Jahre Niedergang, so die Propaganda, finden dank der Partei ein Ende, und China holt sich seinen angestammten Platz in der Welt zurück: den an der Spitze aller Nationen. Andere Träume zu träumen ist heute nicht ganz ungefährlich, wie die mutige Kantoner Zeitung »Südliches Wochenende« erleben musste. Sie hatte nach Xis Amtsantritt einen Leitartikel vorbereitet, »Der Chinesische Traum: ein Traum von der Herrschaft nach der Verfassung«. Der Leitartikel erschien nie, die Redakteure wurden gefeuert, und die Zensoren übernahmen die Zeitung.

230

黄祸 *Huang huo*

Gelbe Gefahr

Lauert seit Attila, dem Hunnenkönig, (406–453 n. Chr.), und Dschinghis Khan (gestorben 1227) weit hinten im Osten. Erlebte im späten 19. Jahrhundert seine Wiedergeburt als Schreckensphantasie der westlichen Länder. Da waren dann schon die Chinesen gemeint. Die Vorstellung Chinas als gelber Gefahr wechselt im Lauf der Geschichte regelmäßig ab mit dem Bild des Landes als Reich von Milch und Honig: Es sind die zwei Seiten ein und derselben Münze in der Tasche eines Abendlandes, dem das genaue Hinsehen zu mühsam ist.

In den USA sorgte im 19. Jahrhundert der Zustrom fleißiger chinesischer Einwanderer (Ameisen! Heiden! Gelbe!) erstmals für Konkurrenzängste unter der amerikanischen Arbeiterschaft. Der Begriff »Gelbe Gefahr« selbst jedoch wurde in Europa geprägt, manche vermuten den deutschen Kaiser Wilhelm II. als Urheber. Wilhelm II. ließ im Jahr 1895 als Geschenk für den russischen Zaren Nikolaus II das Gemälde »Völker Europas, wahret Eure heiligsten Güter!« anfertigen. Darauf ist der Erzengel Michael zu sehen, wie er in voller Rüstung die Völker Europas vor einer anrückenden Gewitterwolke warnt, auf welcher ein Buddha heranschwebt.

Fünf Jahre später hielt der Kaiser in Bremen vor dem zur Ausfahrt nach China versammelten deutschen Expeditionskorps jene Ansprache, die als »Hunnenrede« bekannt wurde: »Pardon wird nicht gegeben! Gefangene werden nicht gemacht!« Dabei rief der Kaiser seine Soldaten ausgerechnet dazu auf, sich einen Namen zu machen »wie vor tausend Jahren die Hunnen unter ihrem König Etzel«. Interessanterweise erschallte der Warnruf von der gelben Gefahr immer dann am lautesten, wenn die weiße Gefahr die viel größere war: Als der Kaiser seine Hunnenrede hielt, hatten europäische Truppen große Stücke chinesischen Territoriums besetzt. Die in Bremen versammelten deutschen Soldaten sollten die sogenannten Boxer niederkämpfen, chinesische Aufständische, die sich gegen europäische Missionare und Kolonialisten erhoben hatten. In der Stadt Qingdao (die Deutschen schrieben sie »Tsingtao«) sind noch heute die Fachwerkhäuschen zu besichtigen, die die deutschen Kolonialherren damals auf chinesischen Boden gepflanzt hatten.

Später fanden die Rufe von der gelben Gefahr ihr Echo in der antichinesischen Hetze der amerikanischen Zeitungen von William Randolph Hearst und in den »Fu Manchu«-Romanen des Briten Sax Rohmer (»Es geht um nicht weniger als um die Beherrschung der Welt«, wird den schaudernden Lesern verkündet: »Mit Waffen von Raketen bis zum okkulten Magnetismus drohen die Orientalen die weiße Rasse auszulöschen und Dr. Fu Manchu zum Herrscher der Welt zu machen...«).

Unter Mao Zedong trat die gelbe Gefahr kurzzeitig in rotem Gewande auf, wobei zur Zeit der 68er das interessante Phänomen zu beobachten war, dass Maos China von unterschiedlichen Teilen der europäischen Gesellschaft zur gleichen Zeit als Bedrohung dämonisiert und zum Paradies verklärt wurde. Wie immer lagen beide daneben. In dem Maße, wie Maos Nachfolger dem Kommunismus einen Fußtritt gaben, freundete sich der Westen wieder an mit China, eine Freundschaft, die sich ein paar Jahre lang in fiebrige Begeisterung verwandelte, bevor – so geht es ewig auf und ab – erneut die gelbe Gefahr ihr Comeback hatte.

Und so wachten die Europäer eines Morgens auf und stellten fest, dass die Chinesen ihnen die Milch wegtranken, das Öl wegkauften und ihre Arbeitsplätze stahlen. Und statt Dynamik, Weisheit und der Rettung der Weltwirtschaft kamen aus dem Land mit einem Mal verseuchte Shrimps, vergiftetes Spielzeug und die Vogelgrippe dazu. Der eine Kommentator entdeckt, dass schon die Pest des Mittelalters ihren Herd in südchinesischen Bauernhöfen hatte, der andere blies zum »Weltkrieg um Wohlstand«. Schließlich wurde die zuerst gelbe, dann rote auch noch zur grünen Gefahr, seit bekannt ist, dass Chinas Gase und Gifte bald nicht nur das eigene Land, sondern die ganze Erde einnebeln werden.

Und natürlich gibt es die Shrimps und das Spielzeug und die Gase und die Gifte, aber wie immer vergisst der weiße Mann dabei gern, dass in diesem Zeitalter, dessen Mechanismen und Ideologien er erfunden hat, mit seinem Lebensstil er selbst sich und anderen die größte Gefahr ist – und dass die Chinesen zumindest in der Sphäre des Materiellen, die unseren Planeten mit Narben zeichnet, noch immer vornehmlich nichts anderes tun, als für ihn zu arbeiten und ihm nachzueifern.

老外 *Lao wai*

Der Ausländer. Oder: Wenn Völker sich verständigen

Völkerfreundschaft: kein einfach Ding. Man mag die Vertreter unseres Volkes nicht beneiden, wenn sie staatsbesuchen gehen: Müssen fern von der Heimat U-Bahnen bestaunen und Stäbchen balancieren, in Seegurke stochern und in Wortnebeln haschen. Dass es freilich hinter erhabenem Zeremoniell und verschlossenen Türen auch entspannt zugehen kann unter mächtigen Männern, das zeigt folgendes Protokoll vom 17. Januar 1973. Entnommen ist es dem 1999 in New York erschienenen Band »The Kissinger Transcripts«.

Der Ort: Zhongnanhai (»Mittlerer und südlicher See«), der von den KP-Bonzen bis heute besetzte westliche Teil des alten Kaiserpalastes im Herzen der Hauptstadt. Pekings neue Verbotene Stadt also.

Die handelnden Personen: Mao Zedong, Vorsitzender der Volksrepublik China; Zhou Enlai, Premierminister; Henry Kissinger, Nationaler Sicherheitsberater von US-Präsident Richard Nixon – in jenen Monaten mehrmals heimlich in Peking, um nach jahrzehntelanger Feindschaft die Annäherung zwischen den USA und China vorzubereiten.

Mao Zedong: »Der Handel zwischen unseren beiden Ländern ist momentan recht erbärmlich. Wie Sie wissen, ist China ein sehr armes Land. Wir haben nicht viel. Was wir im Überfluss haben, sind Frauen.« (Gelächter)

Dr. Kissinger: »Auf die haben wir keine Quoten oder Zölle.«

Mao: »Also wenn Sie sie haben wollen, können wir Ihnen ein paar von denen geben, ein paar zigtausend.«

Premier Zhou: »Natürlich auf freiwilliger Basis...«

Mao: »Wollt ihr unsere chinesischen Frauen? Wir können euch zehn Millionen überlassen.« (Gelächter, vor allem unter den anwesenden Frauen)

Dr. Kissinger: »Der Vorsitzende verbessert sein Angebot.«

Mao: »So können wir euer Land mit Unheil überschwemmen und euren Interessen schaden. In unserem Land haben wir zu viele Frauen... Sie bringen Kinder zur Welt, und davon haben wir schon zu viele.«

Dr. Kissinger: »Das ist ein neuartiger Vorschlag, wir müssen ihn prüfen.«

Mao: »Sie können ein Komitee zur Untersuchung dieser Frage einrichten. So löst Ihr Besuch in China das Bevölkerungsproblem.« (Gelächter)

Dr. Kissinger: »Wir werden Verwendungszweck und Verteilung untersuchen.«

Mao: »Ich glaube, wenn wir sie fragen, würden sie gehen.«

Premier Zhou: »Nicht unbedingt.«

Dr. Kissinger: »Wir nehmen sie natürlich gerne an.« [...]

Mao: »Was denken Sie: Ist es besser, mit dem Treffen an die Öffentlichkeit zu gehen oder es geheim zu halten?«

Dr. Kissinger: »Ich halte es für besser, es öffentlich zu machen.«

Mao: »Dann sollten wir alles, was wir über die Frauen gesagt haben, verschwinden lassen.« (Gelächter)

Dr. Kissinger: »Wir werden sie aus dem Protokoll streichen.« (Gelächter)

Deutsche Bundeskanzler und Bundeskanzlerinnen mochten China meist sehr gern. Ob das an solchen Terminen liegt wie jenem, den wir einmal in der Provinz Sichuan mitmachten, das weiß ich nicht. Auf dem Programm stand die Firma »Maipu«, ein Hightechunternehmen im Industriegebiet der Stadt Chengdu, von der deutschen Botschaft war es zuvor als Paradebeispiel für die Entwicklung in Chinas Hinterland angekündigt worden. Ich weiß heute noch nicht, was sie dort herstellen. Ich weiß aber, dass sie dort so viel Vertrauen in den Fortschritt haben, dass sie das Gelingen des Kanzlerbesuches in die Hände eines automatischen Übersetzungsprogramms legten und dass es dort einen Dolmetscher gibt, der fürderhin das Maipu-Orakel genannt ward.

Der Besuch spielte sich in etwa so ab: Kolonne braust an, jovialer Kanzler springt heraus, stürmt in den Empfangsraum; nervöser Botschafter, gebauchpinselte Honoratioren und nörgelnde Journalisten stolpern hinterher. Drinnen warten ein noch nervöserer Dolmetscher und ein noch mehr gebauchpinselter Fabrikdirektor. Der Zeitersparnis halber beginnen die beiden, gleichzeitig in ihre Mikrofone zu bellen: der eine auf Chinesisch, der andere auf, ja, auf was eigentlich?

»Jedes Jahreswachstum verlässt hinter dem Gedächtnis im unaufhörlichen Fluss der Zeit«, begrüßt der Dolmetscher den Bundeskanzler. Der guckt ihn erwartungsvoll an, bohrt sich zur Sicherheit noch mal den Schlaf aus dem Ohr. »Alles notiert die Großartigkeit in jedes Jahr, die funkelt.« Wohl, wohl, scheint der so willkommen Geheißene nun zu denken, diese Orientalen. »Ermöglichen Sie Maipu, das Gesundheit Immergrünunternehmen zu werden«, schallt es aus den eigens aufgestellten Boxen, offenbar auf Deutsch. Der Kanzler guckt nun etwas irritiert und wendet seinen Blick Hilfe suchend auf eine große Leinwand: Auf die wirft ein Projektor praktischerweise in großen Lettern die jeweils gesprochenen Sätze noch einmal hin, für die Begriffsstutzigen. »Der Chinesen Mehrkanalmodulation Demodulator MP 1000 zuerst in der Maipu Geburt«, heißt es da jetzt in großen Lettern parallel zum zweisprachigen Lautsprecherstakkato. Staatsmännisch gefasst, nickt der Kanzler den aufgeregt seinen Blick suchenden Herren Dolmetscher und Direktor zu, was die zum Ansporn nehmen, ihr doppelsprachiges Duett immer atemloser herunterzurasseln: »Durch die einzigartige Innovation und das konstante Sein sachverständig innen, haben das endlose Wunder und Zuerst notiert.« Aufmunterndes Lächeln des Kanzlers. Es läuft gut, sie spornen sich nun gegenseitig an. »Wir gingen bereits wachsen aus nichts«, hechelt der zusehends an Selbstvertrauen gewinnende Dolmetscher: »Von Kindheit heraus zu Reife, von bleiben unverständlich in zum Anfang der internationalen Szene der sehr hohe Kurs der Entwicklung.«

Stille, Feuer eingestellt.

Soso, murmelt der Kanzler. »Danke schön!«, steht nun auf der Leinwand. »Danke schön!«, sagt der Kanzler. Direktor und Dolmetscher lächeln glücklich.

Wer meint, das Beispiel diene mir als Beleg dafür, wie miserabel es um die Deutschkenntnisse der Chinesen bestellt sei, der hätte mich missverstanden: Es haben deutsche Kanzlerinnen und Präsidenten in chinesischen Hörsälen schon angeregte Diskussionen ganz auf Deutsch geführt (man versuche sich einmal die umgekehrte Situation vorzustellen). Nein, illustrieren wollte ich lediglich, wie leicht im chinesisch-abendländischen Verkehr gute Einfälle im Treibsand einander verfehlender Erwartungen absaufen können; Sie zudem vorbereiten auf allerlei Situationen von nicht geringer Komik, in die Sie tagtäglich stolpern können.

Wenn Sie durch China spazieren, wird man Ihnen oft *lao wai* nachrufen: »Ausländer«. Wörtlich heißt *lao wai* »der Alte von draußen« und ist entgegen der misstrauischen Vermutung einiger der so Angesprochenen keineswegs unfreundlich gemeint. Im Gegenteil: Das Adjektiv *lao*, »alt«, vor Namensbezeichnungen ist im Chinesischen stets ein Ausdruck von Respekt, oft sogar von Vertrautheit. Andere, mittlerweile seltenere Rufe sind *gao bi zi*, was als »Langnase« ins Deutsche eingegangen ist, aber eigentlich »Hohe Nase« bedeutet, oder in Südchina und Hongkong *gwei lo:* fremder Teufel. Das klingt schon weniger freundlich und ist ein Erbstück aus der an Konflikten mit dahergerittenen oder -gesegelten Ausländern nicht armen Geschichte Chinas. Die in der Mitte der Welt residierenden Chinesen sahen sich stets als auserwähltes Volk und Quell aller Zivilisation: Was jenseits der Grenzen kreuchte und fleuchte, waren Barbaren, deren uneingeladene Grenzübertritte China meist Unbill und Zerstörung brachten – und die im 19. Jahrhundert einfallenden Europäer gaben sich größte Mühe, diesem Urteil gerecht zu werden.

Ende des 18. Jahrhunderts klopften die Engländer erstmals an am Hof in Peking. Sie waren scharf auf Tee und Porzellan und all die anderen kostbaren Erzeugnisse Chinas und hätten den Chinesen gerne im Gegenzug viele Schiffsladungen britischer Waren angedreht. Kaiser Qianlong diktierte daraufhin einige Briefe an den fernen König George III., um ein paar Dinge klarzustellen. »Sie, o König aus der Ferne«, begann sein Brief von 1796, »sehnen sich nach den Segnungen unserer Zivilisation und haben in Ihrem Verlangen, in Berührung zu kommen mit ihrem heilsamen Einfluss, eine Gesandtschaft mit einer Denkschrift über den Ozean geschickt. Ich habe Notiz genommen von Ihrem respektvollen Geist der Unterwerfung und Ihre Gesandtschaft mit höchster Zuvorkommenheit behandelt.« Der Himmelssohn wollte dem König von England also gerne die Ehre zugestehen, als Tribut leistender Untertan an seiner Strahlkraft teilzuhaben; er ließ König George III. aber im gleichen Atemzug wissen, dass ansonsten im großen China die Ausländer – und die von ihnen mitgebrachten Kuriositäten – so überflüssig seien wie ein Kropf: »Die majestätische Tugend unseres Reiches hat alle Länder unter dem Himmel durchdrungen, und Könige aller Nationen haben kostbare Tribute geschickt. Wie Ihr Gesandter sehen mag, besitzen wir bereits alles. Ich sehe keinen Wert in unbekannten und kunstreichen Dingen und habe keine Verwendung für die Waren Ihres Landes.« Kaiser Qianlong hieß im Anschluss die »Barbarenhändler« mehr oder weniger deutlich, sie sollten sich zum Teufel scheren, und schloss das Edikt mit dem üblichen Kaisergruß: »Gehorche zitternd!« Ein paar Jahr später schickten die Engländer die Kanonenboote. Und das Opium.

Man kann nicht sagen, dass das Verhältnis zwischen China und dem Ausland damit weniger kompliziert geworden wäre. Es war ein Schock für die Chinesen: dass sie gegen ein paar Boote aus England nichts auszurichten vermochten, dass sie hoffnungslos unterlegen und hilflos waren, dass ihnen mit einem Mal Franzosen und Russen und Japaner und Deutsche auf der Nase herumtanzten. Fremde Nationen, die Besatzungssoldaten und Missionare ins Land schickten, um sich fette Stücke herauszureißen aus der »Bratwurst« China (die Metapher stammt vom deutschen Gesandten, Baron Freiherr von Ketteler, dem alsbald am 20. Juni 1900 in Peking eine Kugel den Schädel zerschmetterte). So wie es ein Schock für sie gewesen war, 700 Jahre zuvor von den Mongolen überrannt zu werden und 300 Jahre zuvor von den Mandschuren. Wieder waren die Barbaren im Land. Diesmal aber war alles anders: Die Mongolen- und Mandschurenherrscher hatten sich jeweils kaum auf dem Kaiserthron in Peking niedergelassen, da waren sie schon vom eroberten Volk kaum mehr zu unterscheiden, hatten über Nacht gelernt, mit Stäbchen zu essen, und gaben sich konfuzianischer als die Konfuzianer. Was den unterjochten Chinesen zumindest im Nachhinein eine Genugtuung war, verschaffte es ihnen doch die Möglichkeit, auch ihre Niederlagen noch in den Beweis für die Überlegenheit der chinesischen Zivilisation umzudeuten (der Schriftsteller Lu Xun widmete diesem Charakterzug seines Volkes – jede noch so demütigende Niederlage wird flugs zum Triumph schöngeredet – eine seiner berühmtesten

Novellen. Der Name der Hauptfigur, des ewig sich zum Gespött machenden Verlierers Ah Q, ist als Redewendung in den chinesischen Sprachgebrauch eingegangen: Man spricht vom »Ah-Q-ismus«). Die räuberischen Europäer gewährten diese Genugtuung nicht. Ihre Gier und Aggression ging einher mit technologischer Überlegenheit und eigener kultureller Arroganz. Zum ersten Mal mussten Chinas Beamte, Gelehrte und Studenten das Undenkbare in Betracht ziehen: Die alte chinesische Kultur war bankrott. Der Westen war die Macht, und, schlimmer noch, es sah so aus, als sei er auch die Zukunft.

China hat an dieser Erschütterung noch heute, mehr als 150 Jahre nach den Opiumkriegen, zu kauen. Sie brachte jene seltsame Mischung aus Größenwahn und Minderwertigkeitskomplex hervor, der man auch heute noch begegnet. Dieser Gefühlsmix steckt wahrscheinlich auch hinter der Begeisterung, die Chinesen an den Tag legen, wenn Ausländer sich zum Kaspar machen, indem sie vor Publikum Peking-Oper singen oder in altem Chinesengewande radebrechend *xiangsheng* zum Besten geben, jene traditionellen, mit Dialekt und Sprachwitz jonglierenden Zwei-Mann-Sketche: Balsam für die wunde Seele. Der deutsche Komponist Karsten Gundermann machte den Chinesen eine besondere Freude: Er ist der erste Ausländer, der je eine Peking-Oper schrieb (»Die Nachtigall«). Als er 1992 zum Studium in Peking eintraf, lernte Gundermann schnell, wie die Welt von hier aus aussah: »Hier ist China. Um China herum leben die Barbaren. Und hinter den Barbaren, da kommen wir Europäer.« Lehrer und Mitschüler empfingen ihn mit großer Freundlichkeit. »Ich wurde liebevoll behandelt«, erzählte mir Gundermann, »so liebevoll eben wie der Hinterbarbar, der erkannt hat, wo das Zentrum der Weltkultur liegt.«

Ich weiß, dass es in Bayern auch einen Japaner gibt, der in Lederhosen steckt und jodelt. Aber der Japaner wird dort doch eher als Kuriosum betrachtet und darf froh sein, wenn er auf der Bühne im Bierzelt zehn Minuten bekommt, bevor ihm einer die Tuba über den Gamsbart stülpt. Dazu ruht der Bayer doch zu sehr in sich, als dass er zur Versicherung seiner selbst nicht auskäme ohne japanisch ausgefüllte Lederhosen. In China hingegen hat jeder Fernsehsender und jede Stadt eine eigene TV-Show, in der man mindestens einmal im Jahr zwei Stunden lang nichts anderes bewundern kann als kostümierte französische Studentinnen, die Kunqu-Opernarien krähen, pummelige Amerikanerinnen, die sich als Tang-Palastgrazien im Seidenbandtanz versuchen, und tollpatschige Deutsche, die sich Mühe geben, sich bei ihren Kung-Fu-Rollen möglichst wenig Knochen zu brechen. Das chinesische Publikum hat großen Spaß an solchem Zirkus, und ironieverdorbenen Westeuropäern sei an dieser Stelle ins Stammbuch geschrieben: Wenn die Chinesen lachen bei den unbeholfenen Vorführungen, dann ist das keineswegs Schadenfreude, sondern eine fast kindliche Begeisterung (diesen sympathischen Zug kann man auch beim Karaoke erleben, wo ein Volk von Hobbysängern zarten Melodien Abend für Abend schlimme Gewalt antut und dennoch von seinen Freunden enthusiastisch und ohne jeden Anflug von Spott begleitet wird).

»Von jeher kennen Chinesen nur zwei Bezeichnungen für fremde Völker: ›wilde Bestien‹ oder ›Majestät‹«, schrieb Lu Xun einmal. »Nie nannten wir sie ›Freunde‹, nie sagten wir, sie seien wie wir.« Darin wenigstens sind Chinas Herrscher heute anders: Der Ehrentitel »Freund« wird heute recht großzügig vergeben, manchmal hat man den Eindruck, die Begriffe *wai guo* (Ausland) und *peng you* (Freund) seien regelrecht verwachsen miteinander und kämen nur mehr im Doppelpack vor: »Unsere ausländischen Freunde!«

Die Frage ist, ob das immer ernst gemeint ist. So freundlich der Ruf *lao wai*, Ausländer, sein mag, er trägt auch die Bedeutung »Außenseiter«. Nie, so die weitverbreitete Überzeugung, wird ein *lao wai* China und die Chinesen verstehen können. Eines der listigsten und nur selten ehrlich gemeinten Komplimente, das ein Chinese einem Ausländer machen kann, ist deshalb jenes, er sei ein *zhong guo tong*, ein China-fachmann. Das Kompliment wird oft für Gegenleistung vergeben: Solche Chinakenner beweisen ihre Expertise, indem sie auf Kritik an China verzichten.

Von der Sorte gibt es nicht wenige. Man nimmt diesen Ausländern ihr Wohlbefinden auch ab: Viele Chinesen behandeln Besucher aus dem Westen besser als ihre eigenen Landsleute; dazu führen die meisten ein Leben in Privilegien, die ihnen zu Hause nicht zustünden. Residieren hinter bewachten Mauern, in Luxuswohnungen und -villen, mit Dienstwagen, Dienstmädchen und doppeltem Gehalt. Die folgenden Zeilen stammen aus dem Jahr 1925, aber manchmal ist es, als sei die Zeit stehen geblieben: »Wenn die Ausländer ausgehen, stehen ihnen Autos zur Verfügung, wenn sie unterwegs sind, werden sie eskortiert. Wenn die Straßen für die Durchfahrt von hochrangigen Persönlichkeiten gesperrt sind, dürfen Ausländer trotzdem passieren. Wenn sie beraubt werden, entschädigt man sie. Ganz zu schweigen von den üppigen Banketten in luxuriösen Gemächern, die man ihnen bereitet. Beim Genuss solcher Festmahle werden die Ausländer natürlich die chinesische Zivilisation preisen« – simpler Trick, funktioniert heute noch bestens. Chinas Regierung versteht sich meisterhaft aufs Einwickeln von Gästen.

Was die Einstellung von Ausländern gegenüber China angeht, so scheinen Besucher öfter, als ihnen guttut, in eines von zwei Extremen zu verfallen: Die einen kriegen den Koller (»Hölle!«), die andern kriegen auch den Koller (»Paradies!«). Das Lager der Paradiesblicker ist im vergangenen Jahrzehnt, angetrieben von Wirtschaftswachstum und Aufbruchsstimmung, mal wieder gewaltig angeschwollen. Unter den Schwärmern gibt es solche, denen hilft das Schmeicheln bei ihren Geschäften, es gibt solche, die es nicht besser wissen, und es gibt solche, die es nicht besser wissen wollen. Das

Nicht-besser-wissen-Wollen wird einem in China sehr leichtgemacht. Es passiert ja tatsächlich viel Aufregendes und Gutes. Und dann sind überall so schöne Fassaden aufgestellt.

Ihre besondere Fürsorge lässt Chinas Regierung ausländischen Journalisten zukommen, die bis 2008 kein Interview im ganzen Land führen durften, ohne es zuvor bei sogenannten *wai ban*, Ausländerämtern, angemeldet zu haben. (Anlässlich der Olympischen Spiele erlaubte das Außenministerium den Journalisten erstmals, ihre Interviewpartner frei zu wählen. In der Praxis aber behindern Polizei, Geheimdienste und bezahlte Schläger bis heute ihre Recherchen). Wenn man sich dann anmeldete, konnte es einem so ergehen wie mir in den Jinggang-Bergen in der Provinz Jiangxi, wo ich eine Geschichte über die Ursprünge von Maos Revolution recherchieren wollte. Erster, von der örtlichen Ausländerbehörde dringend empfohlener Programmpunkt sollte ein Interview mit dem Sohn einer »revolutionären Märtyrerfamilie« sein. Auf dem Flughafen der Stadt Nanning wurde ich von einem Beamten der Provinzregierung begrüßt: meinem offiziellen Begleiter. Ein Wagen mit Fahrer stand bereit. Als wir ein paar Stunden später in der Kreisstadt in den Bergen eintrafen, winkten am Straßenrand schon drei Beamte der örtlichen Kreisregierung und schleppten uns erst einmal zum Essen. Nach Essen und Schnaps fuhren wir – nun schon in zwei Wagen – beim Parteibüro des betreffenden Dorfes vorbei, wo sich uns der örtliche Parteisekretär samt Lakai in einem dritten Santana anschloss. Solchermaßen angeschwollen auf einen Konvoi von drei schwarzen Wagen mit blickdichten Scheiben, rollten wir schließlich bei Bauer Liu vor: Insgesamt acht von uns drängten in die Wohnstube seiner Kate, wo neben einem alten Mao-Poster eine gerahmte »Revolutions-Märtyrerfamilie-Bescheinigung« an der Wand hing (die Großeltern waren von Kuomintang-Truppen ermordet worden, der Vater im Kampf für Mao Zedong gefallen). »Der arme Kerl«, dachte ich angesichts unserer einschüchternden Abordnung.

Ich hätte mir aber keine Sorgen zu machen brauchen. Nachdem getrocknete Süßkartoffelschnitze und Melonenkerne auf dem Tisch standen, erhob sich der Bauer und setzte an, erstaunlich geübt, zu einem feierlichen Vortrag: »Sehr geehrter Parteisekretär, sehr geehrte Funktionäre, sehr geehrter Herr aus Deutschland. Ich begrüße Sie recht herzlich im Namen des alten Revolutionsgebietes Dajing. Viele Ausländer haben mich schon besucht, auch welche aus Australien und Frankreich. Nächste Woche soll ein Fernsehteam aus Japan kommen. Der große Mao hat mir diese Ehre eingebracht...« Wie sich hernach herausstellte, arbeitete der Mann nicht einmal mehr als Bauer: Das Ortskomitee zahlte ihm ein Gehalt, er war der Vorführ-Märtyrer-Abkömmling des Dorfes. Bezahlen durfte man sie übrigens selbst, all die hilfsbereiten Beamten, die einen begleiten.

Dass die Auslandspresse trotz der Aufmerksamkeit, die ihr behördlicherseits zuteil wird, noch nicht ganz so objektiv berichtet wie Chinas Staats- und Parteipresse, dass in ihren Berichten regelmäßig die hässlichen Ecken hinter dem großen Vorhang und manch morsche Pfeiler unter der grandiosen Illusionistenbühne auftauchen, ist immer wieder Anlass zu Klage: nicht nur seitens Chinas Regierung, sondern auch seitens westlicher Geschäftsleute, Diplomaten und Politiker. Vor allem, seit die entschieden haben, dass das Land – China! – nach einem Ausrufezeichen schreit und nach erregt erhobenen Zeigefingern. China pulsiert, China purzelt, China platzt, vor allem aber: China packt uns. Mal wieder.

China schickt einen Menschen ins All und eine Sonde zum Mond, es meldet mehr Mobiltelefone als die USA. Seine Jugendlichen färben sich die Haare modisch blond, seine Staatsführer färben sie sich jugendlich schwarz, und seine Aus- und Einfuhren legen so zu, dass man als europäischer Staats- oder Geschäftsmann heulen möchte vor Neid, zumindest aber sich um Kopf und Kragen schwätzen. China. Ein Volk von 1,3 Milliarden Menschen. Also: ein Markt von 1,3 Milliarden

Käufern. Oder? Nicht nach-, sondern weiterdenken! Hören Sie sich das an: China sei die »heißeste Marketingidee der nächsten 100 Jahre«, finden die Werber von Saatchi & Saatchi. Dem Agenturchef schwebt die »Marke China« vor: »Weisheit, Energie, Mysterium, Vitalität, Spiritualität, Hochintelligenz, Harmonie, Erfindungsgeist, Fleiß. Die Marke ist cool! Da möchte ich dazugehören!« Kann passieren, dass beim Brainstorming schon mal ein Taifun im Hirn wütet.

Das Aneinander-vorbei-Gucken scheint zum Verhältnis zwischen dem Westen und China zu gehören wie das Aneinander-vorbei-Reden. Das ist so, seit Marco Polo uns 1298/99 sein märchenhaftes »Catai« beschrieben hat: ein Reich von Silber und Gold und den wunderlichsten Kreaturen. Es fügt sich, dass es Krämerphantasien waren, die sich zuerst am fernen Land entzündeten. Sie sind seither nicht mehr erloschen. Es passt auch der schwärmerische Überschwang. Marco Polos Buch, urteilt Jonathan Spence, ein Star der Chinawissenschaften, sei eine Mischung aus »Fakten, sich als Statistik tarnender Zufallsinformation, Übertreibung, Irreführung, leichtgläubiger Übernahme unbelegter Geschichten und einer Portion schlichter Erfindung«. Es ist also Modell für Chinaanalysen bis in unsere Zeit. »Die Wirkung von China«, meint Spence lakonisch, »hat meist nur wenig oder gar nichts zu tun mit der Nüchternheit oder Präzision einer tatsächlichen Erfahrung.« Auch die Philosophen machten da selten eine Ausnahme. »Wer hätte einst geglaubt, dass es auf dem Erdkreis ein Volk gibt, das uns... in den Regeln eines noch kultivierteren Lebens übertrifft?«, schrieb Gottfried Wilhelm Leibniz 1697: »Es ist nämlich mit Worten nicht zu beschreiben, wie sinnreich bei den Chinesen – über die Gesetze anderer Völker hinaus – alles angelegt ist auf den öffentlichen Frieden hin und auf die Ordnung des Zusammenlebens der Menschen, damit sie sich selbst so wenig Unannehmlichkeiten wie möglich verursachen.« Eigentlich sollten die Chinesen uns Missionare schicken, schlug Leibniz vor. Er war nie in China.

Gerade deshalb konnte der Philosoph sich sein eigenes China schaffen, einen Gegenentwurf zu den Makeln seiner Zeit. »Ein weißes Blatt Papier, auf das sich die schönsten Zeichen malen lassen« – so hat Mao Zedong China einmal beschrieben. Der Westen malte stets eifrig. China unter den Qing-Kaisern? Ein weiser Philosophenstaat. China unter Mao? Heimstatt der wahren Revolution. China jetzt? Hunger, wo wir satt sind. Tatendurst, wo wir erstarren. Prickelnde Rohheit, wo wir in Gemütlichkeit untergehen. »Eine brandneue Form des Kapitalismus. Das Beste, was den Konsumenten jemals passiert ist.« (Der Deutsche Freihandelsverein im 19. Jahrhundert über die Textilmanufakturen von Manchester? Nein, Bill Gates über China.)

Ach, die Chinesen. Als Altbundespräsident Walter Scheel Peking besuchte, da fand er dort das Verkehrschaos ganz »wunderbar anzusehen«: »Wie alle mit hoher Intelligenz und rasanter Geschwindigkeit bis auf eineinhalb Zentimeter an den Nächsten heranfahren. Dann warten sie höflich, dass der Erste vorbeigeht.« Heilige Einfalt. Man mag Walter Scheel zugute halten, dass er nicht allein ist in seinem rosa Rausch, dass sie es ihm die letzten Jahre alle gleichtaten, die anreisenden Bundeskanzler, Premierminister und Präsidenten. Wie das so ist: Im Nebel der Verliebtheit preist einer auch die schiefe Nase der Geliebten noch als Charaktermerkmal, und wenn sie schielt, dann ist es putzig. Irgendwie passte es, als in all die Chinaturtelei eine Meldung britischer Wissenschaftler platzte, die jetzt auch noch herausgefunden haben wollen, dass die Chinesen einen größeren Teil ihres Gehirns benutzen als wir: ihrer komplexen Sprache und Schrift wegen.

China hat es all denen, die sich gerne täuschen lassen, immer leichtgemacht. Fahren sie nicht Audi, die Pekinger und Schanghaier, trinken sie nicht Cappuccino bei Starbucks, sehen sie nicht MTV, reisen sie nicht nach Bangkok und nach Heidelberg? Man suchte nach Vertrautem und fand Chinesen im Konsumrausch. Sind sie nicht wie wir? Entsteht hier nicht die Mittelklasse, die unweigerlich nach Demokratie verlangen wird? Der Australier David Goodman hat ein Buch über Chinas neue Reiche geschrieben und kommt zu dem ernüchternden Schluss, dass Chinas neue Unternehmer »weniger eine neue Mittelklasse bilden als vielmehr einen zentralen Teil der künftigen herrschenden Klasse«: Nicht die Kapitalisten übernehmen die Partei, sondern die Partei übernimmt die Kapitalisten. Die meisten Städter haben ohnehin den faustischen Pakt akzeptiert, den ihnen die Partei nach Tiananmen 1989 angeboten hat: Mach Geld – und halt den Mund. Mal träumen wir uns China schön. Dann wieder träumen wir es uns ganz furchteinflößend – denn regelmäßig, das ist die Kehrseite, kippt die blinde Euphorie um in ebenso blinden Grusel. Vor Maos blauen Ameisen. Vor der gelben Gefahr. Vor dem großen Strudel, der unsere Arbeitsplätze verschluckt. Aus Verherrlichung wird dann ganz schnell wieder Dämonisierung: Wehe, wenn die Chinesen kommen.

China verwirrt, China ist ein Land der Widersprüche. Chinesen können gut mit Widersprüchen leben. Wir nicht: Unser Gehirn – weil wir nur einen kleineren Teil in Anspruch nehmen? – scheint darauf nicht eingerichtet. So wählt es sich ein China aus. Sieht, was es sehen, hört, was es hören möchte. »Nicht die Stimme ist es, die der Erzählung gebietet: Es ist das Ohr«, sagt Marco Polo zum Kublai Khan im Roman »Die unsichtbaren Städte« von Italo Calvino. Das ist es, was Sie in der Regel vorgesetzt bekommen: eine Erzählung. Amüsieren, ärgern und erregen Sie sich. Aber verwechseln Sie es nicht mit: China.

Das gilt übrigens auch für dieses Buch.

Da wir schon solche Schwierigkeiten damit haben, China zu erkennen, wie ist es dann bestellt um die Möglichkeit gegenseitigen Verstehens? Wo doch Philosophen und Literaten im Westen mittlerweile bei der deprimierenden Diagnose angelangt scheinen, dass Verständnis selbst zwischen zwei Liebenden illusorisch ist, sodass man sich nicht wundern bräuchte, wenn wir uns alle bei der Hand fassten und gemeinsam die Brücke hinuntersprängen. Wenn der Mensch denn so beschaffen wäre. Ist er aber offenbar nicht. Nennt vielmehr eine Seele sein Eigen, die in einem Aggregatzustand oszilliert ähnlich der »fuzzy logic« der Computerwissenschaft: Schaut großzügig hinweg über das kalt ausgeleuchtete Detail, hat eine Toleranz für Abweichungen. Vertraut der Intuition. Das gilt erst recht für die Seele der Chinesen. Es gibt da eine Geschichte von Zhuangzi, dem daoistischen Philosophen. Zhuangzi und sein Freund Huizi spazieren über die Brücke des Hao-Flusses. »Schau, wie die kleinen Fischlein umherspringen«, sagte Zhuangzi: »Das ist die Freude der Fische.« – »Du bist kein Fisch«, entgegnete der ewige Besserwisser Huizi. »Woher willst du wissen, was den Fischen Freude macht?« Zhuangzi ließ sich davon nicht irritieren. »Du bist nicht ich«, sagte er. »Woher willst du wissen, dass ich nicht weiß, was den Fischen Freude macht?« Die beiden traten der Welt offenbar grundsätzlich verschieden gegenüber. Sollten Sie sich je in einer Situation wiederfinden, in der Philosophen auf Fische treffen oder Chinesen auf Ausländer, haben Sie wahrscheinlich mehr vom Leben, wenn Sie es mit Zhuangzi halten. (Sie könnten jetzt natürlich fragen, woher ich das wissen will, wo ich doch nicht Sie bin, und daraufhin würde ich schweigen.)

Völkerfreundschaft also. Wie mit allen etwas zu groß geratenen Wörtern ist es auch mit diesem so, dass der Mensch es erst in seine Mitte ziehen muss, um es mit Sinn zu füllen. Dabei kann es nicht schaden, ein paar Unterschiede zwischen den Kulturen im Hinterkopf zu behalten. Ich hatte schon erwähnt, dass es heute recht leicht ist, in China in den Genuss des Ehrentitels *peng you*, »Freund«, zu kommen. Dazu sei mir ein kurzer Exkurs gestattet, denn das vermeintlich harmlose Wort *peng you* ist Quell nicht weniger Missverständnisse zwischen Chinesen und Ausländern, unter Staatsmännern wie auf privater Ebene. In China verkünden viele gern laut, dein Freund zu sein. Dabei macht man rasch die Entdeckung: Je nachdrücklicher sie das tun (*Lao peng you!*, »Alter Freund!«), umso weniger sind sie es wahrscheinlich.

Die Pekinger Studentin C. erzählt: »Jedes Mal, wenn ich meine Freundin Y. anrufe, ist ihre erste Frage: ›Was hast du für ein Anliegen?‹« Y. vermutet automatisch, sie werde um einen Gefallen gebeten. »Freunde« sind für viele Chinesen zuerst Teile ihres Netzwerkes. Leute, die man anruft, wenn man Hilfe braucht: im Geschäft, mit den Behörden. Chinesen waren Tausende von Jahren der Willkür des Himmels und der Beamten ausgeliefert. Verlassen konnten sie sich nur auf Verwandte und Freunde. Das ist heute kaum anders. Man tauscht, sammelt und vergilt Gefälligkeiten. »Wir hatten eben nie einen Rechtsstaat«, sagte mir ein Bekannter, ein Möbelrestaurator: »Dinge bewegen kann man in China oft nur durch die Hintertür, mithilfe seiner Freunde.« Weil solche »Freundschaft« keineswegs auf gemeinsamen Interessen oder Erfahrungen beruhen müssen, sind solche Dialoge möglich:

A: »Ich kann den Typen nicht ausstehen. Eine Nervensäge!«

B: »Wer ist das denn?«

A: »Ach, ein Freund…«

China ist da keineswegs einzigartig. Schon im 19. Jahrhundert traf die deutsche Soziologie die Unterscheidung zwischen Gesellschaften, die sich auf Gerechtigkeit gründen, und solchen, deren Basis und Münze die Freundschaft ist (und wieder fällt einem Italien ein). Nun kann man das bedauerlich finden: eine Gemeinschaft, in der die Grenzen zwischen Freundschaftsdienst und Korruption fließend sind, die also mafiöse Strukturen begünstigt. Man kann es aber auch so sehen wie der italienische Autor Luciano De Crescenzo, der in seiner kleinen »Geschichte der griechischen Philosophie« das beobachtet: »Wer in einer auf Freundschaft gegründeten Gemeinschaft lebt, weiß, dass er nur überleben kann, wenn er so viele Freunde wie möglich hat, und dadurch wird er geselliger und seinem Nächsten gegenüber aufgeschlossener.« Und der Bürger des Rechtsstaats? Wird Kontakte mit anderen reduzieren »und in kürzester Zeit ein außerordentlich ziviles und ›distanziertes‹ Individuum werden«. Tatsächlich ist der Verdacht nicht von der Hand zu weisen, dass Chinesen oftmals mehr Spaß haben als wir. Und natürlich kennen auch die Chinesen die Freundschaft, die auf Seelenverwandtschaft beruht. Ein solcher Freund heißt *zhi yin*, »der die Klänge erkennt«. Das kam so: Während der Zeit der Streitenden Reiche (476–221 v. Chr.) saß in seinem Boot am Ufer des Han-Flusses der Beamte Boya, ein Meister der siebensaitigen Zither, und spielte auf seinem Instrument. Da kam der Holzfäller Zhong Ziqi des Weges, ein einfacher Mann, der das Zitherspiel liebte. Und als Boya, ohne ein Wort zu sagen, ein Stück über hohe Gebirge anstimmte, da rief der Holzfäller aus: »Vortrefflich! Mächtig wie der Berg Tai«, und als er eine Weise über rauschende Gewässer folgen ließ, da sagte der Holzfäller: »Vortrefflich! Überschäumend wie die Flüsse und Ströme.« Als Zhong Ziqi starb, rührte Boya seine Zither nie mehr an: Er hatte den Menschen verloren, der seine Klänge erkannte.

Vielleicht ist das also nicht das Schlechteste: den Klängen nachzulauschen in diesem Land.

成语 *Cheng yu*

Sprichwörter

Meist in vier Schriftzeichen gegossene Weisheit. Auf knapps-
ten Raum verdichtete Lebenserfahrung dieses Volkes. Zum
Beispiel: »Der Bauch des Kanzlers ist geräumig genug für die
Schifffahrt.« *Chengyu* sind oft Anspielungen auf Philosophie,
Literatur und historische Anekdoten und als solche Ausweis
der Bildung des Sprechers. Sie haben sich über die Jahrtausende ins Unendliche vermehrt und sind imstande, dem Stolz
und dem Selbstvertrauen eines jeden Chinesischlernenden
tödliche Wunden beizubringen. Da hat man sich nach Jahren
des Studiums zu der Illusion verstiegen, man beherrsche die
Sprache leidlich, bekommt auf Partys kräftig Honig ums Maul
geschmiert (Ausländer: »Guten Tag.« Chinese: »Oh, Ihr Chinesisch ist exzellent!«), worauf man munter drauflosplappert
und sich alsbald sonnt in seiner Eloquenz. Man schwatzt, man
scherzt, man lacht, man kreuzt die Klingen zum Thema Ren-
minbi-Aufwertung (in Wirklichkeit: Fußball) – und mit
einem Mal sagt Ihr Gegenüber: »Tigerkopf, Schlangen-
schwanz.« Wie bitte? »Ist doch klar«, fährt der Chinese fort:
»Schieben drei, aufhalten vier.« Ihnen ist lediglich eines klar:
dass es sich hier wahrscheinlich nicht um eine chinesische

Fußballtaktik handelt. Und so grinsen Sie erst mal wie ein Schaf, nicken eifrig (»Sowieso!«) und verabschieden sich eilig, »noch was zu trinken holen«. Manche der Sprichwörter erklären sich von selbst: »Wenn du in ein Dorf gehst, folge den Gebräuchen dort.« Leider sind diese in der Minderzahl. In meinem Fall zumindest ist es so, dass meine chinesischen Bekannten meist »der Kuh auf der Zither vorspielen« (Perlen vor die Säue werfen), wenn sie zum Beispiel ausrufen: *Sai weng shi ma* – »Der Greis an der Grenze hat sein Pferd verloren.« Dazu müsste ich nämlich wissen, dass das Pferd später zu dem alten Mann zurückkam – in Begleitung eines zweiten Pferdes. Ein Glücksfall also? Dass der alte Mann das zweite Pferd seinem Sohn schenkte, der von dem Tier prompt abgeworfen wurde und sich das Bein brach. Ein Unglück? Dass das gebrochene Bein den Sohn schließlich davor bewahrte, zur Armee eingezogen zu werden. Also doch ein Geschenk des Himmels! Dass diese in gerade mal vier Schriftzeichen verborgene Geschichte also bedeutet: Fälle keine voreiligen Urteile darüber, ob etwas zum Guten oder zum Schlechten ist, die Welt hält immer neue Überraschungen bereit.

Die Welt?

China.

小贴士 *Tipps zum Schluss*

Wenn Sie nach Peking zurückkehren

Wundern Sie sich nicht. Wenn das Peking-Gefühl Ihr Rückgrat hochkriecht. Es kam einmal ein deutscher Komponist in
die Stadt, der kannte sie von früher. »Verrückt«, stammelte er,
nachdem er seine Sprache wiedergefunden hatte. »Da kommst
du nach gerade mal zwei Jahren wieder – und Peking existiert
nicht mehr. Weg, futsch. Stattdessen steht da eine neue Stadt.
Und die nennt sich wieder Peking.«

Peking häutet sich nicht bloß, es entkernt sich obendrein.
Was Besucher gern Dynamik nennen, ist für viele Bewohner
ein Kreuz: Sie halten kaum Schritt mit ihrer Stadt. Die Ausländer am wenigsten. Zum Beispiel bei den Restaurants. In
Deutschland ruft man ein Lokal an, um fürs Abendessen
einen Tisch zu reservieren. In Peking rufen Sie auch an: Um
zu erfahren, ob es überhaupt noch steht. Sie halten das jetzt
wahrscheinlich für einen Witz. Das tun unsere Freunde in der
Regel auch. Bis sie selbst nach Peking kommen. Die Münchner Freunde zum Beispiel, die einen Monat bei uns wohnten.
Als wir am Weihnachtsabend zu einem Festessen im famosen
»Feuertopf-König« aufbrachen, da dachten wir zuerst, wir

253

hätten uns in der Adresse geirrt. Hatten wir nicht, aber an der Stelle gähnte ein Bauloch. Wir wichen aus ins »Goldene Bergdorf«, das war auch lecker – und keine zwei Wochen später ebenfalls abgerissen. Wie kurz danach unser Japaner. Drei Lieblingsrestaurants in vier Wochen: weg, futsch. So geht das jetzt seit Jahren. Ich habe das Zählen aufgegeben, trauere nur noch einzelnen Marksteinen meiner Erinnerung nach: einem heimeligen Nudelladen, einem alten Theater (dafür hat die Stadt jetzt Asiens größten Büro- und Einkaufsblock: ein Bauwerk, für das man in einem von mir herbeigeträumten Land Stadtplaner und Architekten vor Gericht stellen würde).

Das Peking-Gefühl also. Es ist ein Spross der Peking-Regel, mit der übellaunige Götter die Stadt geschlagen haben. Die Regel lautet: »1. Nichts habe Bestand. 2. Schon gar nicht das Schöne und Gemütliche.« Das Peking-Gefühl müssen Sie nicht pflegen, es fällt Sie an, hinterrücks, bei der Entdeckung kleiner Wunder: eines Hofhauses aus verflossenen Jahrhunderten, einer verwunschenen Bar am Seeufer. Vor solchen Oasen steht man sprachlos. Vor Glück? Nur bedingt. Es kriecht etwas das Rückgrat hoch, durchflutet die Brust, nimmt das Herz in die Zange – und das ist Furcht. Furcht und Sorge und Trauer, wie es der Anblick von Todgeweihtem auslöst. Eine einst kaiserliche Stadt löscht sich aus, um sich neu zu erfinden. Profitabel, modern, hässlich, planlos.

Halt, mittlerweile gibt es einen Plan. Die Stadtregierung lud einmal 200 Akademiker und 70 Forschungsinstitute zum Ideenaustausch, und was herauskam, präsentierte ein hochrangiges Mitglied der Stadtplanungskommission stolz der Öffentlichkeit. Das schrieb China Daily: »Der neue Plan stellt zum ersten Mal das Konzept ›Aufbau einer zum Leben geeigneten Gesellschaft‹ vor als Ziel für die Entwicklung unserer Stadt.« Noch einmal, zum Mitschreiben: Aufbau einer zum Leben geeigneten Gesellschaft. Zum ersten Mal. Sechs Jahrzehnte nach der Gründung der Volksrepublik. So eine Stadt ist das, und von solchen Leuten wird sie regiert.

Ich habe es das Peking-Gefühl genannt, aber eigentlich kann es einen in ganz China packen, jederzeit und überall. Wie kam es zu einem solchen Geschwindigkeitsrausch, zu dieser Orgie des Wandels um des Wandels willen? Brauchte es dazu ein Land, das so lange erstarrt, so lange auf der Stelle getreten war wie dieses? China früher: In diesem Land könne man keinen Tisch verrücken, ohne dass es zu Blutvergießen komme, lautete der Seufzer vor hundert Jahren. China heute: Da fehlen wohl nicht der Profit und nicht die Aufregung, aber oft der Kopf und immer die Seele.

Geheimtipp

Schließen Sie die Augen, dann werden Sie Peking wiedererkennen. Nein, nicht mit der Nase: Am Geruch geht das leider auch nicht mehr, seit die uighurischen Kebab-Brater von der Straße vertrieben wurden. Spitzen Sie einfach die Ohren. Hören Sie's jetzt? Den Taxifahrer, der wie im Selbstgespräch die Fahrt vom Flughafen bis zum Hotel mit Flüchen belegt; das auf- und abschwellende Zirpen der Zikaden in den Bäumen, wenn Sie aussteigen; das sphärische Aufheulen im Himmel, wenn ein Schwarm jener von ihren Züchtern mit kleinen Pfeifen am Bein versehenen Tauben über Ihnen abdreht; schließlich, in Ihrem Zimmer, das beinah schon vergessene Gluggern der Heizungsrohre, als habe das Gebäude endlose Blähungen, das vertraute Klopfen der Hämmer und lieb gewonnene Kreischen der Bohrer aus dem Stockwerk unter Ihnen: Ach Peking, du hast mich wieder.

Und jetzt: Kissen übern Kopf.

Wie Sie in China eine Straße überqueren

Chinas Autofahrer lernen das Fahren nicht auf den Straßen der Städte, sondern auf eigens angelegten Übungsplätzen weit außerhalb. Alles andere wäre zu gefährlich. Für die Fahrlehrer. Und deren Sicherheit steht an erster Stelle, liefern sie doch schnellen Ersatz (→ *Crashflow*) für all jene Schüler, die sich im wirklichen Leben alsbald gegenseitig von der Straße boxen.

Wenn der Augenschein nicht trügt, arbeiten die Fahrschulen auf der Basis neuesten Lehrmaterials aus Rom und Mogadischu unter Herausarbeitung »chinesischer Besonderheiten« (Beispiel: Scheinwerfer an Bussen und ähnlichem Großgefährt über 7,5 Tonnen sind dazu da, pünktlich zum Einbruch der Dunkelheit ausgeschaltet zu werden). Trainiert werden folgende Disziplinen: rechts einordnen, um links abzubiegen; links einordnen, um rechts abzubiegen; gar nicht einordnen und trotzdem abbiegen. Alsdann das einfache Rechts-Überholen; das Rechts-Überholen unter Einbeziehen der Fahrradspur; sowie das Profi-Rechts-Überholen (hier darf die Zahl der dabei überrollten Fahrradfahrer an sonnigen Tagen nicht mehr als zwei übersteigen, die Ausnahmeregelungen für Regentage sind in den zuständigen Ämtern einzusehen). Schließlich – als Zugeständnis an die chinesische Lust zur Zusammenrottung – das Freestyle-Kreuzen an zentralen Knotenpunkten mit anschließendem engstmöglichen Ineinander-Verwickeln unter besonderer Missachtung aller Regeln der Logik und des Eigeninteresses. Sonderpunkte sowie eine lobende Erwähnung in den Sportteilen der Zeitungen gibt es in Peking für das Generieren eines Staus nach Mitternacht, eine populäre Übung für Fortgeschrittene, wozu in der Regel nicht mehr als zwei sich auf einer leeren Kreuzung aufeinander zubewegende Fahrzeuge benötigt werden: Die beiden bilden den Keim, an den nachfolgende Wagen dann andocken.

Eine theoretische Prüfung gibt es auch. Auf Chinas Straßen sterben pro Jahr 110000 Menschen, die Zahl stammt von der Jinan-Universität in Kanton. Das ist sowohl in absoluten Zahlen als auch im Verhältnis zur Zahl der Autos Weltrekord, also sollte es Sie nicht verwundern, wenn Sie in einem chinesischen Spielfilm (»Die Prüfungs-Familie«) einen Prüfer den Schüler fragen sehen: »Sie sehen vor sich plötzlich einen Fußgänger und einen Hund auftauchen – wen überfahren Sie: Mensch oder Hund?« (Richtige Antwort: »Keinen von beiden. Sie bremsen.« Hätten Sie gewusst? Sehen Sie, ist doch gar nicht so schwer.)

Von der Fahrschule grundsätzlich befreit sind Vertreter der Armee und Botschaftsangehörige.

Verkehr in Chinas Städten ist illustrierter Darwinismus. Ganz unten durch den Dschungel der Straßen schleicht der greise Rückwärtsgänger mit Transistorradio am Ohr: leichte Beute. Es folgen in aufsteigender Reihe: der gemeine Vorwärtsgänger, eine erstaunlich robuste Spezies, die sich in ihrem Migrationsverhalten weder von Ampeln, Zäunen noch heranrollenden Wagen beirren lässt und letztlich durch Masse behauptet; ferner das eine oder andere überlebende Exemplar des in grauer Urzeit die Savannen Pekings bevölkernden Radlers; sodann der von frustrierten Polizisten gern gejagte, weil nicht sehr wendige und meist unterwürfig die Kehle darbietende Dreiradfahrer. Eine Stufe der Evolution darüber bewegen sich a) der Auto fahrende Jungstolz, b) der hinter dunklen Scheiben schwebende Mercedes-Mandarin und schließlich c) der jenseits von Gut und Böse schwebende Lastwagenpilot (»Er raucht noch« – für einen Lkw in China genügt dies, um auf die Straße gelassen zu werden). Für alle gilt: Autofahren in China ist einem Videospiel nicht unähnlich. Tabu ist die in Deutschland übliche Konzentration auf die Spur vor einem, notwendig ist vielmehr der 180 Grad erfassende Streublick, der gleichzeitig alle sich bewegenden Teilchen und alle sich auftuenden Lücken einem Radarschirm ähnlich im Blick behält und so traumwandlerischen Slalom durch den Blechgletscher ermöglicht.

Dankbar darf man sein, dass Autofahren in Peking eine recht langsame Angelegenheit ist – manchmal allerdings auch eine langwierige: »China Daily« meldete einmal einen Stau im Norden Pekings, dessen Auflösung die Polizei »zwei Nächte und drei Tage« gekostet habe.

Geheimtipp

Für Fußgänger: Schauen Sie vor dem Überqueren einer Straße immer in beide Richtungen.

Für Autofahrer: Sollten Sie nach mehreren Jahren hinterm Steuer in China zurück in Ihr Heimatland gehen, setzen Sie sich dort um Himmels willen in kein Auto.

Wo man Englisch spricht

Glückwunsch an alle geduldigen Chinafahrer: Sollten Sie vorhaben, in diesem Land der Prostitution oder dem Drogenmissbrauch nachzugehen, so taten Sie gut daran, mit diesem Vorhaben bis jetzt zu warten. Seit Kurzem nämlich ist der chinesischen Polizei die Folter zumindest offiziell untersagt beziehungsweise lohnt sich die Misshandlung von Verdächtigen nicht mehr, weil Chinas Gerichte unter Folter erpresste Geständnisse nicht mehr anerkennen wollen. Da dies laut den neuen Regeln des Polizeiministeriums ausdrücklich nur für leichte »administrative Vergehen« wie die oben genannten gilt, sind Räuber, Saboteure, die Anhänger von Religionen, deren Ausübung bestimmte Gymnastikübungen verlangt, und andere Schwerverbrecher gut beraten, sich auch in Zukunft einen anderen Wirkungskreis zu suchen.

Ebenso erfreulich: Die Polizei in der Hauptstadt lernte ein paar Jahre lang fleißig Englisch, schließlich boten die Olympischen Spiele aufregende Möglichkeiten des interkulturellen Zugriffs. In Pekings Buchhandlungen konnten Interessierte sich das Lehrbuch »Olympisches-Sicherheits-Englisch« besorgen. In Kapitel 1 trifft ein aufmerksamer Wachtmeister auf einen weniger wachen ausländischen Reporter, der auf die Frage, was er denn tue, unvorsichtigerweise antwortet, er arbeite, potz Blitz, an einer Geschichte über die verbotene Falun-Gong-Sekte (das sind die mit den Gymnastikübungen). »Aber Falun Gong hat nichts mit den Spielen zu tun«, belehrt ihn der Polizist: »Das deckt Ihre Erlaubnis nicht ab.« Und schon wird der Journalist zur Polizeiwache abgeführt,

»um die Sache aufzuklären«. Kooperationswilligen Ausländern empfiehlt sich, die Dialoge in dem Buch gleich mitzulernen. Die Polizeischüler werden noch auf die hinterlistigsten Kniffe von Besuchern aus dem Westen vorbereitet. Im Dialog »Wir halten einen gestohlenen Wagen an« auf Seite 121 wird eine Britin namens Helen von der Straße weg auf die Wache geschleppt. »Sie verletzen meine Menschenrechte. Ich protestiere!«, ruft Helen. Die korrekte Antwort des geschulten Wachtmeisters: »Keine Tricks! Nicht bewegen!«

Wenn Sie sich gut in Ihre Rolle einlesen, werden Sie feststellen, dass vor allem die polyglotte Polizistin so wachsam wie einfühlsam sein kann: Wenn sie etwa auf einen Afghanen trifft, der in Kapitel 6 in das Hotelzimmer eines Amerikaners einbricht. Der Ertappte möchte sich für die Bombardierung seines Heimatlandes rächen, bei der seine Familie ums Leben kam. »Wir haben Mitgefühl mit deinem Unglück«, tröstet die Polizistin den Afghanen, um dann streng fortzufahren, das sei jedoch noch lange kein Grund, unschuldigen Amerikanern nachzustellen, »vor allem während der Olympischen Spiele«.

Die Gesetzeshüter dürfen den Ausländern aber auch Freude bereiten, zum Beispiel geben sie dem Touristen »Joe Kennedy« die prall gefüllte Geldbörse zurück, die dieser im Taxi liegen gelassen hat. »Das ist wirklich unglaublich!«, ruft Joe auf Seite 55 aus. »Eine verlorene Geldbörse, die man wiederbekommt! Nur in Peking kann so etwas möglich sein!«

Geheimtipp

Seien Sie auf alles gefasst, wenn Sie nach Peking kommen. Es ist wirklich unglaublich, wie viele Dinge nur hier möglich sind.

Wenn Sie eine Reise vorhaben

Holen Sie Ihren Kalender, und markieren Sie darin drei Termine: Frühlingsfest (Januar oder Februar, der genaue Termin wird jedes Jahr nach dem Mondkalender neu festgelegt), Tag der Arbeit (1. Mai) und Nationalfeiertag (1. Oktober). Nehmen Sie nun einen roten Stift, und schreiben Sie dick daneben: ZU HAUSE BLEIBEN! Dann nämlich reisen die Chinesen. Alle auf einmal. Na ja, fast. Die chinesische Eisenbahn meldete stolz, beim letzten Frühlingsfest habe sie knapp 360 Millionen Menschen transportiert. Die sitzen dann alle in Ihrem Waggon. So wird es ihnen zumindest vorkommen, wenn Sie obige Warnung missachten.

Das ist eine relativ neue Entwicklung. Fünfzig Jahre lang hielt es die chinesische Arbeiterklasse nämlich so: Sie arbeitete und arbeitete. Zur Abwechslung jubelte sie zwischendurch ihren großartigen Führern zu. Das Wort Ferien existierte nicht.

1999 dann, genau ein halbes Jahrhundert nach der Befreiung des Volkes durch Mao, kam eine neue Revolution: China bekam Ferien geschenkt. Je eine Woche zu den oben genannten Terminen.

Selbst das städtische Proletariat ist seither von Reisefieber gepackt. Ehemalige Textilarbeiterinnen, Köche und Taxifahrer machen, was sie noch nie gemacht haben: Urlaub. Sie marschieren in ein Reisebüro, verlangen stur einen möglichst langen Flug, betteln ihrem Nachbarn im Flugzeug den Fensterplatz ab und finden sich schließlich zum ersten Mal in ihrem Leben in den Lüften wieder, auf dem Weg nach Yunnan, da, wo China auf das Goldene Dreieck stößt. So hat das wenigstens meine wunderbare Putzfrau gemacht im Jahr 2002, zum ersten Mal in ihrem 65-jährigen Leben. Einmal angekommen, erwartete Frau Yang und ihren Mann bunte Minderheitenfolklore, dazu frittierte Skorpione und eingelegte Baumrinde auf dem Abendbrotteller, eine anrüchige Tanzshow thailändischer Transsexueller, überteuerter Nepp in den Läden und wunderbare Gelegenheiten zum Posieren vor Elefanten und Pagoden aller Größen. Ein richtiger Pauschalurlaub also. »Das Fliegen war das Schönste«, sagte die glückliche Frau Yang hinterher, als sie uns kichernd ihr Mitbringsel überreichte: eine DVD von der Transsexuellenshow.

Urlaub machen ist mittlerweile ein patriotischer Akt. Mit jedem Yuan, den Frau Yang ausgibt, erweist sie ihrem Land einen Dienst: Chinas Herrscher wollen, dass das Volk in Feierlaune unbeschwert seine Sparguthaben in den Wirtschaftskreislauf einbringt. Für Züge und Hotels, für Seidenteppiche und sprechende Briefmarkenalben (»Halte hoch die Fahne der Deng-Xiaoping-Theorie!«) – der Ankurbelung des Konsums zuliebe. Die Planer haben dafür sogar ein Wort erfunden: Ferienökonomie. Eine schöne Sache. Wenn man das mag: Boot an Boot über den vom Nebel verhangenen Westsee rudern, sich wahlweise von der Großen Mauer schubsen oder in der Verbotenen Stadt strangulieren, am Ozean bis zum Horizont kein Wasser sehen vor schwarzen aufgeblasenen Autoreifen, die den Blick verdunkeln und in denen selige Sommerfrischler schaukeln, Bauch an Bauch, Schlauch an Schlauch. »Maultaschen kochen« heißt so etwas in China. Vor allem aber heißt es, ständig um den einen, den einzigen Platz für das Wichtigste raufen – die feierlich eingenommene Fotopose.

Geheimtipp Nummer eins

Wie mische ich mich möglichst unauffällig unter eine chinesische Tourgruppe?

Packen Sie eine Wochenration Melonenkerne, Obst, getrocknetes Rindfleisch und in Tee eingelegte Eier, vor allem aber alle Ihre lebenden Verwandten in den Bus. Sollten Sie länger als einen Nachmittag unterwegs sein: Verdoppeln Sie die Essensvorräte.

Fotografieren Sie alsdann jeden Felsbrocken, jeden Baum und jeden Ausländer, der sich Ihnen in den Weg stellt. Machen Sie keines dieser Fotos, ohne dabei sich selbst oder Ihre Frau / Tochter / Tante / Großmutter aufs Bild zu stellen, am besten alle der Reihe nach. Egal, wie tief es unter dem Felsvorsprung, auf dem Sie balancieren, in die Schlucht hinuntergeht: Stehen Sie aufrecht wie ein Volksbefreiungsarmist, richten Sie den Blick starr in die Kamera, und legen Sie die Hände an die Hosennaht (junge Frauen strecken alternativ die Finger zum neckischen Victory-V in die Luft). Während andere

Ausländer die alte Pagode auf dem Berg fotografieren, wenden Sie sich dem eigentlichen Motiv zu: der riesigen bunten VW-Polo-Werbetafel auf der anderen Seite.

Fragen Sie spätestens alle zwei Stunden nach heißem Wasser für Ihr mit Teeblättern gefülltes Marmeladenglas.

Wenn Sie einen heiligen Dreitausender oder nicht restaurierte Teile der Großen Mauer besteigen, tragen Sie als Frau am besten Stöckelschuhe mit Absätzen von nicht weniger als fünf Zentimetern. Als Mann rollen Sie die Hosenbeine hoch bis zum Knie und das Hemd bis unter die Achselhöhle und klatschen sich bei Picknickpausen rhythmisch auf den Bauch.

Folgen Sie stets dem Megafon Ihres Führers, das meist auch noch über eine Entfernung von einem Kilometer gut hörbar »My heart will go on« dudelt.

Passen Sie auf, dass Sie nicht bei einem der anderen zwölf Megafone landen, die »My heart will go on« dudeln.

Wundern Sie sich nicht! Wenn Sie die Lobby eines Luxushotels betreten und von einem doppelstöckigen Glockenspiel begrüßt werden, in dessen oberem Stockwerk sich europäisch-mittelalterliche Figuren drehen, die an den Schäfflerreigen im Turm des Münchner Rathauses erinnern. Wenn darunter in einem zweiten Reigen Walt Disneys sieben Zwerge Schneewittchen umtanzen. Wenn das Glockenspiel angebracht ist über einem riesigen, Leonardo da Vincis »Abendmahl« nachempfundenen Wandgemälde – wo es dem chinesischen Kopisten allerdings zu langweilig zuging, sodass er dem Personal des Originals ein wahres Pandämonium an Zwergen, Gauklern und halb entblößten Frauen zur Seite stellte, von denen eine dem Herrn mit dem Heiligenschein in der Mitte die Hand reicht. Wenn die Kellnerin im Hotelcafé Ihnen dann erklärt, das Bild stelle »die Hochzeit von Jesus und Maria« dar. Ist mir in Qingdao passiert.

Chinesen lieben Kitsch wie sonst wohl nur noch die Amerikaner. In der bildenden Kunst wie in der Musik. Wahr-

scheinlich hatte Chinas verstorbener Reformer Deng Xiaoping die so trügerisch benannte »leichte Musik« im Sinn, als er
Anfang der Achtziger, zu Beginn seiner Reformpolitik, ach-
selzuckend sagte: »Wenn man das Fenster aufmacht, kommen
auch Fliegen herein.« Obwohl, vielleicht hätte er sich in
Kenntnis der Folgen die Sache mit der Öffnung Chinas noch
einmal überlegt. Leichte Musik (auch: *easy listening*) ist ein
ursprünglich in Europa und Amerika beheimateter Noten-
brei, der dort zur Herbeiführung milder Delirien zwecks
Begleitung von Wurzelbehandlungen einem guten Zweck
zugeführt wird und erst im ebenso wehr- wie ahnungslosen
China außer Kontrolle geriet. In einem besonders gravieren-
den Fall schlüpfte die aus Europa verjagte »Ballade pour Ade-
line« (Richard Clyderman) Mitte der Achtzigerjahre vorbei
an Grenzschutz und Quarantäne und hat sich im Lautsprecher
des Kirchenturms von Harbin ebenso festgesetzt wie in
Springbrunnen in Kanton, wo sie Tag für Tag und Jahr für Jahr
Passanten peinigt bis ans Ende aller Zeit. In China haben aller-
orten Endloskassetten mit leichter Musik die alten Propagan-
dabänder abgelöst, auf 18-stündigen Zugfahrten etwa, wo sie
im Dauerbetrieb bei ahnungslosen Opfern denselben Effekt
haben: unter Vorspiegelung falscher Glücksmomente selbst-
ständiges Denken unmöglich zu machen.

Geheimtipp Nummer zwei

Sie können Unterwäsche und Reiseführer, Armbanduhr und Durch-
fallmittel, Kreditkarte und Wörterbuch zu Hause lassen und trotz-
dem eine schöne Reise haben, eines aber sollten Sie niemals vergessen:
Ihre Ohrstöpsel!

Es gibt in China mittlerweile Punks mit grünen Haaren, die
im Fernsehen Werbung machen für China Telekom. Es gibt
mehr Milliardäre als in den USA, und es gibt Ronald McDonald (den sie hier »Mai Danglao Shushu« nennen: Onkel
McDonald).

Für die Nostalgiker unter den Besuchern hier ein paar Anhaltspunkte, an denen Sie merken können, dass China dennoch noch immer ein sozialistischer Staat ist:

- Es gibt bis heute Züge, in denen es keine erste Klasse gibt, stattdessen: »Weich schlafen« und »Hart schlafen«, »Weich sitzen und »Hart sitzen«.
- Es gibt noch immer Restaurants, in denen gähnende Kellnerinnen Ihnen um Punkt acht den Kunstrasen unter den Füßen wegziehen – Achtung, Staatsbetrieb!
- Die Handtücher in manchen Hotels sind aus einem garantiert Wasser abweisenden Wundermaterial.
- Im Hotelfernseher gibt es keinen Pornokanal.

Dass China schon lange kein sozialistischer Staat mehr ist, merken Sie spätestens dann, wenn das Telefon auf Ihrem Zimmer klingelt und Sie in all dem süßen Gesäusel, das da aus dem Hörer in Ihr verschlafenes Hirn dringt, Ihnen schon bekannte Wörter wie »*Tschiipa, tschiipa*«, aber auch Ausdrücke wie »*Baby*« und »*Ma-sha-ji*« identifizieren können. *Ma sha ji* heißt wörtlich »Pferd killt Huhn«, meint aber den weit unblutigeren Tatbestand der in westlichen Sprachen lautähnlichen »Massage«. Das Wort steht in diesem Fall pars pro toto für ein Bündel individuell auszuhandelnder Dienstleistungen des *xiao jie*, des Fräuleins am anderen Ende der Leitung. Servicebetriebe mit ähnlichem Angebotsspektrum verstecken sich oft in Etablissements, die von außen aussehen wie ein Friseursalon. Sollte Ihnen der Sinn wirklich nur nach einem Haarschnitt und einer streng medizinischen Nacken- und Schultermassage stehen, so meiden Sie am besten jene Läden, in deren Eingangsbereich Sie beim Vorüberschlendern ein Dutzend schlanker, in engen Hotpants endender Beine wippen sehen, während gleichzeitig ein Chor junger Friseusenmünder »Juhuuu!« heraustiriliert und der Verdacht naheliegt, dass die Freude der jungen Damen Ihnen gilt.

Geheimtipp Nummer drei

Wenn wir in Peking Ansässigen unsere sentimentalen Tage bekommen und mal wieder so richtig Planwirtschaft schmecken wollen in diesem Land des Umbruchs, dann betreten wir gerne eine beliebige Bank und treiben den Bankangestellten und uns selbst zur Verzweiflung mit so exotischen Forderungen wie »Geld überweisen« oder »Scheck einlösen«. Gruselig. Probieren Sie's.

Manche Besucher führen bittere Klage darüber, wie sie in Xi'an von diesem Taxifahrer oder in Hangzhou von jenem Teigtaschenverkäufer hereingelegt worden seien, und kommen zum traurigen Schluss, dass es in diesem Lande geradezu ein Sport sei, Ausländer übers Ohr zu hauen. Stimmt. Es gibt einen wunderbaren Aufsatz des Titels »Ausländer bescheißen ist patriotisch«, geschrieben von einem australischen Sinologen, und was damit gemeint ist, habe ich auch selbst schon erlebt. Einmal verlangte ein Rikschafahrer nach einer fünfminütigen Fahrt von uns plötzlich das Doppelte der vereinbarten Summe, mit dem alten Trick: »Der ausgemachte Preis galt für einen von euch, ihr wart aber zu zweit.« Der Mann folgte uns ins Restaurant, wo er uns eine Szene machte. Schließlich hatte das Schlitzohr die Chuzpe, sich theatralisch ans Herz zu greifen und seine Vorführung in dem Ausruf gipfeln zu lassen: »Ihr Ausländer! Seit 150 Jahren schikaniert ihr die Chinesen!« Wäre ich an der Stelle nicht schon unendlich hungrig und genervt gewesen, ich hätte beinahe laut losgelacht. Und ich wäre nicht verwundert gewesen, hätte der Rikschafahrer in mein Lachen eingestimmt. Reiche Leute übers Ohr hauen (und als Europäer ist man in den Augen der Chinesen per se reich) ist hier nämlich für viele Krämer, Köche, Rikscha- und Taxifahrer in der Tat ein Sport – und man tut sich selbst einen großen Gefallen, wenn man ihm auch als solchem begegnet: sportlich, spielerisch. Sie werden sehen: Wenn Sie derartige Preisverhandlungen als Herausforderung ansehen, aus denen auch Sie Stolz und Genugtuung ziehen können, wenn Sie für das zu erwerbende Stück oder den geleisteten Service schließlich den Preis zahlen, der es Ihnen persönlich wert ist, wenn Sie zudem die Ihnen abgeluchste Mehrsumme als Ihren Beitrag zur Linderung des Nord-Süd-Konflikts begreifen, dann werden Sie nicht nur viel zufriedener durch China reisen – dann können Sie sogar richtig Spaß haben an der Sache: Denn beim Ausländerbescheißen in China wird viel gelacht. Und wenn Sie sich ein wenig Mühe geben, wird auch das belohnt. Als ich einmal an einer Schiffsanlegestelle am Jangtse eine Schüssel Nudeln bestellte, da grinste mich der Koch an: »Für dich drei Yuan!«, sagte er. »Wenn du kein Chinesisch gesprochen hättest, hätte ich dir fünf abgeknöpft.« Wir lachten beide. Ich nehme an, ein Chinese hätte für die Nudeln wahrscheinlich nur zwei Yuan bezahlt.

Geheimtipp Nummer vier

Wenn Sie so dumm sind wie ich bei der oben beschriebenen Rikschafahrt, sind Sie selbst schuld. Es gilt: Alle Eventualitäten sind im Vorhinein auszuhandeln, vor allem also der Preis für Ware oder Dienstleistung.

Wenn Sie gerne mal alleine sind

Ist es hilfreich, den Hinweis im Hinterkopf zu behalten, den das US-Außenministerium auf seiner Webseite amerikanischen Touristen mit auf den Weg gibt: »Alle Reisenden sollten sich bewusst sein, dass sie keinerlei Privatsphäre in öffentlichen oder privaten Räumen erwarten können. Sämtliche Hotelzimmer und Büroräume gelten rund um die Uhr als Objekt von Vor-Ort-Überwachung oder technischer Fernobservierung. Hotelzimmer, Wohnungen und Büros können jederzeit betreten werden ohne das Wissen und ohne die Zustimmung der Bewohner.«

Wie Sie sich gut unterhalten

Die Chinesen sind auf der persönlichen Ebene ein herrlich unkompliziertes Volk: offen, herzlich, neugierig und selten griesgrämig. Hier müssen Sie das Gespräch nicht suchen, das Gespräch sucht Sie. Für Zufallsbegegnungen (im Zug, auf dem Plumpsklo) sollten Sie Ihre Herkunft, Ihr Alter, Ihren Familienstand und Ihr Monatsgehalt parat haben, gewöhnlich werden die Informationen in dieser Reihenfolge von Ihren Gesprächspartnern abgefragt und in Ihrem Beisein ausgiebig diskutiert. Für vertrautere Gespräche prägen Sie sich zusätzlich Ihr Sternzeichen im chinesischen Tierkreis und Ihre Blutgruppe ein. Nicht weil Ihr Gegenüber Arzt wäre, sondern weil er denkt, sich so ein Bild von Ihnen machen zu können. Viele Chinesen sind überzeugt davon, von der Blutgruppe auf den Charakter einer Person schließen zu können. (Selbstsicher bis zur Sturheit? Wahrscheinlich Blutgruppe 0. Wenn Sie hingegen immer auf andere hereinfallen, müssen Sie eigentlich B sein.)

Neuankömmlinge lauschen besonders gerne jenen mal guttural angehauchten, mal energisch abgehackten »Ah«-, »Ai-yo«-, »Ng«- und »Mmm«-Lauten unterschiedlicher Tonlage, Modulation und Dauer, die Chinesen in der Alltagskonversation zwischen ihre Sätze streuen wie sonst Erdnüsse über Gongbao-Huhn und die vor allem beim jeweils Zuhörenden, weit mehr als in europäischen Sprachen, lebendige Organismen der Zustimmung, der Verwunderung oder des Beileids mit einem ganz eigenen Bedeutungsbiotop sind. Diese Eigenart des Chinesischen bestimmt vor allem die Dramaturgie von Telefongesprächen dergestalt, dass ein irischer Freund von mir fasziniert das Wort vom »unenthusiastischen Telefonsex« prägte. Der dann nicht selten in einen Koitus interruptus mündet: wenn sich das Gegenüber statt mit warmen Worten mit einem trocken abgehackten »A« verabschiedet und auflegt.

Für Altmaoisten

Sobald Sie in Peking gelandet sind, setzen Sie sich in ein Taxi, verhängen Sie die Scheiben, und lassen Sie sich zum Bahnhof fahren. Dort nehmen Sie den nächsten Zug nach Pjöngjang (Montag bis Samstag, vier Mal die Woche, Abfahrt jeweils 17 Uhr 27).

Für Chinamüde

Dito. Eine Woche Pjöngjang sollte genügen. Alternativ: ein Monat Bremen, Kempten oder Bad Godesberg. Es wird Sie ein brennendes Sehnen nach Peking erfüllen.

Wenn Sie China vermissen

Um die Atmosphäre von Peking oder Lanzhou möglichst originalgetreu zu rekonstruieren, legen Sie von Ihrem Wohnzimmer ein Rohr zur Garage. Schließen Sie das Garagentor, starten Sie den Motor Ihres Autos, und beobachten Sie mit Wehmut die Schwaden, die Ihr Wohnzimmer füllen. Holen Sie jetzt Ihre letzte Flasche *Erguotou*, dazu Pinsel und Tusche, und verfassen Sie ein Gedicht auf die weißen Wölklein, die nun über Ihrem Sofa schweben.

Stellen Sie in jedem Zimmer eine mit Pfingstrosen bemalte rote Thermoskanne auf. Schenken Sie sich daraus alle paar Stunden ein Glas lauwarmes Wasser ein, schicken Sie jedem Schluck alsdann aus der Tiefe Ihrer Seele ein Schnalzen und ein genussvolles »Aaaah!« hinterher.

Seien Sie nett zu Ausländern.

Wenn Sie dann noch immer China vermissen

Lesen Sie.

Folgende Autoren zum Beispiel, für die sich auch der Weg ins Antiquariat lohnt.

Wolfgang Bauer: einer der letzten deutschen Sinologen, der den Sprung quer durch die Jahrtausende und Disziplinen wagte. Genialer Querdenker, der Chinas Geistesgeschichte gegen den Strich kämmte, so in seinem Hauptwerk »China und die Hoffnung auf Glück«.

Carl Crow: amerikanischer »Reklameagent«, der in seinem Buch »Vierhundert Millionen Kunden« aus dem Schanghai der 1930er-Jahre erzählt. Kurios und erhellend.

Lu Xun: Wenn je ein chinesischer Autor einen Nobelpreis verdient hätte, dann dieser. Sezierte die chinesische Gesellschaft scharf, hellsichtig und poetisch. Beißende und melancholische Kurzgeschichten. Starb, zu seinem Glück, vor der kommunistischen Machtergreifung.

Jonathan Spence: Sinologe, dem das Kunststück gelingt, Professor zu sein und dennoch anschaulich und spannend zu schreiben. Viele Bestseller, alle empfehlenswert. Standardwerk: »Chinas Weg in die Moderne«.

Kai Vogelsang: Geschichte Chinas. Neues Standardwerk, vor allem aber: spannend geschrieben. Für historisch Interessierte ein Muss.

Liao Yiwu: »Fräulein Hallo und der Bauernkaiser«. China von unten. Großartiges Kaleidoskop der chinesischen Gesellschaft.

Yan-Kit So: Schrieb das beste ins Deutsche übersetzte Kochbuch, das ich je in die Finger bekommen habe. Wird immer wieder neu aufgelegt, mal als »Chinesisch Kochen«, mal als »Die chinesische Küche«. Schmeckt original wie in China. Kaufen. Kochen. China noch mehr vermissen.

终 *Zhong*

The end

In China früher selten happy.
   (Schlusszeile für Schwarzseher)

Und selten das Ende.
   (Schlusszeile für Hellseher)

---

[1] Die Umschrift erfolgt in diesem Buch nach dem offiziellen Pinyin-System der Volksrepublik China. Auf die Angabe der jeweiligen Tonhöhe wird im Interesse der Lesbarkeit verzichtet.

[2] Zum Zeitpunkt des Drucks tauschte man zehn Yuan für einen Euro.

Japan diesseits von Sushi und Sudoku

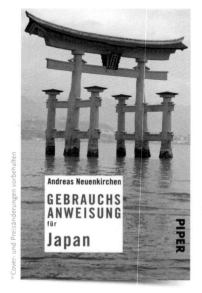

Andreas Neuenkirchen

Gebrauchsanweisung für Japan

Piper Taschenbuch, 240 Seiten
€ 15,00 [D], € 15,50 [A]*
ISBN 978-3-492-27632-0

Sumo, Sony und Sashimi: So viel Japan kennt jeder. Mangas, Karaoke und andere Importe gehören längst auch bei uns dazu, und doch ist uns ihre Heimat immer noch fremd. Andreas Neuenkirchen entschlüsselt aufs Unterhaltsamste Land und Leute. Er verrät, wie Sie in japanischen Restaurants und Privathaushalten, beim unverbindlichen Small Talk oder bei Geschäftsverhandlungen am besten zurechtkommen. Welche Speisen schmecken – und vor allem, wie man sie richtig isst.

Leseproben, E-Books und mehr unter **www.piper.de**

*Cover- und Preisänderungen vorbehalten